«Lo Spettatore Internazionale»

Collana di studi e documentazione di politica, economia e strategia internazionale
a cura dell'Istituto Affari Internazionali
Direttore: Natalino Ronzitti
Segretaria di redazione: Sandra Passariello

La collana «Lo Spettatore Internazionale» si compone di una serie di monografie promosse dall'Istituto Affari Internazionali, con l'intento di rispondere al crescente interesse in Italia per la politica estera e per i problemi internazionali. I principali temi trattati nella collana hanno per oggetto tanto la pace, il disarmo e la sicurezza quanto l'integrazione europea, la cooperazione economica e lo sviluppo tecnologico.

HP

I lettori che desiderano informarsi sui libri e le riviste da noi pubblicati
possono consultare il nostro sito Internet: www.francoangeli.it o scrivere,
inviando il loro indirizzo, a: "FrancoAngeli, viale Monza 106, 20127 Milano".

ARABIA SAUDITA CENT'ANNI

Cooperazione, sicurezza, identità

a cura di
Roberto Aliboni e Daniela Pioppi

FrancoAngeli

Copyright © 2000 by Istituto Affari Internazionali, Roma, Italy

Edizione	Anno
1 2 3 4 5 6 7	2000 2001 2002 2003 2004 2005 2006 2007 2008 2009 2010

È vietata la riproduzione, anche parziale o ad uso interno o didattico, con qualsiasi mezzo effettuata, compresa la fotocopia, non autorizzata. Per la legge la fotocopia è lecita solo per uso personale *purché non danneggi l'autore*. Ogni fotocopia che eviti l'acquisto di un libro è illecita ed è punita con una sanzione penale (art. 171 legge 22.4.1941, n. 633). Chi fotocopia un libro, chi mette a disposizione i mezzi per fotocopiare, chi comunque favorisce questa pratica commette un furto e opera ai danni della cultura.

Stampa: Tipomonza, via Merano 18, Milano.

Indice

Prefazione pag. 7
Indirizzo d'apertura dell'Ambasciatore dell'Arabia Saudita in Italia, S.a.r. Principe Muhammad ibn Nawaf ibn Abd al-Aziz al-Sa'ud » 10
Indirizzo di saluto del Ministro degli Esteri d'Italia, On. Lamberto Dini » 13

Sezione I
Le relazioni fra l'Arabia Saudita, l'Europa e l'Italia
1. Le relazioni tra l'Arabia Saudita e l'Europa, di *Gerd Nonneman* » 19
2. I rapporti fra Italia e Arabia Saudita, di *Pier Giovanni Donini* » 45
3. Italia e Arabia Saudita dopo il secondo conflitto mondiale, di *Vincenzo Strika* » 53

Sezione II
Arabia Saudita: società, istituzioni e religione
4. Lo sviluppo sociale e politico dell'Arabia Saudita, di *Abd Allah M. al-Fawzan* » 65
5. Islam e società in Arabia Saudita, di *Abd Allah H.M. al-Khalifa* » 77
6. I diritti dell'uomo nell'Islam, di *Ahmad ibn Sayf al-Din* » 92
7. Islam e diritti umani: un punto di vista occidentale, di *Edward Mortimer* » 104

Sezione III
Il Golfo: sicurezza e approvvigionamenti
8. La sicurezza nel Golfo e la politica saudita, di
Uthman Y. al-Rawaf pag. 113
9. Gli Usa, l'Europa e la sicurezza del Golfo, di
F. Stephen Larrabee » 119
10. Asia e sicurezza nel Golfo, di *Friedemann Müller* » 129
11. Il petrolio dal Golfo: una prospettiva giapponese,
di *Naofumi Hashimoto* » 141

Sezione IV
Islam, Occidente, Gerusalemme
12. L'Islam, l'Occidente e il ruolo dell'Arabia Saudita,
di *Abd al-Aziz I. al-Swayl* » 147
13. Islam e Occidente: confronto o scontro?, di
Vincenzo Strika » 159
14. Arabia Saudita e Santa Sede sulla questione di
Gerusalemme, di *Adil al-Abd al-Karim* » 169
15. Gerusalemme, di *Rodolfo Ragionieri* » 177

Sezione V
Commercio, investimenti, petrolio
16. I rapporti commerciali fra Arabia Saudita e Unione
Europea, di *Abd al-Rahman al-A'ali* » 193
17. UE e Ccg: una prospettiva europea, di *Bichara
Khader* » 203
18. UE e Ccg: una prospettiva saudita, di *Salih A.
al-Mani* » 218
19. Il futuro del mercato internazionale del petrolio e il
ruolo dell'Arabia Saudita, di *Majid A. al-Munif* » 229
20. Il petrolio saudita: una risorsa di crescente
importanza, di *Giacomo Luciani* » 245

Lista delle sigle » 251

Prefazione

Questo volume nasce dal convegno «I rapporti italo-sauditi: sviluppo, cooperazione e interessi comuni, Europa e Medio Oriente», organizzato a Roma il 4-5 marzo 1999 in occasione del centenario dell'Arabia Saudita dall'Istituto Affari Internazionali e dall'Ambasciata del Regno. L'Istituto ha poi volentieri accettato l'invito dell'Ambasciata a curare e pubblicare questo volume, essenzialmente basato sulle relazioni e gli interventi al convegno.

Il volume riporta gli indirizzi di apertura dell'Ambasciatore saudita, Principe Muhammad ibn Nawaf ibn Abd al-Aziz al-Sa'ud, e del Ministro italiano degli Esteri, onorevole Lamberto Dini. Presenta poi la materia in cinque sezioni. La prima si riferisce alla storia dell'Arabia Saudita e alle relazioni fra l'Arabia Saudita, l'Europa e l'Italia; la seconda sezione, allo sviluppo sociale, istituzionale ed ideologico del paese nei suoi cento anni di storia; la terza, alla questione internazionale che più influenza il Regno, cioè la sicurezza del Golfo, che per via degli approvvigionamenti di petrolio è anche il fattore che domina i rapporti tra Arabia Saudita, gli altri paesi e le grandi potenze; la quarta, ancora a due problematiche che riguardano i rapporti internazionali, le relazioni fra Islam e Occidente e la questione di Gerusalemme, questioni nelle quali l'Arabia Saudita sente di svolgere un ruolo particolare e prioritario; la quinta sezione si riferisce, infine, al commercio estero, agli investimenti e al petrolio.

L'Italia ha avuto con l'Arabia Saudita relazioni politico-diplomatiche più importanti nel periodo precedente la seconda guerra mondiale che non ora. Le relazioni attuali hanno un certo peso relativo, ma, specialmente dal punto di vista economico, potrebbero essere più rilevanti. L'ingresso dell'Italia nell'Unione Monetaria Europea come conseguenza delle importanti riforme strutturali che hanno caratterizzato gli anni novanta, quali la privatizzazione, la concorrenza e il mercato dei capitali, hanno accresciuto la fiducia e l'interesse dell'Arabia Saudita. Del resto, gli avvenimenti nel Golfo subito dopo la fine della guerra fredda, hanno portato alla necessità di bilanciare il rapporto con gli Stati Uniti, aprendo all'insieme dell'Unione Europea. Questo è detto a chiare lettere in alcuni degli interventi sauditi riportati nel volume. Il nuovo interesse saudita per l'Europa e l'Italia può dare il via ad un'accresciuta presenza italiana nello sviluppo del paese.

Esistono, tuttavia, questioni politiche e culturali che dividono sauditi ed europei e sono un po' di freno ad uno sviluppo più esteso e multiforme dei loro rapporti. Una di tali questioni riguarda Gerusalemme, nei cui confronti esistono sensibilità europee diverse e non facilmente conciliabili con quelle saudite, come del resto con quelle israeliane. Tuttavia, come il lettore stesso potrà vedere leggendo i contributi del volume, è nel campo dei diritti umani che esiste una forte divaricazione.

Sulla questione esistono, sia all'interno del mondo islamico che di quello occidentale, opinioni molto diverse. Nello spettro delle opinioni islamiche, quella del professor Sayf al-Din riflette un punto di vista piuttosto conservatore. L'opinione di Edward Mortimer riflette invece un punto di vista occidentale insolitamente equilibrato. In realtà, anche se si confrontano punti di vista equilibrati ed aperti, resta una differenza di fondo che non appare colmabile. Con questa differenza è necessario imparare a convivere nel rispetto reciproco e nella continuazione del dialogo, come unico mezzo per evitare che le differenze si trasformino in scontro. In questo spirito di dialogo, l'Istituto ha inteso pubblicare questo volume, nella consapevolezza che il dialogo su molte delle materie che vi figurano è già ampiamente costruttivo, mentre su altre, come appunto i diritti umani o il ruolo della donna, il dialogo è più lento, ma nondimeno necessario.

Il lettore va, infine, avvertito di alcune caratteristiche editoriali. I versetti del Corano via via citati dagli autori sono riportati in italiano sulla base della traduzione di Alessandro Bausani (*Il Corano*, Rizzoli, Milano, 1988). Nella trascrizione italiana dei nomi arabi, ad esclusione di quelli ormai entrati nell'uso corrente, è stato privilegiato l'arabo letterario, sebbene con qualche semplificazione. Ciò significa che sebbene ricorrano solo tre vocali (*a, i, u*), non vi è distinzione fra brevi e lunghe. L'apostrofo indicante la fricativa faringale sonora, che si pronuncia come tale solo in arabo, è stato apposto solo quando si colloca all'interno della parola. Inoltre, per esigenze grafiche, non sono indicate né le consonanti enfatiche, né la differenza fra la *h* debolmente aspirata e la *h* più forte.

Le datazioni, infine, spesso riportate nei testi originali secondo il calendario musulmano, sono state tutte riferite al calendario gregoriano.

Il motore che ha spinto risolutamente alla pubblicazione di questo volume, come del resto all'organizzazione del convegno di Roma, è stato il Principe Muhammad ibn Nawaf ibn Abd al-Aziz al-Sa'ud, al quale deve quindi andare un ampio e sentito ringraziamento per aver con tutto ciò concretamente contribuito all'allargamento del dialogo oggi tanto necessario alle relazioni fra Islam e Occidente. Un ringraziamento deve anche andare alle traduttrici, Maria Cristina Armani (capitolo 1), Barbara Casciarri (capitoli 4, 5, 8, 9, 12, 14, 17 e 18), Elena Rigacci Hay (capitoli 10, 11, 16 e 19). Il capitolo di Mortimer è stato invece tradotto dalla curatrice del volume, Daniela Pioppi.

Roma, dicembre 1999   R. A   D. P.

Indirizzo d'apertura dell'Ambasciatore dell'Arabia Saudita in Italia S.a.r. Principe Muhammad ibn Nawaf ibn Abd al-Aziz al-Sa'ud

Signor Ministro degli Esteri, Signor Ministro della Difesa, Eccellenze, Illustri Ospiti,
A nome mio e a nome di S. A. R. il Principe Sa'ud al-Faysal, Ministro degli Affari Esteri del Regno dell'Arabia Saudita, sono lieto di aprire i lavori di questa conferenza sui rapporti italo-sauditi, realizzata unitamente all'Istituto Affari Internazionali, e la concomitante mostra sulle arti nel Regno dell'Arabia Saudita. Iniziando, vorrei esprimere la speranza che questa conferenza possa rappresentare l'elemento catalizzatore di un dibattito costruttivo, capace di avviare lo sviluppo di idee e progetti per il futuro.

Per meglio collocare questa conferenza nel suo contesto, vorrei innnazitutto sottolineare che questo nostro incontro coincide con il centesimo anniversario dell'unificazione del Regno dell'Arabia Saudita sotto il vessillo dell'Islam. Ancora oggi il popolo dell'Arabia Saudita, i popoli arabi e tutti coloro che, a livello internazionale, guardano ad essi, apprezzano ed ammirano i grandi obiettivi realizzati dal fondatore del moderno stato saudita, il Re Abd al-Aziz ibn Sa'ud. Questi alti obiettivi sono stati raggiunti in condizioni sociali ed economiche estremamente difficili, ulteriormente inasprite dallo stato di abbandono in cui all'epoca si trovava la penisola, preda di arretratezza e guerre intestine. La penuria di risorse è stata in buona parte compensata dalla sincerità e dal fervore della fede religiosa.

Io sono molto orgoglioso di questa esperienza storica che è inscindibilmente legata all'idea di uno stato moderno nel contesto della *shari'a* islamica.

Del resto, nel corso dello stesso periodo storico, anche la Roma dove oggi siamo riuniti, la Roma delle illimitate risorse e dei tesori accumulati nei secoli, anch'essa ha dovuto affrontare le numerose sfide sociali, economiche e politiche poste dal XX secolo.

Così, oggi l'Italia, insieme ai suoi partner europei, si trova a fronteggiare una nuova sfida economica e sociale di convergenza ed unificazione, mirando, nel contempo, a conservare la propria individualità.

In Arabia Saudita e in tutta la regione araba anche noi dobbiamo fare fronte a una sfida analoga per integrarci nello sviluppo sociale ed economico ed essere a misura dell'era moderna, pur preservando la nostra fede e il patrimonio culturale di cui andiamo orgogliosi.

Non sono solo gli italiani e i sauditi a dover far fronte a queste sfide. Anche voi, come partecipanti alla conferenza, affrontate oggi una sfida ugualmente importante per l'edificazione del futuro, che è quella di apprendere dal passato per comprendere il presente, attraverso un dibattito tra studiosi. Ciò non può avvenire che con piena cognizione delle nostre esperienze e dei nostri comuni obiettivi.

Nel chiamarvi a riflettere, vi invito a considerare le concezioni errate e i malintesi che sono il frutto di antiche animosità e di una inimicizia talmente forte che l'Europa ancora non l'ha saputa dimenticare, come invece è accaduto per i suoi vecchi attriti. Anche il nostro mondo arabo-islamico non ha saputo superare questi preconcetti. Gli estremismi pervadono l'intero spettro dei nostri convincimenti, valori, stili di vita, non risparmiando neanche le nostre fedi, e sono di grande impedimento per un'ulteriore, costruttiva cooperazione. Vi invito, per contro, a mettere l'accento sul nostro comune desiderio di salutare il nuovo millennio in un'atmosfera di pace, progresso e stabilità per il bene di tutta l'umanità. Ed insistiamo sulle nostre affinità e sul nostro desiderio, sauditi ed italiani, di operare insieme per aprire il varco ad una cooperazione che porterà pace e stabilità per il prossimo secolo.

In questo contesto, non dobbiamo inoltre perdere di vista le vitali esigenze del mio paese e del mio popolo, che richiedono una concentrazione senza sosta sul trasferimento e sullo sviluppo di competenze e conoscenze e una crescita degli investimenti europei in Arabia Saudita, per poter realizzare un migliore equilibrio socio-economico. Noi riteniamo che questo sia un ingrediente fondamentale nella ricetta del nostro futuro successo nel campo economico e sociale - un tema che credo sarà apprezzato in Italia, il paese europeo più aperto nei suoi scambi con il mondo arabo.

Signore e Signori, sono certo che la conferenza di oggi si rivelerà un'ottima occasione, per le nostre due regioni, di plasmare un'opinione pubblica più tollerante e ricettiva delle posizioni dell'altra parte, un'opinione che, accettando una presenza culturale diversa, getti le basi di una comune piattaforma di cooperazione. La creazione di un tale terreno di scambio rappresenta un impegno stimolante e gratificante. Sono certo che sarete all'altezza di questa sfida.

Vi auguro ogni successo nelle vostre discussioni e nelle delibere che saranno prese in questa sede. Sono certo che tutto ciò non avverrà senza risultati.

Illustri ospiti, la presenza del Ministro Dini oggi - nonostante il suo oneroso calendario - rafforza il nostro convincimento di quanto egli sia interessato a questa conferenza e al vostro contributo. Chi tra noi conosce il Ministro non può che riconoscere, con gratitudine, che nel corso della sua intera carriera egli è stato e continua a rappresentare una forza ed un'influenza positiva nel promuovere i rapporti italo-sauditi e, più in generale, la cooperazione tra l'Europa e il mondo arabo.

Sono perciò lieto di inaugurare questa conferenza e dare il benvenuto al Ministro degli Affari Esteri, On. Dini.

Indirizzo di saluto del Ministro degli Esteri d'Italia On. Lamberto Dini

Signore e Signori,
Inauguro con particolare partecipazione e soddisfazione questa conferenza internazionale sui rapporti italo-sauditi e l'Europa, nonché la mostra sulle arti nel Regno dell'Arabia Saudita. Ho voluto portare la testimonianza del Governo e mia personale per due eventi che assumono significati molteplici e che illuminano i rapporti sempre più proficui tra i nostri due paesi. Tanto più che questi due eventi ripropongono il dialogo delle culture, delle civiltà, ad un passaggio fondamentale nelle relazioni internazionali.

L'Arabia Saudita è uno dei nostri partner privilegiati. È uno dei paesi chiave negli equilibri non solo del Golfo e della regione mediorientale ma, direi, su scala globale. Abbiamo sempre apprezzato la misura, la saggezza, la visione non angusta che sono proprie della politica estera del governo di Riyadh. Non possiamo non guardare con favore il rifiuto degli estremismi, di ogni radicalismo tra quelli che pure affliggono tante parti del mondo.

Del resto non abbiamo mai identificato la civiltà dell'Islam con il fondamentalismo che si ammanta di motivazioni religiose. La storia degli ultimi trent'anni prova che la violenza mediorientale non nasce dalle radici religiose di una civiltà che ha sempre onorato Abramo come il primo dei musulmani. I fuochi dell'intolleranza sono invece stati accesi o riaccesi dagli estremismi nazionali, dai loro conflitti di potere, dalle divergenze o convergenze provocate dall'esistenza di Israele, dal possesso del petrolio, dagli incerti equilibri strategici del terzo mondo, dalla disponibilità variabile verso una modernizzazione percepita come il volto ostile dell'Occidente.

Sappiamo che per gli equilibri del Medio Oriente e del Golfo saranno decisivi questi anni a cavallo tra i due secoli. Sarà necessaria, nei prossimi mesi e anni, una grande riserva di risorse non soltanto materiali, ma anche morali, di reciproca conoscenza e collaborazione. Sappiamo di poter contare sul peso dell'Arabia Saudita, sulla continuità della sua politica, sulle sue aperture al mondo esterno.

L'Italia intende continuare ad impegnarsi a fornire il proprio deciso contributo al processo di pace in Medio Oriente. Sia dialogando con le parti sulle questioni che sono iscritte all'ordine del giorno della fase del negoziato che investirà lo *status* finale dei territori. Sia sostenendo la cooperazione regionale; la creazione, nell'area mediorientale, di un sistema di regole e di principi che ne garantiscano la stabilità. Sia avviando un confronto culturale tra l'Europa e l'altra sponda del Mediterraneo. Anche su questi temi sarà indispensabile condurre nei prossimi mesi un dialogo costante con i grandi paesi arabi, in particolare con l'Arabia Saudita.

La cultura che ci vede oggi qui riuniti è un momento di questo dialogo. Tanto più apprezzato in un paese di antiche tradizioni come l'Italia. In nessun luogo forse, come in Italia, la parola cultura evoca così numerose memorie e suscita tante speranze. La cultura ci insegna a guardare le cose anche dietro le apparenze, a chiederci da dove veniamo, per capire meglio dove stiamo andando. Uno dei grandi storici dell'Europa, Huizinga, proprio negli anni più oscuri della storia del nostro continente, in un libro che è anche l'esaltazione della cultura, di ogni cultura senza limiti di orizzonti, scriveva «la salvezza non consisterà nella vittoria di uno Stato, di un popolo, di una razza, di una classe». La salvezza verrà dal superamento, non solo in Europa ma nel mondo, di ogni tentativo di esclusione. Dal rifiuto di ogni sopraffazione, non solo politica ma anche etnica e culturale.

Ci sono momenti storici in cui vengono rimosse impalcature e muraglie che, col tempo, sono diventate magari delle prigioni. Nessuno strumento, meglio della cultura, ci aiuta nella reciproca comprensione. Basta pensare all'arte europea, che con la sua pittura, musica, poesia continua a porre interrogativi a popoli e generazioni. Per secoli da paese a paese ci siamo scambiati gli autori. L'arte ha vinto i confini, intrecciato le lingue e formulato i simboli di un lessico che custodisce le varie identità senza confonderle. Ciò è ancor più vero per orizzonti non più soltanto europei.

Nessun tempo, credo, più di quello attuale è il tempo della reciproca conoscenza. Le cose esposte nella mostra ci offrono uno spaccato della cultura e della civiltà araba e saudita. Non solo gli abiti o la casa, la tenda beduina, come segno di mobilità e di ospitalità. Anche la calligrafia. E vorrei qui ricordare quanta parte della stessa cultura occidentale, della cultura greca, è giunta a noi attraverso la intermediazione araba.

Eventi come quelli che inauguriamo scongiurano una visione antagonista nei rapporti internazionali. Secondo una interpretazione dei nostri giorni, errata ma talvolta suggestiva, alle contrapposizioni ideologiche, economiche e militari di ieri verrebbe a sostituirsi un confronto nutrito dalle diverse matrici culturali e religiose. Una visione che l'Italia ha sempre respinto, forte del resto di un proprio approccio cosmopolita al mondo ed alle altrui identità. Una visione che abbiamo sempre fatto valere in Europa e che l'Europa deve trasferire su scala globale.

La globalizzazione può giocare un ruolo duplice e contraddittorio. Da un lato stimola la competizione tra imprese e paesi. Dall'altro alimenta la consapevolezza di essere parte di un unico sistema mondiale di interdipendenza.

Si può davvero affermare che la modernità accomuna tutto il genere umano. Comporta processi radicali di cambiamento, che possono suscitare conflitti e tensioni di particolare intensità. Ma gli ambienti e le esperienze moderne superano i confini di nazionalità, di religione, di ideologia. Realizzano una unità paradossale. Una unità nella separatezza, che comporta disgregazioni e rinnovamenti, competizione e cooperazione, conflitti e compromessi.

In questo processo si inserisce il ruolo della cultura. Come strumento della propria identità in un mondo dominato da tecniche di mercato; da economie che travalicano i confini nazionali. Ogni paese, e ancor più i paesi di antica tradizione, cerca attraverso arte e cultura di sottrarre il proprio volto al rischio di una omologazione permanente. Affida alla creatività dell'artista il messaggio di una propria visibilità.

Eravamo innanzitutto cittadini. Siamo diventati in primo luogo produttori e consumatori delle stesse cose. La nostra identità si fonda sempre meno su ciò che facciamo e sempre più su ciò che siamo. Sul rapporto con noi stessi, con le nostre radici, con le nostre caratteristiche, individuali e collettive. La politica, soprattutto a livello internazionale, è la gestione delle diversità. La cultura, come traspare dai segni qui esposti, è espressione della propria specificità.

L'Islam sollecita in noi europei una attenzione che è, insieme, apprezzamento e ricordo di questa cultura per ciascuna delle nostre storie, delle storie europee. Compete ad ogni paese creare un tessuto di collegamenti, una trama di contatti e rappresentazioni reciproche. Nei confronti dell'Arabia Saudita lo facciamo, ad esempio, allargando l'insegnamento della nostra lingua e letteratura a livello delle Università. Ma anche attraverso crescenti contatti tra le reti televisive dei due paesi.

Il dialogo delle culture non si limita soltanto ai rapporti tra paesi. Entra nei nostri confini, investe la nostra società civile. L'Islam è anche tra noi. I suoi figli più giovani frequentano le nostre scuole. Oggi si pone al nostro paese, ad esempio, il problema non solo di come regolare la vita delle istituzioni scolastiche in funzione della presenza di una minoranza significativa di studenti appartenenti a una civiltà diversa dalla nostra. Ma anche di come adoperare la scuola pubblica ai fini di una politica più generale da svolgere nei confronti dei cittadini di altri paesi che risiedano stabilmente in Italia.

Credo che il nostro paese possa vantare, in Europa, un atteggiamento fra i più aperti. Lo conferma la Moschea che, qui a Roma, accoglie in sé tanti fedeli della religione islamica. I principi generali cui si ispira la nostra cultura politica sono quelli della democrazia liberale. Per questo noi lasciamo spazio a visioni diverse, includiamo nella nostra cultura dell'accoglienza anche il riguardo verso le diverse radici degli altri, come inevitabile in società europee che assumono sempre più caratteri multietnici.

Sezione I

Le relazioni fra l'Arabia Saudita, l'Europa e l'Italia

1. Le relazioni tra l'Arabia Saudita e l'Europa

di Gerd Nonneman[1]

Nel corso del XX secolo, i temi centrali che hanno guidato la politica estera saudita nelle sue relazioni con l'Europa possono essere così elencati:
- l'equilibrio geopolitico;
- l'acquisizione di risorse economiche - inizialmente sotto forma di sussidi e prestiti, in seguito come parte crescente delle ricchezze derivanti dalla produzione del petrolio, infine come salvaguardia dei mercati del petrolio e (ultimamente) dell'industria petrolchimica;
- i primi due obiettivi hanno contribuito ad assicurarne un terzo: la sopravvivenza e la prosperità della società e del regime politico;
- l'ideologia, sia religiosa (Islam) che politica (causa palestinese): sin dal 1948 caratteristica sempre crescente, ma mai dominante.

Dal lato europeo, è necessario esaminare le relazioni nel contesto più ampio degli interessi nel Golfo. Questi interessi sono stati e restano guidati da:
- i calcoli strategici relativi alle rotte mercantili;
- la competizione tra le grandi potenze europee e, in seguito, la contrapposizione tra paesi del blocco occidentale e Urss, oltre che le rivalità tra i diversi protagonisti della scena europea e statunitense;
- in misura crescente, l'accesso al petrolio; e,
- dagli anni settanta in poi, l'accesso ai mercati del Golfo ed in particolare a quello dell'Arabia Saudita.

Ovviamente, ciascuno di questi quattro fattori è strettamente correlato agli altri.

Risulta evidente che, da entrambi i lati, la politica nei confronti della controparte è guidata essenzialmente da considerazioni pragmatiche di convenienza politica ed economica, sebbene non si possa dire che siano mancati episodi in cui profonde convinzioni religiose o poli-

(1) Università di Lancaster e Direttore della British Society for Middle Eastern Studies, Regno Unito.

tiche, questioni di orgoglio o problemi di comunicazione tra culture diverse abbiano svolto un ruolo importante. Tra gli esempi in questo senso, citiamo la decisione di Re Faysal, nel 1973, di imporre un blocco del petrolio in risposta al sostegno occidentale ad Israele. Oppure, in misura minore, il risentimento suscitato nel 1980 dallo sceneggiato *Morte di una Principessa*[2], che mise in luce le reciproche incomprensioni. O la controversia, negli ultimi anni novanta, sulla politica nei confronti dell'Iraq. Tuttavia, questi episodi acquistano particolare rilevanza quando si collegano ai temi fondamentali sopracitati (in particolare quando possono attentare alla legittimità del regime saudita o alla sicurezza dei reciproci interessi economici). Se presi individualmente o non collegati ai temi fondamentali, tali episodi non hanno un impatto significativo o a lungo termine sulle politiche di fondo.

La gestione delle relazioni fra Arabia Saudita e Europa da parte della dinastia saudita è stata magistrale. Ovviamente, nella politica estera saudita non sono mancati spinosi dilemmi da risolvere (o almeno da contenere), ed alcuni di questi conservano tuttora il loro potenziale di destabilizzazione. Molti, tuttavia, sono dovuti alla posizione geografica dell'Arabia Saudita, alle pressioni e alle aspettative derivanti dall'essere un membro centrale del mondo musulmano ed arabo, e alla vulnerabilità delle sue ricchezze. La misura del successo degli al-Sa'ud può essere valutata dagli enormi progressi rispetto agli umili inizi, nel lontano 1902 (all'inizio del secolo, gli al-Sa'ud si trovavano ancora sotto la protezione dello sceicco del Kuwait), e dal modo in cui i limiti intriseci alla condotta di una politica estera sono stati affrontati.

Gran parte di questo successo va attribuito ad Abd al-Aziz ibn Abd al-Rahman al-Sa'ud che, partendo con la riconquista di Riyadh dalla dinastia rivale dei Rashid nel 1902, riuscì in seguito a riunire il Najd al centro della penisola, al-Hasa a est, l'Asir a sud-ovest e il Hijaz a ovest in quello che nel 1932 divenne il Regno dell'Arabia Saudita. Il processo di unificazione non fu semplicemente un'impresa di conquista territoriale, ma la vera e propria costruzione di una valida struttura di governo su basi politiche, ideologiche, tradizionali, tribali e personali. La crescente potenza nazionale offre in parte una spiegazione del successo ottenuto nella gestione delle relazioni con il mondo esterno. Allo stesso tempo, tuttavia, è in parte anch'essa il risultato dei successi ottenuti in politica estera. Da un canto, Abd al-Aziz (spesso chiamato «Ibn

---

(2) Un film televisivo della Bbc, che narrava l'esecuzione di una giovane principessa saudita e del suo amante. La sua diffusione suscitò violente proteste da parte saudita. Vedi R. Lacey, *The Kingdom: Arabia & the House of Saud*, Avon Books, New York, 1981, pag. 458.

Sa'ud» nel mondo occidentale) aveva assoluto bisogno di condurre con prudenza le relazioni internazionali al fine di assicurare il successo della creazione del nuovo stato (era il terzo tentativo della dinastia al-Sa'ud, dopo due precedenti espansioni saudite a partire dal XVIII secolo, 1745-1818 e 1824-1891). D'altro canto, parte di ciò che lo rendeva capace di ottenere la necessaria assistenza e/o tolleranza dalle potenze straniere con cui doveva trattare era il fatto che tali potenze riconoscevano nel giovane monarca e nel neonato stato saudita un potere effettivo e crescente all'interno della regione, potere che era opportuno non sottovalutare. In altre parole, il successo interno nella costruzione dello stato accresceva il potere di contrattazione nei confronti di paesi come la Gran Bretagna, e allo stesso tempo erano proprio le buone relazioni internazionali con tali potenze a favorire la costruzione dello stato e a rafforzare il dominio degli al-Sa'ud. E fu solo grazie a queste solide basi di partenza che l'avvento dell'era del petrolio apporterà nuove risorse interne ed incrementerà gli interessi stranieri, entrambi gestiti da Re Abd al-Aziz e dai suoi successori nell'ottica del consolidamento dello stato e del potere degli al-Sa'ud[3].

1. Le relazioni tra Europa e Arabia Saudita prima della seconda guerra mondiale

Fino alla seconda guerra mondiale, la storia delle relazioni saudite con le maggiori potenze mondiali si limita alle relazioni con l'Europa e (fino al 1918) con l'Impero ottomano. Gli Stati Uniti cominciarono ad influenzare la regione in modo rilevante solo dopo il 1945. A quel tempo, le potenze europee che contavano erano: la Gran Bretagna - già dominante nel Golfo - ed i suoi concorrenti, Francia, Russia e Germania. Prima del 1918, Abd al-Aziz doveva tenere conto anche degli ottomani, che non solo reclamavano la sovranità su al-Hasa e sul Hijaz, ma che nello Shammar (attualmente la parte settentrionale dell'Arabia Saudita) sostenevano gli al-Rashid, i rivali degli al-Sa'ud. I due precedenti tentativi di creazione di uno stato saudita erano di fatto falliti in seguito all'intervento egizio-ottomano, oltre che a causa di rivalità locali. Tuttavia, anche allora, il giovane Abd al-Aziz, sovrano del Najd, considerava a giusto titolo cruciali le relazioni con l'Europa. Di fatto, Abd al-Aziz fece ogni sforzo per ottenere un'alleanza con la Gran Bre-

(3) Si vedano J. Goldberg, *The Foreign Policy of Saudi Arabia: The Formative Years, 1902-1918*, Mass. Harvard University Press, Cambridge, 1986 e G. Troeller, *The Birth of Saudi Arabia*, Frank Cass, London, 1976, che tratta in particolare delle relazioni anglo-saudite fino alla conquista del Hijaz.

tagna, tentando allo stesso tempo di opporsi al dominio ottomano pur se si inchinava alla sovranità nominale del sultano: una pragmatica valutazione delle realtà politiche regionali ed internazionali in stridente contrasto con la politica dei primi due sfortunati stati sauditi[4].

Tuttavia, la volontà britannica di non irritare inutilmente Istanbul impedì la conclusione di un qualsiasi accordo nei termini che Abd al-Aziz avrebbe desiderato, costringendolo, nel maggio 1914, a firmare un trattato segreto con gli ottomani nel quale accettava il titolo di *wali* (governatore) del Najd [5]. Allo stesso tempo, quando allo scoppio della prima guerra mondiale gli ottomani si schierarono a fianco della Germania, l'Inghilterra per ottenere supporto contro le guarnigioni ottomane nel Hijaz e in Siria decise di rivolgersi allo *Sharif* [6] hashimita Hussayn della Mecca piuttosto che agli al-Sa'ud. Sebbene alcuni ambienti britannici ritenessero che la famiglia al-Sa'ud sarebbe diventata la vera forza in Arabia (sostenitori di questa tesi erano fra gli altri il Capitano Shakespear e Harry St J. B. Philby), il pensiero predominante nella politica estera britannica era che il secolare dominio della famiglia hashimita della Mecca, così come la sua legittimità religiosa in quanto protettrice dei luoghi sacri e discendente del Profeta Muhammad, ne facevano il miglior alleato contro il sultano ottomano, il quale oltre tutto manteneva nominalmente anche il titolo di califfo di tutti i musulmani[7].

(4) Vedi Goldberg (1986), *op. cit.*, pp. 29, 184. Senza dubbio, l'esperienza di Abd al-Aziz presso la corte dello Sceicco Mubarak del Kuwait, che trattava con la Gran Bretagna per assicurare la propria autonomia dagli ottomani ed ottenne un trattato di protezione nel 1899, fu un importante contributo alla formazione del giovane principe saudita.

(5) Il trattato non è mai apparso nei registri sauditi, la sua esistenza è stata negata, tra gli altri da Philby. Tuttavia, ne fu rinvenuta una copia negli archivi di Basra, dopo lo sfratto degli ottomani da parte delle forze britanniche. Indubbiamente capì che sarebbe stato criticato, per quanto fosse conscio di non avere altra scelta, data la configurazione politica del tempo. In ogni caso, sembra chiaro che non abbia mai inteso rinunciare a sfruttare la carta britannica. Vedi FO (Foreign Office) doc. «Enver to Ibn Saud», n.d. 371/2124, E34374/1990/44; Telegramma «Grey to Mallet» 11 Luglio 1914, n. 1990/31123, FO 371/2124. Vedi anche gli argomenti presentati da J. Goldberg, «The 1914 Saudi - ottoman Treat - Myth or Reality?», *Journal of Contemporary History*, Vol. 19 (1984), pp. 289, 314; Goldberg (1986), *op.cit.*, pp. 106, 111; e Troeller (1976), *op.cit.*, pp. 60, 62.

(6) Il termine *sharif*, plur. *ashraf*, indica in questo caso la discendenza dal Profeta Muhammad (NdC).

(7) Prima del 1920, quando la responsabilità per il Golfo passò al Colonial Office di Londra, c'era un contrasto di vedute tra il Governatorato dell'India, che deteneva

Tuttavia, la disfatta degli ottomani e il conseguente smembramento dell'impero portò a un rafforzamento dell'autorità saudita in Arabia. Nello Shammar, il dominio rivale degli al-Rashid (non più sostenuto dai protettori ottomani) crollò in breve tempo. Nel 1925, quando lo *Sharif* Hussayn pretese di subentrare nel ruolo ormai vacante di califfo, le truppe degli *Ikhwan* [8] di Abd al-Aziz scacciarono l'esercito hashimita, costringendo lo stesso *Sharif* ad abbandonare rapidamente il Hijaz per non farvi più ritorno. Abd al-Aziz divenne quindi re del Hijaz, sultano del Najd e delle sue dipendenze, e come tale venne riconosciuto dalla Gran Bretagna.

Invero, la prima guerra mondiale e le sue conseguenze segnarono una svolta decisiva non solo per l'intero Medio Oriente e per il destino dell'Arabia Saudita, ma anche, più specificatamente, per le relazioni anglo-saudite. Vale la pena ricordare a questo punto che la Gran Bretagna era riuscita a scacciare i suoi antagonisti europei dal Golfo, sebbene ancora permanesse una competizione con la Russia (e in seguito con l'Urss) riguardo alla Persia. La sua predominanza era ormai indiscussa lungo tutto il litorale del Golfo (garantita da una serie di trattati che assicuravano alla Gran Bretagna protezione ed esclusività) e sempre più evidente al nord, dove due nuovi stati, l'Iraq e la Transgiordania, nascevano sotto forma di monarchie hashimite a protettorato britannico (con a capo, rispettivamente, i figli dello *Sharif*, Faysal e Abd Allah). In quel momento, «relazioni europeo-saudite» significavano per lo più «relazioni anglo-saudite».

Tuttavia, come vedremo, il sovrano saudita mantenne sempre aperte altre opzioni e canali di comunicazione, una politica agevolata dal riconoscimento da parte di altre potenze, come la Germania e l'Urss, che egli era la potenza con cui avere a che fare in una parte del mondo strategicamente sempre più importante. Questa stessa politica venne mantenuta anche dopo la seconda guerra mondiale, quando alla Gran Bretagna si sostituirono gli Stati Uniti come superpotenza dominante nella regione: benché i rapporti tra Arabia Saudita e Stati Uniti sarebbero diventati molto stretti, i governanti sauditi si sono sempre assicurati di mantenere aperti canali alternativi. In altre parole, prima del

---

anche la responsabilità per le relazioni con gli stati del Golfo - e dove si guardava con maggiore simpatia Abd al-Aziz - e il Foreign Office di Londra, maggiormente concentrato sul quadro politico generale della situazione. Vedi Goldberg (1986), *op.cit.*, p. 47.

(8) Gli *Ikhwan* erano beduini convertiti alla dottrina di Ibn al-Wahhab e sedentarizzati. Essi costituirono nel primo periodo del terzo regno saudita dei potenti alleati per l'unificazione del paese. In seguito però si ribellarono all'autorità dei sauditi affrontandoli in battaglia. Furono definitivamente sconfitti da Ibn Sa'ud nel 1930 (NdC).

1945, la geopolitica della regione e l'imperativo di consolidare e mantenere il Regno degli al-Sa'ud imponevano di tenere stretti rapporti con la Gran Bretagna e al tempo stesso relazioni alternative con altri paesi (tra cui gli Stati Uniti). Dopo il 1945, questi stessi fattori hanno imposto stretti rapporti con gli Stati Uniti, pur coltivando altre relazioni alternative (con molti paesi dell'Europa occidentale e, sempre più, con il Giappone).

2. L'evoluzione delle relazioni anglo-saudite

Appare chiaro che Abd al-Aziz era convinto sin dall'inizio dell'egemonia dell'Impero britannico, e di conseguenza della necessità di stabilire strette relazioni con esso. Era anche conscio di ciò che questo avrebbe comportato e di quali sacrifici avrebbe richiesto. Già nel 1902, subito dopo la riconquista di Riyadh, il giovane saudita inviò una missiva al rappresentante britannico nel Golfo con la quale rendeva noto l'interesse della Russia e chiedeva al governo britannico di «considerar[lo] come uno dei suoi protetti» (la lettera non ebbe risposta)[9]. Quando nel 1903 il console russo si recò in visita nel Golfo offrendo vantaggi e relazioni privilegiate, Abd al-Aziz si premurò immediatamente di mettere al corrente i rappresentanti britannici delle offerte russe[10].

Seguirono numerose richieste di un accordo con la Gran Bretagna, nelle quali il governante saudita giocò pesantemente la carta degli ottomani quale minaccia per gli interessi di entrambi. Attraverso lettere ed emissari, oltre che a numerose richieste personali, tra il 1902 e il 1913 vennero presentate ai britannici almeno 14 proposte (ben quattro solo nel 1916)[11]. Tramite il suo amico Capitano Shakespear, l'agente politico britannico in Kuwait, Abd al-Aziz cercò ancora di ottenere un'alleanza nel 1914, avvertendo che le pressioni cui era soggetto lo avrebbero portato a firmare un accordo con la Porta.

Fino allo scoppio della prima guerra mondiale, la risposta della Gran Bretagna fu condizionata dalla volontà di non inasprire le relazioni con Istanbul. Come precedentemente rilevato, la mancanza di risposte soddisfacenti portò alla firma del trattato saudita-ottomano[12].

(9) «Abd al-Rahman to Kenball» 5 Safar 1320 (14 maggio 1902) FO 406/16 p.102. Vedi anche B. Bush, *Britain and the Persian Gulf 1894-1914*, University of California Press, Berkeley, 1967, p. 222 . E vedi Goldberg (1986), *op.cit.*, pp. 50-51.
(10) Bush (1967), *op.cit.*, p. 222.
(11) Per un riassunto di questi tentativi, vedi Goldberg (1986), *op.cit.*, pp. 49-90.
(12) Lettera di Shakespear al Political Resident, 4 gennaio 1995, n. 975, Political and Secret Department Subject Files (India Office), 2182/1913, Parts 4 & 5. al-Sa'ud

La prima guerra mondiale segnò un punto di svolta, poiché gli al-Sa'ud diventavano a quel punto dei potenziali alleati contro i turchi. All'inizio, tuttavia, l'interesse principale continuò a vertere sulle relazioni con gli hashimiti del Hijaz. Ma con la morte di Shakespear, avvenuta nel 1915 in battaglia a fianco degli al-Sa'ud contro gli al-Rashid[13], alleati dei turchi e ultimi antagonisti degli al-Sa'ud, la Gran Bretagna si trovò maggiormente coinvolta. Furono però soprattutto due magistrali mosse politiche di al-Sa'ud a portare il capo saudita a diventare finalmente un «protetto britannico a cui era, per la prima volta, assicurata una fonte affidabile di armi e finanziamenti»[14]. La prima fu il rischio calcolato che né gli ottomani, né la Gran Bretagna avrebbero tentato di fermare nel 1913 la sua conquista di al-Hasa, sulla costa del Golfo - una conquista che gli avrebbe conferito un potere effettivo nella regione, costringendo la Gran Bretagna a considerarlo una delle autorità politiche del Golfo e non solo delle regioni interne, regioni che presentavano per i britannici un interesse minimo. La conquista di al-Hasa, nel maggio 1913, fece raggiungere al capo saudita il suo scopo. La seconda mossa fu il suo rifiuto, anche dopo lo scoppio della prima guerra mondiale, di compromettersi chiaramente in favore della Gran Bretagna e contro gli ottomani, a meno di non ottenere una formale garanzia sotto forma di un trattato con la Gran Bretagna[15].

Alla fine dell'anno, la Gran Bretagna aveva riconosciuto Abd al-Aziz come sovrano indipendente del Najd e dei suoi territori sotto la protezione britannica, secondo il Trattato anglo-saudita del 26 dicembre 1916. Nel giugno del 1916, gli vennero concessi un prestito di 20.000 sterline e una fornitura di armi, seguiti da una retribuzione temporanea di 5.000 sterline mensili. Tra la fine della guerra e il marzo del 1924

aveva già detto a Shakespear, nel 1911, che avrebbe ambito alla protezione britannica: H. V. F. Winstone, *Captain Shakespear: A Portrait*, Cape, London, 1967, p. 104.

(13) Si disse che Re Abd al-Aziz riferendosi al Capitano Shakespear, lo definì il più grande europeo che avesse mai incontrato in vita sua. Winstone (1967), *op.cit.*, pp. 108-110-224.

(14) D. Holden & R. Johns, *The House of Saud*, Pan Books, London, 1982, p. 50.

(15) Questo caso è trattato in modo avvincente da Goldberg (1986), *op.cit.*, pp. 112-135. Il governante saudita, non ebbe di fatto un ruolo rilevante nello sforzo bellico contro la Turchia. Come osserva Goldberg: «È altamente discutibile la tesi che i britannici sarebbero stati disposti a 'pagare', addirittura firmando un trattato, solo per garantirsi la neutralità di uno stato centrale arabo. Ma dato che lo stato saudita, controllava gran parte della costa, Ibn Sa'ud per ottenere il trattato poteva anche permettersi di evitare un ruolo militare in Mesopotamia». Vedi anche Troeller (1976), *op.cit.*, pp. 83-91.

(quando i sussidi britannici al Medio Oriente vennero sospesi), il sovrano saudita ricevette dalla Gran Bretagna circa 60.000 sterline all'anno[16]. La maggior parte di queste risorse venne impiegata per consolidare il nuovo governo saudita tramite azioni militari, atti di patrocinio ed elargizioni a favore dei suoi sostenitori e dei nemici ormai vinti. L'ascesa del sovrano saudita fu complicata da due principali fattori: uno politico, l'altro economico. Dal punto di vista politico, gli interessi interni entrarono in attrito con i nuovi vincoli esterni. Il grande successo della creazione dello stato saudita, dopo la disfatta al nord della dinastia Rashid, aveva portato i sauditi a raggiungere i confini mal definiti dei nuovi regni hashimiti dell'Iraq e della Transgiordania, posti sotto la protezione britannica, mentre all'ovest permanevano i confini dei tradizionali domini hashimiti. A rendere possibile l'espansione territoriale saudita era stata la completa adesione delle forze degli Ikhwan, mosse tanto da motivazioni religiose quanto da lealtà verso Abd al-Aziz. Gli Ikhwan avanzavano senza tenere conto dei confini ufficiali, e la Gran Bretagna annunciò chiaramente che non avrebbe tollerato alcuna ulteriore espansione che coinvolgesse territori dei suoi protettorati, si trattasse dei due nuovi regni come del Kuwait[17]. Abd al-Aziz richiamò i suoi Ikhwan, sebbene contro i loro più accesi desideri (alla fine dovette imporre la sua volontà sconfiggendoli in battaglia)[18]. Nella conferenza di Uqayr del 1922-23, presieduta dall'Alto Commissario britannico in Iraq, Sir Percy Cox, vennero definiti per la prima volta i confini dei nuovi territori sauditi con l'Iraq e il Kuwait. L'espansione saudita verso nord fu così arrestata, in cambio di una fetta di territorio che lo sceicco del Kuwait considerava sua e di una solida alleanza con l'Impero britannico[19]. Questo fece sentire gli al-Sa'ud abbastanza forti da annettere il Hijaz qualche anno più tardi - nel dicembre del 1925 - quando il dominio hashimita aveva perduto il

---

(16) Vedi H. Philby, *Saudi Arabia*, Librairie du Liban, Beirut, 1968, p. 274; Holden & Johns (1982), *op.cit.*, pp. 50 e 74; Troeller (1976), *op.cit.*, p. 93; Lacey (1981), *op.cit*, p. 185.

(17) La Gran Bretagna contribuì alla fine delle ostilità tra Arabia Saudita e Kuwait nel 1920. Ciò è entrato nella leggenda kuwaitiana come l'apoteosi della "Battaglia di Jahra". Vedi H. R. P. Dickson, *Kuwait and her Neighbours*, Allen & Unwin, 1956, pp. 253-255.

(18) Le battaglie decisive avvennero nel 1929. Il capo degli Ikhwan, Faysal al-Duwish, fu sconfitto dall'esercito britannico in Kuwait, il 10 gennaio 1930. Vedi Philby (1968), *op.cit.*, pp. 308-313, e C. Moss-Helms, *The Cohesion of Saudi Arabia*, Croom Helm, London, 1981, pp. 250-272.

(19) Dickson (1956), *op.cit.*, pp. 272-276. Vedi anche Troeller (1976), *op.cit.*, pp.189-211.

suo potere all'interno e l'interesse della Gran Bretagna era ormai scemato. A seguito di questa conquista, i notabili del Hijaz nominarono Abd al-Aziz re del Hijaz, e a quel punto fu chiaro che il Trattato anglo-saudita del 1915 era stato ormai superato dagli eventi. Venne infatti sostituito dal Trattato di Gedda del 20 marzo 1927, in cui la Gran Bretagna riconosceva l'assoluta indipendenza del sovrano saudita come re del Hijaz e re del Najd e dei suoi territori[20] - il «doppio regno» che nel 1932 prenderà il nome di «Arabia Saudita».

Le altre complicazioni erano finanziarie. Con l'espansione dello stato saudita crebbero anche le esigenze finanziarie, esacerbate dalla guerra contro lo Yemen all'inizio degli anni trenta. La sospensione nel 1924 dei sussidi britannici, sommata agli effetti del tracollo economico di quegli anni nella regione e nel mondo, provocò una crisi finanziaria. Secondo Philby, all'epoca, i debiti di Abd al-Aziz ammontavano a circa 300.000 sterline[21]. Nel tentativo di colmarli, questi rinnovò i contatti con l'Urss, che nel 1932 offrì, oltre alla cancellazione del debito, un prestito di un milione di sterline. Anche se la trattativa non ebbe mai esito, ciò servì a dare maggior peso alle richieste di aiuto alla Gran Bretagna. Analogamente, nello stesso anno, quando Abd al-Aziz proclamò il Regno dell'Arabia Saudita e Mosca offrì un riconoscimento immediato (come già aveva fatto nel 1927), questo fu per la Gran Bretagna un altro scrollone di cui tenere conto. Ma Abd al-Aziz ancora non sapeva che il principale aiuto economico sarebbe venuto dal petrolio.

Sebbene a prima vista possa sembrare che lo stato saudita si trovasse in una posizione simile a quella degli altri protettorati nel Golfo, di fatto c'erano alcune differenze significative. Per prima cosa, il potere degli al-Sa'ud godeva di maggiore consenso interno e maggiore legittimazione rispetto a molti altri principati della costa. Secondariamente, e ciò in parte consegue al primo punto, il Regno non era mai stato veramente colonizzato. Terzo, questa indipendenza di fatto era abilmente mantenuta ponendo una contro l'altra le forze esterne in gioco. Infine - un esempio di questo «gioco» - Abd al-Aziz era l'unico sovrano che non avesse firmato concessioni petrolifere con i britannici.

La Gran Bretagna era interessata ad ottenere concessioni petrolifere, ma non con la determinazione necessaria a competere con le offerte alternative (in parte perché, avendo ottenuto la concessione di Uqayr, sentiva che un'ulteriore pressione avrebbe potuto essere controproducente e in parte perché la Anglo-Persian Oil Company, che stava

---

(20) Vedi Troeller (1976), *op. cit.*, pp 216-231, 236; E Philby (1968), *op.cit.*, pp. 285-291, 306.
(21) Stima di Holden & Johns (1982), *op.cit.*, p. 107.

esplorando la Persia e l'Iraq, aveva comunque già scoperto ampie riserve). Abd al-Aziz diede invece la concessione al Maggiore Frank Holmes, un avventuroso imprenditore neozelandese. Quando quest'ultimo fallì, le compagnie petrolifere americane considerarono più agevole rilevare la sua concessione piuttosto che rivolgersi alla Anglo Persian (o alla sua affiliata, la Iraq Petroleum Company). Gli interessi britannici e francesi risultavano ancora protetti dall'accordo della *Red Line* del 1929, stipulato tra le maggiori compagnie petrolifere, che impediva a qualsiasi compagnia aderente al patto di prendere una concessione senza offrine una quota alle altre. Tuttavia, la Standard Oil of California (Socal) ottenne nel 1933 una concessione per 60 anni ad al-Hasa, offrendo all'Arabia Saudita un prestito di 30.000 sterline, il pagamento a pronti di 20.000 sterline oltre che una rendita mensile di 5.000 sterline. Inoltre, l'effettiva scoperta del petrolio avrebbe comportato due ulteriori prestiti da 50.000 sterline ciascuno. Abd al-Aziz aveva aperto l'asta a 100.000 sterline, ma la compagnia britannica Ipc non aveva potuto o voluto offrirne più di 10.000[22]. Dopo la seconda guerra mondiale, l'accordo della Red Line venne vanificato quando Caltex (una *joint venture* tra Socal e Texaco), Exxon e Mobil misero in minoranza le partecipazioni degli azionisti britannici e francesi nella Ipc[23].

La seconda guerra mondiale di nuovo marcò uno spartiacque nella politica regionale e in quella mondiale. Nella maggior parte degli stati del Golfo, tra cui l'Arabia Saudita, era stato scoperto il petrolio; la guerra aveva rivelato tutta l'importanza del petrolio come fonte di energia; la Gran Bretagna era economicamente in ginocchio e gli Stati Uniti si apprestavano a consolidare la loro presenza in Medio Oriente. In questo contesto, la Gran Bretagna vedeva minacciata la sua posizione di partner privilegiato dell'Arabia Saudita.

È utile ricordare che negli anni in cui maturò la guerra Abd al-Aziz si era premurato di mantenere aperte vie di comunicazione con gli altri protagonisti europei. Verso la fine degli anni trenta, concluse un accordo sugli armamenti con Mussolini, e nel 1937 l'Italia subentrò nella costruzione dell'aeroporto di Gedda che la Gran Bretagna aveva lasciato incompleto. Nel gennaio 1939, vennero allacciate relazioni con la Germania. In seguito a ciò, Abd al-Aziz ebbe una serie di incontri con il dottor Fritz Grobba, l'inviato tedesco, e nel luglio del 1939

---

(22) S. Longrigg, *Oil in the Middle East*, Oxford University Press, London, 1968, p. 108; D. Howarth, *The Desert King: a Life of Ibn Saud*, Collins, London, 1964, p. 185; e Philby (1968), *op. cit.*, p. 331.

(23) Holden & Johns (1982), *op. cit.*, pp. 111, 150-152.

venne concluso un accordo con la Germania per la fornitura di 4.000 fucili e munizioni, oltre alla costruzione di una fabbrica di armi vicino a Riyadh. Lo scoppio della guerra impedì che questo accordo venisse messo in esecuzione, ma alla luce di queste nuove circostanze, l'importanza che la Gran Bretagna attribuiva ai legami con l'Arabia Saudita era tale che dal 1940 il Regno saudita cominciò a ricevere un sussidio britannico pari a un milione di sterline all'anno[24].

Tuttavia, da quel momento in avanti, gli Usa entrarono in competizione con la Gran Bretagna per aggiudicarsi il favore saudita. Sia le compagnie petrolifere che il governo statunitense davano sempre maggiori prove di poter superare economicamente la Gran Bretagna. Come scrivono molto giustamente Holden e Johns, «la Gran Bretagna stava remando contro la marea del suo sfinimento e della forza espansionistica dell'America»[25]. Un simbolo di questo nuovo interesse e dei canali di accesso Usa è il famoso colloquio tra il Presidente Roosevelt e il re saudita a bordo della Uss Quincy, nel febbraio del 1945 - evento di cui gli inglesi vennero informati solo all'ultimo momento. L'acquisto della maggioranza nell'accordo della Red Line sopra citato rese manifesto questo nuovo orientamento (e segnò la nascita dell'Aramco - la Arabian American Oil Company).

3. L'era postbellica: petrolio, armi e commercio

Il ruolo centrale degli Stati Uniti sarebbe rimasto una caratteristica dell'economia e della politica estera dell'Arabia Saudita. Tuttavia, come sempre, la dirigenza saudita si sarebbe assicurata di mantenere aperte altre opzioni. Una politica che si dimostrerà particolarmente importante dopo il 1967, nel contesto del crescente sostegno statunitense ad Israele.

L'alleanza americano-israeliana ha provocato tre tipi di difficoltà. Innanzitutto, c'era la sincera convinzione che Israele stesse calpestando i diritti degli arabi e dei mussulmani, e che gli Stati Uniti lasciassero fare. In secondo luogo, l'opinione interna ed estera rendeva difficile e potenzialmente pericoloso l'apparire troppo vicini agli Usa e non sufficientemente coinvolti nella causa palestinese. Terzo, le *lobbies* filoisraeliane negli Stati Uniti riuscirono ad imporre una serie di

---

(24) N. Safran, *Saudi Arabia: the Ceaseless Quest for Security*, Mass: Harvard University Press, Cambridge, 1985, p.69; Lacey (1981), *op. cit.* p. 257; Holden & Johns (1982), *op. cit.*, p. 126.

(25) Holden & Johns (1981), *op. cit.*, p. 130.

limitazioni alle esportazioni di armi verso l'Arabia Saudita. Tutto ciò ebbe importanti ripercussioni sulle relazioni tra Europa ed Arabia Saudita, favorendo un'apertura dell'Arabia Saudita verso l'Europa e quindi il rientro di quest'ultima in campo.

Ma anche l'Europa aveva le sue difficoltà con l'Arabia Saudita. Le relazioni toccarono il livello più basso durante la crisi di Suez, durante la quale Francia e Gran Bretagna appoggiarono Israele per la riconquista del canale di Suez, da poco nazionalizzato, e per far cadere la *leadership* nazionalista di Gamal Abd al-Nasser in Egitto. Le relazioni diplomatiche con Francia e Gran Bretagna vennero interrotte e l'Arabia Saudita si unì al primo embargo petrolifero arabo che fosse mai stato tentato. Oggi, quell'azione viene spesso considerata un fallimento. Comunque sia portò i due paesi ad un razionamento del petrolio.

Nel contesto della «guerra fredda araba» tra i regimi filo-occidentali e le più giovani repubbliche radical-nazionaliste, un altro problema con la Francia fu la questione algerina, che i governanti sauditi non poterono ignorare. Altri attriti con la Gran Bretagna furono generati da una lunga disputa riguardante l'oasi di Buraimi, oggi divisa tra gli Emirati Arabi Uniti e l'Oman, ma un tempo reclamata come dipendenza saudita[26]. La Gran Bretagna agiva in quanto protettore di Abu Dhabi e dell'Oman, ed essendo il «possesso» saudita di Buraimi ormai lontano nel tempo, la Gran Bretagna non era disposta ad approvare la rivendicazione dell'Arabia Saudita. In realtà secondo alcuni studiosi, la costante determinazione britannica nel proteggere i suoi protettorati nel Golfo, fossero essi ufficiali o solo di fatto - e insieme ad essi la possibilità di ottenervi concessioni petrolifere - la portò ad agire contro le ambizioni territoriali saudite, usando la forza quando gli argomenti legali fallivano. J. Wilkinson, contraddicendo la versione abituale (non saudita), presenta un'analisi assai convincente secondo la quale:

«la forza britannica dovette essere impiegata per imporre all'Arabia Saudita le frontiere con il Protettorato di Aden, ... con il Sultanato di Mascate e Oman... ed Abu Dhabi [e per] respingere le rivendicazioni saudite sulle isole che la Gran Bretagna considera appartenenti al Bahrein e al Kuwait. (...) Nella maggior parte della storia della definizione dei territori in Arabia, la Gran Bretagna è stata l'unico arbitro delle frontiere. (...) Soltanto nel 1949 l'Arabia Saudita ottenne un onesto parere sui suoi diritti di sovranità da parte degli avvocati ingaggiati dalla Aramco[27], e decise di sfidare le rivendicazioni britanniche. Poiché la

---

(26) Per un riassunto, vedi J. Wilkinson, «Britain's Role in Boundary Drawing in Arabia», in R. Schofield (ed.), *The Territorial Foundations of the Gulf States,* Ucl Press, London, 1994, pp. 94-108: pp. 100-104.

Gran Bretagna non avrebbe potuto necessariamente contare sulla legge internazionale per mantenere la sua sfera di influenza» sostiene Wilkinson, «nel 1955 decise di risolvere la questione dichiarando unilateralmente una frontiera che (...) ricacciò i sauditi dietro le nuove linee[28], avendo già rimosso nel 1952 gli insediamenti sauditi nel Buraimi - fatto che da solo dimostrava la rottura dei negoziati sull'estensione del territorio saudita[29]».

Le relazioni con la Francia vennero ristabilite nel 1962, con l'indipendenza dell'Algeria. La Gran Bretagna dovette attendere fino al 1963. A quel tempo l'Arabia Saudita era impegnata in uno scontro con il nuovo regime repubblicano dello Yemen, che aveva spodestato il sistema monarchico degli Imam. L'Arabia Saudita sosteneva le forze monarchiche. La Gran Bretagna, per conto suo, ritardava il riconoscimento del nuovo governo ed era preoccupata dell'impatto che la rivoluzione avrebbe potuto avere sui suoi possedimenti ad Aden e nello Yemen del Sud. I servizi segreti britannici passarono informazioni ai sauditi e un quantitativo di armi fu inviato in Arabia Saudita per tentare di arginare la rivoluzione nord yemenita[30].

La cooperazione fra servizi segreti venne presto stabilita anche con la Francia e ovviamente con gli Stati Uniti. Allo stesso tempo, dagli anni sessanta in poi cominciò la competizione vera e propria per aggiudicarsi le forniture di armamenti. In particolare, Usa e Gran Bretagna si disputarono la fornitura del nucleo embrionale di una forza d'aviazione; ciò dal punto di vista della Gran Bretagna, ben si prestava ai suoi interessi nella guerra nello Yemen, dove l'Egitto era schierato con i repubblicani. Tornerò più avanti sull'evoluzione del commercio delle armi e sulla collaborazione per la sicurezza.

Il rinnovato sviluppo delle relazioni tra Arabia Saudita e paesi occidentali, tuttavia, venne nuovamente interrotto dalla guerra arabo-israeliana del 1967. L'Arabia Saudita, sebbene riluttante, aderì all'embargo che ne seguì. Furono comunque Francia e Gran Bretagna a trarre maggior vantaggio dall'idea che gli Usa fossero diventati il

(27) J. Wilkinson, *Arabia's Frontiers: The Story of Britain's Boundary Drawing in the Desert*, IB Tauris, London, 1991, pp. 9-10.
(28) *Ibid.*, p. 10.
(29) Wilkinson sostiene che la Gran Bretagna avrebbe potuto evitare anni di dispute se avesse accettato le pragmatiche «richieste minime» sostenute dal re saudita, nel 1935 riguardo al suo territorio. Fu solo dopo aver visto il fallimento di ciò che considerava un accordo leale, che il re avanzò, nel 1949, rivendicazioni molto più estese. *Ibid.* p. 26.
(30) Vedi C. Gandy, «A Mission to Yemen: August 1962-January 1963» nel *British Journal of Middle Eastern Studies*, vol. 25 n. 2 (November 1998) pp. 247-274.

maggior sostenitore di Israele: tra il 1967 e il 1970, le uniche transazioni di armi portate a termine avvennero con la Francia e la Gran Bretagna[31]. Dopo il 1970, il ruolo degli Usa riacquistò la sua importanza - solo per andare incontro a nuove difficoltà nel 1973.

4. L'arma del petrolio e le sue ripercussioni sulle relazioni Europa-Arabia Saudita

Durante la guerra arabo-israeliana del 1973, Re Faysal dell'Arabia Saudita era riluttante ad imporre un embargo petrolifero contro coloro che venivano percepiti come i sostenitori di Israele. Non solo per non perdere i proventi del petrolio e per il valore che attribuiva alle relazioni che il Regno aveva costruito con gli Usa, ma anche perché era preoccupato dei danni che l'embargo avrebbe provocato al mercato del petrolio e alle economie occidentali - entrambi molto importanti, a lungo termine, per il benessere della stessa Arabia Saudita. Tuttavia, quando divenne chiaro che gli Usa, sotto la guida del Presidente Nixon, erano coinvolti in una massiccia campagna di sostegno ad Israele - organizzando spedizioni di armi ed equipaggiamenti e offrendo un compromettente aiuto finanziario di 2,2 miliardi di dollari - il re cambiò radicalmente posizione e si mise a capo della campagna di attuazione del boicottaggio petrolifero deciso dall'Opec il 20 ottobre 1973. Fu proclamato un embargo immediato contro gli Usa e i Paesi Bassi, oltre all'annuncio di una generale riduzione progressiva del 5% al mese nei rifornimenti, fino a quando i paesi non avessero cambiato la loro politica nei confronti della Palestina.

Francia, Spagna e provvisoriamente il Regno Unito furono ammessi nella «lista preferenziale», che li preservava dagli effetti peggiori del boicottaggio. Ma data l'importanza del mercato di Rotterdam per i rifornimenti petroliferi dell'Europa, anche i consumatori non direttamente coinvolti nel boicottaggio ne risentirono gli effetti. Per questa ragione, l'Arabia Saudita accettò di vendere al Regno Unito 200.000 barili in più al giorno[32].

Fu chiaramente non casuale se già l'11 novembre la Comunità Europea emetteva una dichiarazione congiunta sulla Palestina nella quale venivano riconosciuti i diritti dei palestinesi. Una settimana più tardi, la riduzione mensile progressiva del 5% venne abrogata per ogni paese della Comunità Europea, ad eccezione dell'Olanda e della Danimarca. Il 14 dicembre, la pressione congiunta esercitata dai ministri

(31) Safran (1985), *op. cit.*, p. 203.
(32) Holden & Johns (1981), *op. cit.*, pp. 343-345.

arabi in un incontro della Comunità Europea a Copenaghen, condusse due giorni dopo ad una nuova dichiarazione in termini ancora più forti di quella che l'aveva preceduta. Per inciso, la differenza di trattamento che i vari paesi europei ricevevano creò tra loro considerevoli frizioni. Il 18 marzo 1974 l'embargo venne tolto, eccetto, temporaneamente, per i Paesi Bassi e la Danimarca. La conseguenza di questo uso della forza-petrolio araba - che di fatto era la forza-petrolio saudita - portò da allora in poi a un autentico cambiamento nella gestione europea della questione arabo-israeliana, così come ad una maggiore consapevolezza e sensibilità nei confronti delle rivendicazioni e dei punti di vista del mondo arabo.

Una seconda drammatica conseguenza dell'uso del petrolio come arma fu ovviamente l'esplosione del prezzo del petrolio e quindi dei redditi degli stati petroliferi del Golfo, che risultarono quadruplicati. In termini assoluti, la crescita del reddito saudita - e di conseguenza la sua potenziale crescita come mercato di armi, beni e servizi forniti dall'Europa o dai suoi concorrenti - fu di gran lunga la più consistente. Da quei fatidici eventi del 1974, gli interessi commerciali europei in Arabia Saudita crebbero a dismisura. Così avvenne anche per le esportazioni saudite verso l'Europa. Allo stesso tempo, la politica - ed in particolare le istanze politiche arabe e mussulmane - occupò un posto molto più importante nelle relazioni fra Europa e Arabia Saudita.

5. Le relazioni contemporanee Europa-Arabia Saudita, dal boom del petrolio ad oggi: una costante ricerca di equilibrio

In termini di sfruttamento del petrolio e di sviluppo industriale, come anche in termini di sicurezza militare, per il Regno saudita e la famiglia reale gli Stati Uniti continuano ad occupare la posizione più importante. Sebbene l'Arabia Saudita abbia gradualmente assunto il controllo di ciò che oggi è nota come Saudi Aramco, il coinvolgimento americano è tuttora importantissimo. Tra l'altro, gli Stati Uniti rimangono di fatto il garante della sicurezza saudita - sebbene, fino alla crisi del Golfo del 1990, senza una presenza visibile.

Nondimeno l'Arabia Saudita non è mai stata un «partecipante entusiasta della lotta tra superpotenze per l'influenza sul Medio Oriente»[33]. Il Regno aveva poca simpatia per l'Urss, ma la dirigenza saudita - al contrario di altri nella regione - non la considerava, alla stregua degli Usa, come la maggiore minaccia per la zona. Il sentimento antiso-

---

(33) W. Quant, *Saudi Arabia in the 1980s: Foreign Policy, Security and Oil*, Brookings, Washington, 1981, p. 71.

vietico era semmai motivato dal carattere ateo del sistema comunista e dal sostegno che Mosca dava a numerosi movimenti rivoluzionari nel mondo ed in particolare a quelli che nella regione criticavano le leggi e la politica degli al-Sa'ud. Ma la vicinanza con gli Usa si fondava sull'esperienza storica, su vantaggi pratici, oltre che su calcoli razionali fatti da entrambe le parti e da cui entrambi traevano benefici. Analogamente, considerazioni pratiche di vario tipo, unite al disaccordo con gli Stati Uniti riguardo ad Israele, portarono la dirigenza saudita a mantenere rapporti costruttivi con altre potenze industrializzate - in particolare l'Europa occidentale e il Giappone. Dal punto di vista politico, l'Arabia Saudita si aspettava dall'Europa un atteggiamento più equilibrato sulla disputa arabo-israeliana e possibilmente una certa pressione o almeno un tentativo di persuasione su Washington riguardo alla questione. Dal 1974, difatti, l'Europa si è adoperata esattamente in questo senso - sebbene con scarsi risultati.

Le limitazioni nelle forniture di armi americane all'Arabia Saudita, imposte dalle *lobbies* filoisraeliane, indussero Riyadh a rivolgersi altrove. La Francia, la Germania occidentale, la Gran Bretagna e l'Italia fecero del loro meglio per aggiudicarsi una fetta del mercato. Dagli anni ottanta, i contratti francesi e britannici per forniture di armamenti cominciarono a superare quelli americani. La Francia fu la prima a fare breccia, seguita a ruota dalla Gran Bretagna[34]. Il contratto europeo che suscitò più sensazione fu l'accordo di al-Yamamad, per un valore di circa 30 miliardi di dollari, firmato dalla Gran Bretagna nel 1988. Divenne celebre anche per la contropartita, ovvero investimenti britannici e pagamenti sauditi in petrolio (gestiti da BP e Shell). L'accordo portò alla nascita di cinque *joint ventures* e secondo alcune stime alla creazione di 30.000 nuovi posti di lavoro in Gran Bretagna[35].

Tra il 1979 e il 1983, il mercato delle armi in Arabia Saudita aveva un valore complessivo di 12,1 miliardi di dollari, dove gli Usa detenevano una quota pari a 5,1 miliardi di dollari, la Francia 2,5 miliardi di dollari, il Regno Unito 1,9 miliardi di dollari e la Germania occidentale 500 milioni di dollari. Nel periodo tra il 1985 e il 1989, su un fatturato complessivo di 23 miliardi di dollari, le forniture dagli Stati Uniti arrivarono appena a 5 miliardi, mentre Francia e Gran Bretagna si ag-

---

(34) B. Korany, «Defending the Faith amid Change: The Foreign Policy of Saudi Arabia» in B. Korany & A. Dessouki (a cura di) *The Foreign Policies of Arab States* - seconda edizione, Westview Press, Boulder, 1991, pp. 310-353 , p. 337.

(35) R. Hollis, «Europe and Gulf Security: A Competitive Business», in D. Long & C. Koch (a cura di) *Gulf Security in the Twenty-first Century*, Emirates Center for Strategic Studies & Research, Abu-Dhabi, 1997, pp. 75-89, pp. 81-83.

giudicarono contratti per un valore di 7 miliardi di dollari ciascuna. Negli anni dal 1991 al 1994, su un mercato complessivo di 27,9 miliardi di dollari, gli Stati Uniti si aggiudicarono forniture per 10,9 miliardi di dollari, mentre le forniture europee salirono a 16,5. In altre parole, gli Usa sono stati decisamente scavalcati. Inoltre, esperti francesi e britannici continuano ad essere interpellati su entrambi i fronti della sicurezza, sia quella interna che quella esterna[36].

I contratti nel campo della difesa hanno un impatto economico importantissimo: in termini di entrate per gli esportatori europei, questo commercio spesso raggiunge, quando non supera, il valore delle esportazioni civili. Nel 1994, ad esempio, le esportazioni britanniche verso l'Arabia Saudita ammontarono a 2,3 miliardi di dollari, e di queste circa la metà erano inerenti alla difesa. Lo stesso anno, la Francia concluse un accordo per 3,7 miliardi di dollari (subito a ridosso di un altro per 700 milioni di dollari) per la fornitura di fregate destinate alla difesa aerea, impianti costieri e miglioramento degli impianti esistenti; le altre esportazioni francesi verso il Regno saudita ammontarono in quell'anno a 1,4 miliardi di dollari. Le esportazioni tedesche sono relativamente meno collegate con la difesa e sono, tutto sommato, considerevolmente inferiori a quelle di Francia e Regno Unito[37].

Ovviamente, gli scambi ed il commercio non sono limitati alle armi. L'esplosione dello sviluppo saudita, indotto dal petrolio, ha portato ad una considerevole presenza europea in Arabia Saudita. Nel 1980 - punto massimo del *boom* – si contavano circa 40.000 cittadini americani nel Regno e 65.000 europei (di cui 25.000 britannici, 15.000 francesi, 13.000 italiani e 10.000 tedeschi)[38].

Nel 1997, i maggiori partner commerciali dell'Arabia Saudita nel settore delle esportazioni (prevalentemente petrolio e prodotti derivati del petrolio) furono il Giappone (17%) e gli Usa (15%), seguiti dalla Corea del Sud (11%), Singapore (8%), Francia (4%) e Italia (3%). Sempre in quell'anno, i suoi maggiori partner commerciali per le importazioni furono gli Stati Uniti (17%), la Gran Bretagna (17%), il Giappone (8%), la Germania (7%), l'Italia (5%) e la Francia (4%). Nel periodo 1985-95, le quote di esportazioni saudite fluttuarono attorno al 5% verso Francia e i Paesi Bassi e attorno al 4% verso l'Italia. Le quote di importazioni saudite, nello stesso periodo, fluttuarono dal 7% all'11%

---

(36) A. Cordesman, *Saudi Arabia: Guarding the Desert Kingdom*, Westview, Boulder, 1997, pp. 109-111.
(37) Hollis «Europe and Gulf Security», in D. Long & C. Koch (1997), *op. cit.*, p. 83.
(38) Safran (1985), *op. cit.*, p.223.

per quanto riguarda la Gran Bretagna, attorno all'8% per la Germania, 4-5% per la Francia, 5-7% per l'Italia e 3-6% per la Svizzera.

Tra il 1981 e il 1987, la Comunità Europea si aggiudicò il 35-40% delle importazioni saudite e il 33-36% tra il 1987 e il 1997. La quota delle esportazioni saudite verso la Comunità Europea tra il 1987 e il 1997 si attesta attorno al 22-23% - eccetto per il 1990, il 1996 e 1997, quando scese al 18%[39].

Una delle preoccupazioni correnti degli esportatori europei è se e in quale misura il mercato saudita si manterrà, tenuto conto dell'abbassamento tendenziale del prezzo del petrolio. Dal lato saudita, la preoccupazione principale è di estendere l'accesso al mercato in Europa, in particolare per la sua industria petrolchimica. Questo ci conduce ad una breve considerazione delle principali questioni riguardanti le relazioni Europa-Arabia Saudita - non senza prima ricordare però le due guerre che dal 1980 hanno profondamente segnato la regione del Golfo.

6. Le due Guerre del Golfo

Questo non è il luogo adatto per ricapitolare la storia delle crisi del Golfo[40], tuttavia sarà utile ricordare la partecipazione europea alle operazioni e il costante ruolo che hanno avuto i protagonisti europei a partire dalla disfatta irachena. È anche opportuno rilevare come questa attiva presenza europea nel Golfo - in parte per sostenere la sicurezza dell'Arabia Saudita - non sia cominciata con le crisi del Golfo: dal 1987, sebbene fossero le forze navali statunitensi a formare il grosso dello scudo protettivo della navigazione nel Golfo per salvaguardarla dagli attacchi iraniani (e di fatto aiutare l'Iraq), anche gli europei hanno avuto un ruolo importante. Nell'estate del 1988, gli Stati Uniti contavano nel Golfo 32 navi da guerra contro le 8 sovietiche, 8 britanniche (la pattuglia «Armilla»), 7 francesi, 6 italiane, 2 belghe e 2 olandesi. L'inverno precedente, la presenza europea era persino maggiore: il

---

(39) Dati del Imf, *Direction of Trade Statistics Yearbook 1998*, e, *1993*.

(40) Per analisi ed informazioni sull'invasione irachena del Kuwait, e le conseguenti operazioni militari Desert Shield e Desert Strom, vedi L. Freedman & E. Karsh, *The Gulf Conflict 1990-1991*, Faber & Faber, London, 1993; A Ehteshami & G. Nonneman *War and Peace in the Gulf*, Ithaca Press, Reading, 1991, pp. 71-90, 166-224, 238-255; e R. Dannreuther, *The Gulf Conflict; A Political and Strategic Analys*, Adelphi Paper n. 264, Brassey's, London, 1992, oltre alle memorie dei protagonisti militari dell'alleanza - Generale Norman Schwarzkopf, Generale Sir Peter de la Billière e Generale Principe Khalid ibn Sultan al-Sa'ud.

Regno Unito aveva 18 navi presenti, la Francia 14, l'Italia 8 e Belgio e Olanda 4 navi ciascuno[41]. La ragione di tanto coinvolgimento non è difficile da immaginare: era in gioco la sicurezza dei rifornimenti petroliferi del Golfo al resto del mondo - non ultima l'Europa stessa, che era ed è dipendente dal petrolio del Golfo per il 25-30% del suo fabbisogno energetico. La protezione straniera cambiò ovviamente la sua composizione così come la sua natura e i suoi obiettivi tra il cessate il fuoco della guerra Iran-Iraq e l'invasione del Kuwait. L'invasione irachena condusse la Comunità Europea a solidarizzare con le Nazioni Unite e gli Usa che chiedevano la ritirata dell'Iraq. Regno Unito, Italia e Francia congelarono immediatamente i beni iracheni. Questa fu anche l'occasione in cui l'Ueo adottò una linea leggermente più decisa del solito accettando, il 21 agosto, di prendere posizione e coordinare le operazioni navali europee nel Golfo. Re Fahd aveva accettato l'aiuto delle forze americane il 7 agosto, e durante una conversazione con il ministro agli Affari Esteri Douglas Hurd aveva anche chiesto formalmente l'intervento dell'esercito britannico. L'8 agosto, la Gran Bretagna annunciò che avrebbe inviato altri aerei in aggiunta alla squadriglia Armilla, che era stata ulteriormente rafforzata. Il 14 settembre, la Gran Bretagna decise l'invio anche di truppe di terra e mezzi corazzati (la 7ª brigata corazzata, o i cosiddetti «i Topi del Deserto») per prendere parte alle operazioni di difesa dell'Arabia Saudita, oltre ad alcuni squadroni di Tornado. Il giorno dopo la Francia seguì il suo esempio, inviando anch'essa truppe di terra - poiché la residenza del suo ambasciatore era stata assaltata. L'operazione Desert Shield, ufficialmente mirata a proteggere l'Arabia Saudita da una potenziale aggressione irachena - si trasformò gradualmente nella preparazione dell'Operazione Desert Storm e il livello militare crebbe a dismisura. Nell'attacco finale contro le truppe irachene, gli Usa erano ovviamente la componente dominante, ma la British Royal Air Force partecipò intensamente alla battaglia aerea (subendo perdite relativamente alte), mentre truppe britanniche e francesi presero parte al breve scontro terrestre che ne seguì[42].

(41) Vedi N. al-Sayed al-Shazly, *The Gulf Tanker War*, Macmillan, London, 1998, pp. 239 e 256.
(42) Per un quadro del ruolo dei vari stati Ueo, vedi N. Gnessotto & J. Roper, *Western Europe and the Gulf*, The Institute for Security Studies, Western European Union, Paris, 1992. Una lista dei contributi individuali alle campagne militari fino al 6 febbraio 1991, si trova a pp. 170-180.

Dalla fine del conflitto, Francia e Gran Bretagna mantengono un livello di cooperazione militare che prevede la permanenza di personale *in loco*, sebbene gran parte di esso sia riconducibile ai contratti di fornitura di armi. Inoltre, l'Arabia Saudita continua a pagare un terzo (300 milioni di dollari) dei costi di mantenimento delle zone di interdizione aerea lungo i confini meridionali dell'Iraq, sottoposta a controllo britannico e saudita.

Contrariamente a quanto fecero altri paesi arabi alla vigilia della guerra del Golfo, l'Arabia Saudita non ha mai concluso accordi espliciti di difesa con Usa, Gran Bretagna e Francia, ma esiste di fatto un'ampia intesa e cooperazione militare con gli Stati Uniti (secondo alcune stime, gli Usa mantengono nel Regno una presenza di circa 5.000 truppe). Tuttavia, come già in precedenza abbiamo avuto modo di rilevare, questo non si traduce in una esclusiva dipendenza dalle forniture di armi dagli Stati Uniti - piuttosto il contrario. È altresì opportuno ricordare che l'Arabia Saudita fu tra i paesi che rifiutarono di accordare il permesso di lanciare attacchi contro l'Iraq dal loro territorio, alla fine del 1998. Questo, di nuovo, ci conduce ad esaminare brevemente le questioni correnti nelle relazioni tra il Regno e l'Europa.

7. Le questioni correnti

Le questioni principali che caratterizzano attualmente le relazioni Europa-Arabia Saudita possono essere riassunte sotto le seguenti categorie: petrolio; scambi commerciali; sicurezza; politica del Medio Oriente; relazioni UE/Ccg; e dialogo culturale. Essenzialmente, esse rimangono ancorate ai temi elencati all'inizio di questo capitolo.

7.1 Petrolio

Un'offerta di petrolio a prezzi stabili e prevedibili è egualmente importante per entrambe le parti. Il drammatico crollo dei prezzi del petrolio del 1998 ha rappresentato una seria preoccupazione per l'Arabia Saudita ma anche per le compagnie petrolifere internazionali, andando a ripercuotersi sugli investimenti a lungo termine e sulle prospettive di sviluppo del settore. In termini politici, l'Occidente si è preoccupato delle possibili implicazioni di un dimezzamento delle risorse in Arabia Saudita, paese che deve far fronte alle esigenze di una popolazione in rapida crescita. Con il rialzo dei prezzi nel 1999, in seguito alla rinnovata determinazione dell'Opec di controllare i livelli di produzione (dovuta in gran parte alla determinazione saudita di ristabilire i prezzi), in Europa si ricominciano a levare grida allarmistiche:

su un quotidiano inglese, ad esempio, accanto ad un articolo sul futuro del mercato del petrolio è apparsa una vignetta che mostra Re Fahd che impugna una pompa di benzina come un fucile puntato contro la testa del mondo[43]. Un chiaro stereotipo di xenofobia stile anni settanta, ma anche un argomento assolutamente insostenibile: i dirigenti sauditi sono perfettamente coscienti del fatto che sebbene essi abbiano bisogno di prezzi più alti rispetto ai livelli disastrosamente bassi del 1998, sarebbe tuttavia contrario ai loro interessi provocare scossoni come negli anni settanta e ottanta. A breve termine, questo rovinerebbe le buone relazioni politiche raggiunte con l'Occidente, con possibili ripercussioni sulla sicurezza. A medio termine, intaccherebbe profondamente l'economia mondiale e di conseguenza anche il valore, nonché il reddito, degli investimenti sauditi all'estero. A lungo termine, infine, rischierebbe di danneggiare seriamente il mercato del loro petrolio. La politica petrolifera saudita ha dimostrato da tempo di comprendere perfettamente le caratteristiche fondamentali dell'interdipendenza saudita con il resto del mondo. Fortunatamente, anche i dirigenti europei sembrano per la maggior parte essere coscienti di queste considerazioni, ed è improbabile che vogliano dar seguito all'allarmismo dei mezzi di comunicazione di massa.

Esiste tuttavia un'importante divergenza tra le due parti riguardo alla desiderabilità di una riduzione della dipendenza dal petrolio. Dal lato europeo, questa ha origine da motivazioni economiche e di sicurezza oltre che da preoccupazioni ambientali - in particolare, il surriscaldamento del pianeta. La prospettiva di un'offerta di petrolio stabile a prezzi prevedibili contribuirebbe in larga misura a placare la prima inquietudine, ma permane comunque quella relativa all'ambiente. Poiché nel mondo industrializzato uno dei maggiori fattori di crescita delle emissioni di CO_2 è il settore dei trasporti, alimentato prevalentemente dal petrolio, sono state introdotte e continuano ad essere introdotte normative mirate alla riduzione dei consumi. Lo strumento principale di questa politica, specialmente in Europa, è l'imposizione di svariate tasse - sulle automobili, su licenze, pedaggi, ecc. - che portano ad aumentare costantemente il prezzo del carburante per i consumatori. Allo stesso tempo, ovviamente, più di un governo ha trovato nella tassazione sul carburante una forma abituale di finanziamento - accusa che i produttori del Golfo non hanno tardato a muovere. Dalla prima metà degli anni novanta, un ulteriore elemento di attrito nelle relazioni Europa-Arabia Saudita (e a maggior ragione nelle relazioni Europa-Golfo) è la proposta della cosiddetta «carbon tax» come ele-

---

(43) W. Rees-Mogg, «Troubled Waters for Oil», *The Times*, 30 agosto 1999.

mento della Carta dell'energia firmata nel dicembre 1991 e mirante a rendere i carburanti con emissioni da CO_2 più costosi (e di nuovo, i produttori del Golfo fanno notare come i sussidi europei al carbone siano in contraddizione con questo intento dichiarato).
L'Arabia Saudita ed altri paesi del Golfo hanno esercitato notevoli pressioni affinché questa proposta venga abbandonata[44]. Gli argomenti presentati sono fondamentalmente due: in primo luogo, la tassa è ingiusta e rappresenta una minaccia per la sicurezza economica dei produttori del Golfo; in secondo luogo, si sostiene, non farebbe che danneggiare il benessere economico dei consumatori europei senza portare alcun reale beneficio all'ambiente. Il secondo argomento viene percepito in Europa come superficiale e meramente strumentale. Tuttavia, sembra che le implicazioni politiche del primo argomento siano giunte a segno: dal 1995, la proposta sembra accantonata. Rimane comunque una tensione sotterranea generata da un lato dall'orientamento economico e ambientalista dell'Europa a limitare i consumi, e dall'altro dalla necessità dei produttori di mantenerli inalterati.

7.2 Il commercio

Per gli industriali europei ed i fornitori di servizi, l'Arabia Saudita rimane un mercato ambito, mentre i mercati europei rivestono un'ovvia importanza non solo per il petrolio, ma anche per il settore petrolchimico. Da ambo le parti, tuttavia, l'ambizione ad accedere al mercato della controparte è contrastata dal desiderio di proteggere il proprio - o perlomeno alcuni settori nevralgici. Altri capitoli affrontano questo tema più approfonditamente[45]. Basti dire in questa sede che è l'Arabia Saudita il maggiore motore dietro i negoziati per la creazione di un'area di libero scambio tra Ccg e UE, in larga misura per la sua determinazione ad ottenere ciò che viene visto come un giusto accesso per la sua industria petrolchimica ai mercati europei. L'accordo del 1988 a costituire tale area non ha ancora portato ad alcuna effettiva realizzazione, benché all'epoca della stipula la data stabilita fosse il 2001. La riluttanza saudita ad aprire e liberalizzare la sua economia sta gradualmente scemando nel contesto di una relativa contrazione delle risorse statali e di una nascente privatizzazione, oltre che del desiderio

---

(44) Eiu, *Saudi Arabia Country Profile 1999-2000*, p. 44. Per una discussione più approfondita, vedi G. Nonneman, «The Gulf: Background Assessment» in G. Nonneman (a cura di) *The Middle East and Europe: The Search for Stability and Integration*, Federal Trust, London, 1993, pp. 55-62 e pp. 60-61 (dove si possono trovare ulteriori fonti sulla «carbon tax»). Vedi, inoltre, il capitolo 19 in questo volume.
(45) Vedi i capitoli 16, 17 e 18.

del paese di diventare membro della Organizzazione Mondiale per il Commercio[46]. Ma l'ancora imperante ruolo dello stato e del sussidio statale all'economia, specialmente in considerazione del rilievo socioeconomico che esso ha, porrà comunque un limite alla velocità dei progressi in questo senso. Bisogna dire, comunque, che anche dal lato europeo permane un'ambivalenza di fondo. La *lobby* dei produttori petrolchimici, in particolare, si è mossa per mantenere nel suo settore un certo grado di protezione. Ed è probabilmente giusto dire che permangono tuttora delle divisioni in seno all'Europa: appare chiaro che esiste una «logica» della Commissione Europea favorevole alla conclusione di un accordo di libero scambio, mentre allo stesso tempo settori dell'industria, e occasionalmente i politici, hanno pigiato sui freni. È alquanto improbabile che la scadenza del 2001 possa essere rispettata.

7.3 Sicurezza

La sicurezza di un'offerta di petrolio a prezzi prevedibili è un fattore cruciale per l'Europa, mentre mercati petroliferi a lungo termine e un'economia mondiale vibrante sono fattori integranti della sicurezza economica e politica dell'Arabia Saudita. Tuttavia, il Regno deve tenere conto anche di un altro aspetto, più «concreto», riguardo alla sicurezza. Il paese rimane un elemento vulnerabile di una regione del mondo in cui le minacce sono più una regola che non l'eccezione. Gli strumenti generalmente impiegati dall'Arabia Saudita per affrontare il problema sono i seguenti: 1) una cauta politica che mantenga aperti i ponti con tutti; 2) la cosiddetta *riyal*-politik, vale a dire di disinnescare le potenziali gelosie e creare buone relazioni mediante elargizione di sussidi; 3) l'acquisizione di armamenti; 4) il propiziarsi protettori stranieri. Sotto molti aspetti, questa linea non si discosta troppo dalla politica seguita a suo tempo da Re Abd al-Aziz. La guerra del Golfo del 1990-91 ha dimostrato che i primi due strumenti non sono sufficienti quando si arriva al dunque. Una maggiore forza militare potrebbe essere utile, ma è il quarto strumento, ovvero la protezione straniera, a risultare determinante. Dalla fine della guerra, quindi, questo strumento ha registrato una significativa espansione ed evoluzione[47]. In questo senso, l'acquisizione di armi può essere letta in parte come una polizza di assicurazione, rendendo più probabile che i paesi fornitori accorrano in aiuto se necessario. Sebbene il garante chiave della sicurezza saudita rimangano gli Usa, che dunque continueranno ad aggiudicarsi

(46) Eiu , *op. cit.*, p. 44.
(47) Vedi Cordesman (1997), *op.cit.*

una grossa fetta di contratti per l'acquisto di armi da parte saudita, sembra probabile che la strategia tradizionale saudita di non rischiare tutto continuerà a fornire dividendi ai fabbricanti di armi europei. Nessun quantitativo di armi o accordo estero, tuttavia, potrà mai garantire definitivamente la sicurezza dell'Arabia Saudita senza un generale progresso nella questione della sicurezza nel Golfo - che implica trattative non solo su intese nazionali ma anche regionali - e, da un punto di vista più ampio, un miglioramento del clima politico in tutto il Medio Oriente.

7.4 Politica regionale

In questo contesto, l'Europa ha inevitabilmente un suo ruolo. L'Arabia Saudita ha da lungo tempo (insieme ad altri stati arabi) premuto perché l'Europa assuma un ruolo più attivo nel processo di pace arabo-israeliano - e ciò in disaccordo con i desideri del suo principale protettore, gli Usa. In realtà, una associazione troppo stretta con il protettore di Israele, in assenza di una soluzione accettabile, pone un problema di legittimità ai dirigenti sauditi, anche perché la sensazione degli arabi (e dei sauditi) è che gli Usa siano più favorevoli alla posizione israeliana che non a quella arabo-palestinese (il disaccordo con l'Olp dopo il recente pronunciamento di quest'ultima contro le operazioni della coalizione anti-irachena non ha mutato il problema di fondo). Ci si aspetta quindi che la questione palestinese rimanga uno dei temi preminenti nelle relazioni Europa-Arabia Saudita, sebbene sia improbabile che Riyadh si discosti dalla sua posizione essenzialmente moderata o permetta che si alterino le vitali relazioni economiche e militari con gli Usa e con l'Europa. Nelle immediate vicinanze del Regno, le questioni di Iran e Iraq si profilano gravi - ma sono trattate in altre sezioni[48]. Basti dire che, a questo riguardo, l'Arabia Saudita è per diversi aspetti più vicina al punto vista europeo che non a quello americano. Riguardo la duplice politica di contenimento nei confronti di Iran e Iraq - ora finalmente in parte ritirata - negli ultimi anni novanta l'Arabia Saudita si è sempre più avvicinata all'Europa nell'opporvisi, ignorando di fatto, quanto meno la parte iraniana del boicottaggio imposto dagli Usa.

7.5 UE e Consiglio di Cooperazione del Golfo

Una parte significativa delle relazioni dell'Arabia Saudita con l'Europa continuerà a svilupparsi nel contesto più ampio delle relazio-

---

(48) Vedi i capitoli 8 e 9.

ni UE-Ccg, come già illustrato precedentemente in questo capitolo. Altri capitoli scaveranno più a fondo in queste relazioni, per cui in questa sede ci limiteremo a sottolinearle[49]. È chiaro che in questo dialogo l'Arabia Saudita rappresenta il peso massimo dal lato dei Ccg. Ed è senz'altro vero che, in qualche modo, la politica dei paesi del Golfo verso l'Europa può essere interpretata come un'estensione della politica saudita (ad esempio riguardo ai prodotti petrolchimici) - anche se questa viene sicuramente moderata da altre voci come ad esempio quelle del Kuwait e dell'Oman. L'Arabia Saudita e altri stati del Ccg, hanno sofferto di essere esclusi dal «Processo di Barcellona», che aveva come scopo di collegare l'UE con gli stati del Mediterraneo meridionale e orientale. Erano presenti tutti gli stati arabi eccetto la Libia e gli stati della penisola, e questo venne interpretato da alcuni commentatori arabi come un tentativo di creare divisioni all'interno del mondo arabo. L'UE prese nota di questo disagio e ha lanciato una serie di modeste iniziative per allargare la «cooperazione decentralizzata» tra le due aree. A seguito di un accordo UE-Ccg del 1995, sono stati timidamente avviati alcuni progetti cooperativi nei tre settori del commercio, della tecnologia e degli scambi universitari. Quest'ultimo si è evoluto più rapidamente - in particolare grazie al vivo interesse mostrato dalle Università Re Sa'ud e Re Abd al-Aziz - fino ad arenarsi temporaneamente sugli scogli burocratici e di comunicazione interna dell'UE[50].

7.6 Cultura e Religione

Una delle ragioni più importanti per includere la cooperazione universitaria come elemento del progetto sopra descritto, è stata la coscienza, da entrambe le parti, dell'importanza di incrementare il mutuo interesse ed apprezzamento culturale. Molti, nel Golfo ed in particolare in Arabia Saudita, sono convinti che la loro società sia mal rappresentata in Occidente - e questa sensazione non è senza fondamento. Allo stesso tempo, la Commissione Europea ha sentito che c'era l'opportunità di diffondere una sincera comprensione dell'Europa, delle sue istituzioni e della sua società tra le giovani generazioni del Golfo. Il risultato è stato la discussa proliferazione degli «studi europei» nei curricula delle università del Golfo.

Mutua comprensione e comunicazione culturale non sono meramente il lato «soffice» delle relazioni internazionali, né così è per le

(49) Vedi i capitoli 16, 17 e 18.
(50) Vedi G. Nonneman «A Future for Gulf Studies in Europe?», relazione presentata alla conferenza sugli Studi nel Golfo, Exeter University, luglio 1999. La relazione può essere richiesta al Centre for Arab Studies, Exeter University, UK.

relazioni Europa-Arabia Saudita. È vero che questo aspetto è stato generalmente trattato come tale, ed è di conseguenza rimasto un tema poco sviluppato; tuttavia, la sua importanza non si trova solo nella comunicazione fine a se stessa, quanto nella rilevanza che una maggiore comprensione e comunicazione possono assumere per il futuro successo degli aspetti più «concreti» delle relazioni: petrolio, scambi commerciali e politica. Ed è a questo proposito che si può marcare una differenza fra relazioni limitate a contatti tra governi e compagnie e la graduale costruzione di una più ampia interazione tra Europa ed Arabia Saudita.

2. I rapporti fra Italia e Arabia Saudita

di Pier Giovanni Donini[1]

1. Prima della seconda guerra mondiale

Non è esagerato affermare che i rapporti tra Italia e Arabia Saudita sono partiti col piede sbagliato, e che il loro inizio non lasciava prevedere l'importanza che essi hanno assunto dopo la seconda guerra mondiale. Quando Abd al-Aziz ibn Sa'ud conquistò Riyadh nel 1902, gettando le basi dell'attuale Regno dell'Arabia Saudita, gli interessi dell'Italia nella penisola arabica si concentravano sullo Yemen, dove la Regia Marina aveva imposto il blocco a Hodeida nel 1901 con l'obiettivo immediato di ostacolare la pirateria - o la guerra di corsa - e la tratta degli schiavi, e quello a medio-lungo termine di garantire la sicurezza nelle comunicazioni con i possedimenti italiani in Eritrea e con i porti del Benadir in quella che sarebbe poi diventata la Somalia italiana[2].

Allo scoppio della rivolta nello Yemen un paio d'anni più tardi, l'Italia si trovò di fronte alla necessità di coordinare - o almeno di rendere compatibile - la propria politica nel Mar Rosso con quella dei suoi alleati o rivali europei. L'influenza predominante nella regione, e nello stesso Yemen, era naturalmente quella esercitata dalla Gran Bretagna, a cui si contrapponevano la Germania e la Russia nonché, in misura minore, la Francia. Oggetto del contendere era soprattutto la spartizione dell'Impero ottomano, la cui fine era giudicata imminente ancorché - specie dalla Francia - prematura. In questo contesto la posizione dell'Italia si avvicinava a quella di Francia e Russia nel ritenere inopportuna qualsiasi iniziativa atta ad accelerare la fine del «Grande malato d'Europa». Va ricordato a questo proposito che alla preventivata occupazione italiana della Libia si attribuivano migliori possibilità di successo se attuata prima della definitiva scomparsa dell'Impero ottomano, piuttosto che dopo di essa, quando - come non a torto si temeva -

(1) Istituto Universitario Orientale, Napoli.
(2) Sull'argomento si veda M. Lenci, *Eritrea e Yemen. Tensioni italo-turche nel mar Rosso 1885-1911*, Milano, Franco Angeli, 1990.

la nostra iniziativa correva il rischio di essere anticipata da uno dei nostri maggiori rivali[3].

L'Italia era pertanto favorevole al mantenimento dello *status quo* nella penisola arabica, anche se non si asteneva del tutto da iniziative ufficiali o clandestine nello Yemen e nel Asir. Le cose cambiarono dopo l'occupazione della Libia nel 1911, che ebbe un'interessante conseguenza indiretta nel Mar Rosso, dove Muhammad ibn Ali al-Idrisi, Governatore del Asir, accettò l'aiuto dell'Italia contro i turchi. La cosa suscitò ripercussioni negative in Francia e Gran Bretagna, tanto che - una volta avviate le trattative di pace con la Turchia nel 1912 - l'Italia si astenne da qualsiasi rivendicazione sul Asir. Era opinione comune, all'epoca, che si fosse perduta una buona occasione per estendere l'influenza italiana nella penisola. Nello stesso tempo una missione medica del Regio Esercito mantenne una presenza pacifica nel Hijaz, già coinvolto nella prima campagna di Husein contro Ibn Sa'ud, fino allo scoppio della prima guerra mondiale[4].

Su un piano più generale si riteneva, negli anni a cavallo del primo conflitto mondiale, che - se fosse entrata in guerra a fianco della Germania, dell'Austria e della Turchia - l'Italia avrebbe potuto conquistarsi una maggiore influenza in Arabia. Le regioni in cui la nostra capacità potenziale di intervento era maggiore - Yemen e Asir - erano anche quelle dove con maggior efficacia si esercitava la sovranità turca e la possibilità di vederla sfidata in caso di conflitto era minore. Schierandosi con Francia e Gran Bretagna, l'Italia era invece destinata a conseguire solo vantaggi limitati nella penisola, dove qualsiasi rivendicazione postbellica italiana sarebbe stata subordinata al gradimento da parte di alleati più diffidenti nei confronti di una nostra espansione in aree per loro più delicate che per gli imperi centrali e la stessa Turchia. L'attenzione italiana si dirigeva comunque verso quelle aree dell'Impero ottomano - la regione di Adalia in Anatolia - che ci erano state assegnate nei piani di spartizione[5].

---

(3) Sugli accordi del 1887 con la Gran Bretagna, la Spagna e l'Austria-Ungheria, del 1902 con Francia, e del 1909 con la Russia, che costituiscono la preparazione diplomatica all'occupazione italiana di Tripolitania e Cirenaica, cfr. Vladimir Lutsky, *Storia moderna dei paesi arabi*, Milano, Teti, 1975, pp. 325-328; Ettore Rossi, *Storia di Tripoli e della Tripolitania dalla conquista araba al 1911*, Roma, Istituto per l'Oriente, 1968, pp. 323-348.

(4) Cfr. A. Giannini, *L'ultima fase della questione orientale (1913-1932)*, Roma, Istituto per l'Oriente, 1933, p. 239-240.

(5) Sulle isole italiane dell'Egeo, cfr. Giannini, *op. cit.*, pp. 360-380; sui progetti di spartizione, ivi, pp. 13-17. Testi in E. Rossi, *Documenti sull'origine e gli sviluppi della questione araba (1875-1944)*, pp. 17-71.

Una volta entrata in guerra a fianco dell'Intesa, l'Italia lasciò cadere un'altra possibilità di estendere la propria influenza nella penisola, quando l'Imam Yahya dello Yemen si mostrò riluttante a scatenare una nuova versione della rivolta del 1905 contro i turchi, a causa presumibilmente del suo contenzioso di frontiera con i possedimenti britannici di Aden. D'altra parte, con le sue forze impegnate al massimo sul fronte austriaco, l'Italia non era in grado di offrire allo Yemen protezione sia contro l'occupazione turca, sia contro le pressioni britanniche[6].

Né le regioni interne, né quelle costiere della penisola furono comunque oggetto di discussione quando l'Italia protestò[7] contro la propria esclusione dalla progettata spartizione dell'Impero ottomano, una volta venute alla luce le clausole degli accordi Sykes-Picot. Di influenza italiana nello Yemen si parlò invece alla Conferenza della pace, ma con scarsi risultati. Quanto ai rapporti con l'Arabia centrale, o all'influenza esercitabile nel cuore della penisola, in Italia si attribuiva loro importanza secondaria per la mancanza di sbocchi sul Mar Rosso.

Ancora una volta le cose cambiarono in seguito allo scoppio delle ostilità fra il Najd e il Hijaz. Fino all'inizio del 1924, comunque, l'Italia continuava a essere schierata dalla parte sbagliata, sotto il profilo dei futuri rapporti con l'Arabia Saudita, giacché forniva assistenza economica e militare al Hijaz[8]. L'esito della guerra fu accolto in Italia (oltre che in Francia) come un successo britannico, quale in effetti fu, almeno nel breve periodo. In quanto «potenze musulmane» (secondo l'accezione ristretta e opportunistica, ma ricorrente nella storia coloniale europea, di potenze con un certo numero di sudditi musulmani), Italia e Francia potevano tuttavia considerare la vittoria delle armi saudite e la soppressione dell'effimero califfato hashimita alla stregua di un passo nella direzione giusta, quella di una maggiore stabilità nella regione dei Luoghi Santi: e in parte lo fecero. Il capitolo dei rapporti tra musulmani ebbe in effetti una certa importanza nella fase iniziale delle relazioni italo-saudite[9].

---

(6) Giannini, *op. cit.*, pp. 220-222.

(7) Per bocca dell'onorevole Sonnino, ivi pp. 15-16; testi in A. Giannini, *Documenti diplomatici della pace orientale*, Roma, Istituto per l'Oriente, vol. I, 1922, p. 21; e Rossi, *op. cit.*, pp. 50-53.

(8) Sintesi esauriente di queste vicende in A. Giannini, «Il trattato di et-Ta'if e l'equilibrio dell'Arabia», in *Oriente Moderno,* XV, 1935, pp. 489-498.

(9) Cfr. Carlo A. Nallino, *Raccolta di scritti editi e inediti a cura di Maria Nallino*, v. I, *L'Arabia Sa'ûdiana*, Roma, Istituto per l'Oriente, 1939, in particolare la parte III.

Il consolidarsi del potere saudita nella penisola finì col rappresentare un ostacolo insormontabile sulla via delle ambizioni italiane in quell'area, e rese vani anche gli sforzi intrapresi con rinnovato vigore dal regime fascista. L'unica alternativa ragionevole consisteva nel concentrare le iniziative in direzione dello Yemen: scelta obbligata che in buona parte giustifica il crescente impegno italiano in quest'ultimo paese. Il 1925 vede in effetti un intensificarsi delle attività navali e d'altro genere imperniate su Hodeida, che condurranno alla conclusione del trattato del 2 settembre 1926 tra Italia e Yemen[10], accordo che, tra l'altro, venne considerato ostile allo Stato saudita, allora formalmente Regno del Najd e del Hijaz. Tra le grandi potenze, in effetti, l'Italia fu una delle ultime a decidere il riconoscimento diplomatico dello Stato saudita: ritardo a cui pose termine il Trattato di Gedda del 15 dicembre 1931[11].

Quando, nel 1934, scoppiarono le ostilità fra lo stato saudita e lo Yemen, fu quest'ultimo - che poteva vantare una più cospicua presenza di nostri interessi economici - a beneficiare visibilmente della solidarietà italiana, cosa che conferì una certa credibilità a voci persistenti (ma ufficialmente smentite) su un nostro coinvolgimento diretto nel conflitto.

Il successo militare saudita poneva l'Italia di fronte alla necessità di ridimensionare gli atteggiamenti filoyemeniti del passato, mettendo in luce le relazioni di fresca data, ma formalmente amichevoli, con l'Arabia Saudita; il Trattato di Ta'if, concluso il 20 maggio 1934 fra il Regno e lo Yemen, venne pertanto accolto in Italia come un capolavoro della diplomazia di Riyadh[12]. Nella capitale saudita, a quanto pare, la nostra esibizione di opportunismo non lasciò rancori, tanto che il Regno non aderì alle sanzioni decretate dalla Società delle Nazioni in seguito all'aggressione italiana contro l'Etiopia nel 1935, ma anzi riconobbe il nostro neo-proclamato impero nel 1937[13].

Allo scoppio della seconda guerra mondiale il Regno saudita si attenne a una rigorosa neutralità, limitandosi a chiedere la chiusura della legazione italiana a Gedda nel febbraio 1942 dopo insistenti pressioni («ricatti», secondo la versione ufficiale del nostro governo) da parte britannica[14]. Un simile comportamento è particolarmente interessan-

(10) Testo in *Oriente Moderno*, VI, 1926, pp. 535-537.
(11) Testo in Oriente Moderno, XII, 1932, pp. 130-131. Sul tema cfr. anche A. Giannini, «Gli accordi di Gedda fra il Regno d'Italia ed il Regno del Higiâz e Najd» in *Oriente Moderno*, XI, 1931, pp. 225-233.
(12) Cfr. Giannini, op. cit., 1935; testo in *Oriente Moderno*, XIV, 1934, pp. 314 s.
(13) *Oriente Moderno*, XVI, 1936, pp. 156-157; XVIII, 1938, p. 675.
(14) *Oriente Moderno*, XXI, 1941, p. 579; XXII, 1942, pp. 21, 123.

te, dal momento che un atteggiamento anti-italiano sarebbe stato giustificato in seguito al bombardamento - sia pure involontario - del territorio saudita da parte di unità della Regia Aeronautica durante l'incursione contro Bahrein del 20 ottobre 1940. Il governo di Riyadh si limitò in quell'occasione ad accettare le giustificazioni italiane, senza prendere ulteriori provvedimenti[15]. Va ricordato a questo proposito che la cooperazione in campo aviatorio aveva svolto un ruolo importante durante le prime fasi dei rapporti italo-sauditi, quando l'Italia aveva donato o venduto aerei all'Arabia Saudita, e partecipato all'addestramento dei suoi piloti, secondo una tradizione di collaborazione con i paesi arabi avviata nel contesto delle relazioni con lo Yemen[16].

2. Dopo la seconda guerra mondiale

Dopo la seconda guerra mondiale la politica estera italiana nel suo complesso, e pertanto anche i rapporti con l'Arabia Saudita, hanno conosciuto una nuova fase, dominata da un elevato livello di asservimento all'alleanza con gli Stati Uniti d'America.

Fin dall'inizio la politica dello Stato unitario italiano verso quelli che sono oggi i paesi arabi si è concentrata su due obiettivi parzialmente incompatibili: sfruttare il vantaggio rappresentato dalla nostra posizione geografica per sviluppare rapporti preferenziali con l'intero bacino mediterraneo, oppure operare in quest'area secondo il modello proprio di altre potenze. L'aggressione italiana alla Libia nel 1911 fu un caso tipico, ancorché tardivo, di adeguamento al modello coloniale europeo, mentre la politica araba perseguita dal regime fascista negli anni venti e trenta rappresenta una manifestazione significativa di quella che si soleva definire «vocazione mediterranea dell'Italia».

Dopo la seconda guerra mondiale il concetto stesso di una politica estera imperniata sul Mediterraneo fu screditato inizialmente dalla sua stretta associazione con il passato fascista dell'Italia. Negli anni trenta la popolarità di cui il fascismo godeva in qualche ambiente nazionalista arabo aveva fornito all'Italia l'inedita occasione di sfruttare i sentimenti antifrancesi e antibritannici presenti nel mondo arabo, e in effetti la propaganda italiana ottenne qualche successo - in Egitto, in Algeria, in Tunisia e in Siria - tra quegli arabi che erano abbastanza ingenui - o cinici - da dimenticare che l'autoproclamato «Difensore

(15) *Oriente Moderno*, XX, 1940, pp. 77, 546-547, 580.
(16) *Oriente Moderno*, XIII, 1933, p. 291; XIV, 1934, p. 429; XV, 1935, p. 140; XVI, 1936, pp. 472, 700.

dell'Islam» era il medesimo Mussolini il cui regime opprimeva musulmani in Libia e nelle altre colonie italiane.

Fattore più specifico di condizionamento della politica mediterranea dell'Italia[17] fu, a partire dal 1947, la spartizione della Palestina con la nascita dello stato di Israele. La convinzione pressoché universale - ancorché ingiustificata - che ciò costituisse un equo e legittimo risarcimento per i torti subiti dagli ebrei europei, in Europa, e per opera di europei, ha indotto una successione pressoché ininterrotta di governi italiani ad allineare la posizione del loro paese alla tendenza prevalentemente filosionista, e poi filoisraeliana, che ebbe il sopravvento in Europa e negli Stati Uniti d'America, anche se ciò ha significato buttar via le buone relazioni con i paesi arabi insieme con l'acqua sporca della propaganda fascista.

Più in generale, va qui ricordato che l'Italia repubblicana non ha perseguito una politica estera indipendente degna del nome da quando la Democrazia Cristiana si liberò dei partiti comunista e socialista con cui aveva condiviso il potere nei primi governi postbellici di coalizione. Il punto di vista ufficiale dell'Italia sulle questioni dell'area tendeva così a coincidere, il più delle volte, con quello di Washington, tanto più dopo l'adesione del nostro paese alla Nato nell'aprile del 1948, che determinò la nostra partecipazione alla tutela degli interessi statunitensi nel Mediterraneo.

Non c'è dunque motivo di stupirsi se non vennero compiuti particolari sforzi per sviluppare i rapporti commerciali con i paesi arabi: gli anni cinquanta videro l'avvio del processo di integrazione economica europea, giustamente considerato vitale per il futuro dell'Italia, e ci si preoccupava soprattutto di quanto accadesse al di là delle Alpi. L'attenzione dedicata alle sponde meridionali e orientali del Mediterraneo era meramente residuale. Le cose cambiarono negli anni sessanta, quando il ritmo dello sviluppo industriale in Italia determinò una crescente richiesta di greggio, che i paesi arabi non avevano difficoltà a fornire[18].

Una situazione radicalmente diversa si manifestò in seguito al conflitto arabo-israeliano del 1973, che - determinando bruschi incrementi nei prezzi del greggio e la dichiarata volontà dei maggiori paesi produttori arabi di utilizzare le forniture energetiche come mezzo di pressione per indurre l'Europa a esercitare pressioni su Israele - co-

---

(17) Sull'argomento, cfr. P. G. Donini, «La politica araba dell'Italia», *Awraq*, X, 1989, pp. 63-89.

(18) P.G. Donini, «Italy's Economic Relations with the Arab World», *Journal of Arab Affairs*, X, n. 2, Fall 1991, pp. 123-152.

strinse l'Italia, come la maggior parte dei paesi occidentali, a porre in atto provvedimenti urgenti per sviluppare le proprie esportazioni verso i paesi produttori di petroli. Ciò rendeva, in particolare, l'Arabia Saudita una controparte commerciale estremamente interessante e si può dire che non ci sia stato un anno, dal 1974 oggi, in cui non si siano registrate visite ufficiali italiane ad alto livello in Arabia Saudita, o viceversa. L'interscambio commerciale tra i due paesi si mantiene attualmente sui quattro miliardi di dollari all'anno, e l'andamento generale dei rapporti reciproci viene definito «eccellente».

Si tratta indubbiamente di risultati impressionanti, ma qualche preoccupazione appare giustificata. La differenza fondamentale tra la politica araba prebellica dell'Italia, e quella seguita dopo il secondo conflitto mondiale, consiste nel fatto che ai tempi del Regno d'Italia il paese perseguiva una politica estera, cioè un progetto fondato su considerazioni geo-strategiche di medio e lungo periodo. Non l'insieme di iniziative e decisioni contingenti, spesso prese in affannosa rincorsa degli eventi e con visione di breve periodo, che hanno caratterizzato la politica araba dell'Italia repubblicana. Questo contrasto è messo in luce dal triste destino del Dialogo euro-arabo, avviato in mezzo al clamore dei *media* e sotto quelli che sembravano i migliori auspici, e dissipatosi poi nel nulla soprattutto per colpa dell'indifferenza europea e dell'ostilità statunitense. Soprattutto, ma non esclusivamente, poiché vi furono anche responsabilità da parte araba. Mentre paesi privi di idrocarburi quali la Giordania si impegnavano a fondo in progetti di cooperazione multilaterale euro-araba, i paesi produttori quali l'Arabia Saudita potevano permettersi di attribuire scarsa priorità a iniziative del genere, essendo in grado di procurarsi nel grande supermercato dell'Occidente il necessario e il superfluo, senza preoccuparsi del lungo periodo, dell'evolversi delle relazioni reciproche tra le grandi aree economiche dell'Europa occidentale, del Nordamerica e dell'Asia orientale, e delle presumibili variazioni nelle rispettive valutazioni dei propri interessi a lungo termine.

C'è un altro aspetto, che riguarda il settore specifico delle relazioni culturali. Queste erano un pilastro della politica estera italiana durante gli anni trenta, quando non si esitava ad affidare a un arabista di fama internazionale quale Carlo Alfonso Nallino il compito di accompagnare nel pellegrinaggio i sudditi musulmani del nostro paese. Oggi la cultura è la parente povera dei nostri rapporti con il mondo arabo, Arabia Saudita compresa, come può constatare chiunque si prenda il disturbo di analizzare in maniera non superficiale l'organizzazione e l'attività dei nostri Istituti di cultura, paragonandole magari con quelle del Goethe Institut, o di confrontare gli stanziamenti di cui gode l'Institut du Monde Arabe con quelli destinati al suo equivalente italiano.

L'attuale tendenza dei rapporti italo-sauditi è di certo estremamente positiva, e reciprocamente vantaggiosa sul piano economico, ma non si può dire che nei due paesi si faccia tutto quanto sarebbe possibile fare per migliorare da una parte la reciproca conoscenza, e consolidare dall'altra le basi per una collaborazione non episodica e contingente, ma proiettata verso il futuro.

3. Italia e Arabia Saudita dopo il secondo conflitto mondiale

di Vincenzo Strika[1]

1. Italia e Regno dell'Arabia Saudita: primi rapporti

L'Italia instaurò piene relazioni diplomatiche con l'Arabia Saudita nel 1932[2], pochi mesi prima che il Regno assumesse l'attuale denominazione. La stipula di due Trattati, uno di amicizia senza scadenza e l'altro decennale di commercio, corrispondeva al rinnovato interesse italiano nel Mar Rosso, dopo la grande crisi del 1929 che aveva intaccato anche l'economia del Regno, con gravissime conseguenze sulla maggiore risorsa del paese, il pellegrinaggio[3]. Le relazioni economiche rimasero povere, ma non mancarono significativi sviluppi politici. L'Arabia Saudita non aderì alle sanzioni al tempo della guerra italo-etiopica, anzi negli anni successivi, con l'appoggio italiano alla causa palestinese, sollecitato da parte saudita, i contatti si moltiplicarono. All'Italia fu affidato l'addestramento di aviatori, fu incrementata la presenza sanitaria e nel 1937 sorse a Medina un secondo ospizio per pellegrini che si aggiungeva a quello operante alla Mecca dal 1917. Negli anni trenta l'Italia fu visitata dal Principe Faysal, dall'erede al trono Sa'ud e altre personalità. Le relazioni furono interrotte dalla guerra su richiesta inglese, inoltrata già nel giugno 1940, non appena l'Italia entrò in guerra[4]. Ma soltanto dopo gli avvenimenti del 1941, ancora su insistenza britannica, nel febbraio 1942 l'ambasciatore Si-

---

(1) Istituto Universitario Orientale, Napoli.
(2) A. Giannini, «Gli accordi di Gedda tra Italia e Regno del Hijaz e Najd», in *Oriente Moderno*, 1932, pp. 225-227.
(3) *US Memorandum*, Division of Near Eastern Affairs (Department of State), Washington, 27/1/31. Le entrate scesero di ben 50% (G. Lirk, «The Middle East at War», *Survey of International Affairs*, II, 1939-45, London, 1954, p. 354.
(4) C. Leatherdale, *Britain and Saudi Arabia, 1925-1943, The Imperial Oasis*, Cass, London, 1983, p. 339.

litti abbandonò il paese, tornando in Italia attraverso l'Iraq, l'Iran, la Turchia e la penisola balcanica[5].
Le relazioni furono riprese nel 1947. Primo ambasciatore fu Filippo Zappi[6] che giunse a Gedda in ottobre. Gli interessi italiani nel paese erano poca cosa, rappresentati più che altro da quanto era stato costruito nell'anteguerra, come i ricordati ospizi per pellegrini che verranno trasferiti alla Libia nel 1952[7].

L'Italia era ormai una potenza di secondo piano nel Mar Rosso, perciò le relazioni politiche erano ben lontane dall'intensità degli anni trenta. Sul piano umano esse ebbero tuttavia un impulso senza precedenti. Gli italiani nel Regno alla fine della guerra erano di gran lunga più numerosi, spesso tecnici e operai specializzati, il cui contributo fu notevolissimo nel difficile periodo di transizione dall'economia tradizionale alle nuove prospettive aperte dalle scoperte petrolifere.

Nel novembre 1941 in Africa orientale 300.000 italiani furono costretti alla resa e finirono nei campi di concentramento britannici. Un certo numero, però, assieme a molti civili riuscì a fuggire al tempo dell'offensiva italo-tedesca del 1942, quando sembrava che l'Asse dovesse occupare l'Egitto. L'intento era di tornare in patria, ma quando l'offensiva fu fermata a al-Alamayn, rimasero in Arabia Saudita dove, come osserva il Philby[8], malgrado le rimostranze britanniche non furono mai trattati come veri prigionieri. Allo stesso periodo risale l'autoaffondamento per non consegnarsi agli inglesi dei cacciatorpedinieri Battisti, Tigre e Pantera al largo di Gedda. Erano unità moderne e dopo la guerra si voleva cederli all'Arabia Saudita, in cambio del recupero affidato a ditte italiane. L'intralcio maggiore fu l'intervento di una ditta libanese e non se ne fece niente.

L'arrivo di italiani dall'Africa orientale si accentuò dopo l'armistizio del settembre 1943. Gli italiani erano divenuti alleati, posizione sentita più dagli americani che dagli inglesi. Tecnici furono chiamati per organizzare la marina e l'aviazione saudita. Specialmente notevole fu il contributo dei medici, la cui presenza non si era mai interrotta da quando nel 1910 l'Italia aveva istituito un piccolo ambulatorio a Gedda. Molti furono gli italiani ingaggiati dall'Aramco. Gli americani

---

(5) Asmae, *Arabia Saudita, 1942-43*, 28, Silitti al Mae, 21/3/42.

(6) Filippo Zappi nacque il 25/11/1986. Passò alla carriera diplomatica dalla marina militare. Fu console a Tien Tsin.

(7) L'Italia mantenne un contributo finanziario fino al 1958, in relazione ai musulmani della Somalia, allora mandato italiano (Asmae, Nota Dgap, 9/7/56; D.G. Somalia all'ambasciata a Jeddah, 7/7/58).

(8) J. Philby, *Arabian Jubelee*, Hale, London, 1952, p. 234.

istituirono un ufficio di reclutamento in Eritrea, alcuni trovarono lavoro in sede governativa, altri contribuirono alla costruzione della base di Dhahran, e altri ancora al terminal di Ras Tanura.

Intorno al 1953 gli italiani erano circa 2.000, tra essi il dottor Sofia, uno dei medici che curarono Re Abd al-Aziz nella lunga malattia che doveva portarlo alla morte il 9 novembre 1953[9]. Altro medico di grande fama fu il dottor Vincenzo Di Meglio, direttore del reparto maternità dell'ospedale di Gedda. La figlia Rita Di Meglio era in contatto con la famiglia reale e fu ripetutamente invitata nel Regno. Ha scritto alcuni lavori, in un periodo in cui molto scarso era l'interesse italiano per la penisola arabica.

L'Arabia Saudita stabilì la sua prima ambasciata in Italia nel 1950. Il primo ambasciatore fu l'iracheno Muwaffaq al-Alusi che giunse in Italia il 25 dicembre 1950. L'ambasciata era alloggiata al Grand Hotel. Alusi fu seguito dagli ambasciatori Khulaysi (1961-1966), Abd al-Jabbar (1966-1977), Nasir al-Turki (1977-1995) e dall'attuale ambasciatore Principe Muhammad ibn Nawaf ibn Abd al-Aziz.

2. Le relazioni politiche

Sul piano politico non c'è molto da dire, dal momento che entrambi i paesi militavano nel blocco anticomunista. La guerra fredda, iniziata in Grecia, ancor prima che finisse la guerra, portò alla dottrina Truman il 12 marzo 1947. Il 13 maggio De Gasperi diede le dimissioni e il 31 formò un governo senza socialisti e comunisti. Poco dopo, in giugno, fu presentato il piano Marshall che contribuì alla ripresa economica[10]. La Nato fu costituita nel 1949. Il 4 aprile Sforza firmò l'adesione dell'Italia. L'Arabia Saudita invece non aderì ad alcuna alleanza, ma ruppe le relazioni con l'Unione Sovietica e di fatto militò nel blocco antisovietico.

Le relazioni politiche italo-saudite non suscitarono problemi, come invece talvolta accadde prima della guerra. Qualche difficoltà insorse nella sistemazione delle colonie italiane e soprattutto nel conflitto arabo-israeliano. Quando l'Italia tentò di conservare la sua influenza in Libia, prima e dopo gli accordi Bevin-Sforza, si scontrò con le proposte della Lega Araba il cui primo segretario Azzam Bey aveva proposto l'indipendenza e semmai un mandato affidato alla Lega stessa o all'Egitto, proposte appoggiate dall'Arabia Saudita, che tuttavia

---

(9) Asmae, *Affari Politici*, 1950-57, *Arabia Saudita*, n. 869, Turcato alla Dgap, 18/10/55.
(10) J. L. Harper, *L'America e la ricostruzione dell'economia italiana, 1945-48*, Bologna, 1987.

riconosceva la distinzione tra Tripolitania e Cirenaica. Riyadh era anche favorevole all'indipendenza dell'Eritrea, fino a quando l'Assemblea generale delle Nazioni Unite propose invece l'unione federale con l'Etiopia. Nel 1960, l'Eritrea divenne una provincia etiopica e due anni dopo cominciò un movimento di opposizione con conseguenze non ancora del tutto risolte.

Riguardo il conflitto arabo-israeliano, l'Italia tradizionalmente seguì una politica del doppio binario, evidente già nell'anteguerra. L'incompatibilità tra sionismo e fascismo nasceva dal nazionalismo di entrambi, ma a Roma era mitigata dall'importanza che il sionismo aveva nella City e a Wall Street. Ebrei inoltre militavano nello stesso partito fascista. Durante la guerra in Etiopia fu un ebreo triestino a suggerire il trasferimento della *home* ebraica tra i falascia in Etiopia[11]. Quando la Commissione Peel nel 1937 propose la spartizione della Palestina, Mussolini sembrò favorevole alla creazione di un «piccolo» stato ebraico che forse pensava affidato al revisionismo di Jabotinski. Era il momento in cui il fascismo si proponeva come ideologia universale. Ancora alla vigilia delle leggi razziali nel 1938 ufficiali italiani addestravano il primo nucleo di quella che sarà la marina israeliana[12].

Nel pluralismo del dopoguerra, il conflitto entrò nel gioco dei partiti. L'unico partito schiettamente pro-israeliano è stato il Partito Repubblicano, probabilmente per i legami con i repubblicani americani. Talune simpatie erano presenti anche all'interno del Partito Socialista che aveva i suoi legami con i laburisti israeliani di Peres. L'atteggiamento pro-arabo era prevalente in tutti gli altri partiti. Naturalmente il problema si inseriva nel quadro della guerra fredda

L'Italia entrò nelle Nazioni Unite, a causa del veto sovietico, soltanto nel dicembre del 1955. Non aveva quindi responsabilità nella risoluzione 181 del novembre 1947 dell'Assemblea generale dell'Onu che l'anno successivo doveva dar vita a Israele. Ma l'alleanza con gli Stati Uniti imponeva scelte precise che fino al 1956 non erano opposte dalle sinistre dal momento che nel 1947 l'Unione Sovietica aveva votato assieme agli Usa.

Il disaccordo emerse dopo la visita del Principe Faysal in Italia nel 1952[13] intesa a incrementare le relazioni commerciali tra i due paesi.

---

(11) S. Minerbi, «Il progetto di un insediamento ebraico in Etiopia (1936-1943)», in *Storia Contemporanea*, XVII, n. 6, 1986, pp. 1083-1138.
(12) L. Rostagno, *Terrasanta o Palestina? La diplomazia italiana e il nazionalismo palestinese (1861-1939)*, Bardi, Roma, 1996.
(13) Asmae, *Affari Politici, Arabia Saudita n.786,* Nota Sottosegretario Taviani, 11/4/52.

Sennonché nel marzo 1954 l'Italia concluse un accordo commerciale con Israele, sollevando le proteste di vari paesi arabi tra cui l'Arabia Saudita che era uno dei maggiori sostenitori del boicottaggio. Il contenzioso fu risolto per vie diplomatiche senza suscitare grossi problemi[14].

3. Il petrolio

Nel 1950 il Pil italiano aveva raggiunto i livelli d'anteguerra. La ricostruzione perciò, si poteva considerare completata. Tra il 1950 e il 1963 l'Italia entrò nel cosiddetto *boom* economico[15]. La maggiore produzione comportava la ricerca di nuovi mercati, come l'Arabia Saudita[16] che nel 1950 era emersa come il secondo produttore di petrolio del Medio Oriente, subito dopo l'Iran, mentre il Golfo si avviava a diventare il maggiore serbatoio energetico del mondo. Crebbe l'attenzione verso gli altri stati del Golfo, non ancora indipendenti, ma di cui già si intravedeva l'importanza. In quel tempo l'ambasciata a Tehran aveva la giurisdizione del Golfo e si pensò di aprire un consolato a Bassora. L'Italia era entrata nelle competizioni energetiche dell'area, quando l'Agip ottenne il 31% delle azioni della British Oil Development[17]. Ma una vera politica energetica fu avviata soltanto con la costituzione dell'Eni, di cui Enrico Mattei divenne presidente inaugurando una politica che ebbe tra l'altro l'appoggio del Presidente Gronchi (1955-1962), e Fanfani[18]. Nel dicembre del 1956 fu istituito il Ministero delle Partecipazioni Statali. Una legge sugli idrocarburi del gennaio 1957 favoriva l'Eni[19].

I successi di Mattei furono agevolati da alcune circostanze, prime fra tutte l'esito della guerra di Suez nell'autunno del 1956 che segnò il definitivo declino della Gran Bretagna e della Francia. Nel giugno 1958 Fanfani divenne Primo Ministro e nel gennaio 1959 incontrò Nasser. Nel 1961 l'Eni ottenne una concessione in Egitto. Mattei fu in Arabia Saudita nel giugno 1961. L'attività dell'Eni continuò anche

(14) Asmae, *Affari Politici, Arabia Saudita*, n. 933, Capece alla Dgap, 20/11/54.
(15) A. Graziani (a cura di), *L'economia italiana, 1945-1970*, Il Mulino, Bologna, 1972; V. Zamagni, *Dalla periferia al centro. La seconda rinascita economica dell'Italia, 1861-1990*, Il Mulino, Bologna, 1990.
(16) R. M. Stern, *Il commercio estero italiano e la sua influenza nello sviluppo economico nazionale*, Milano, 1968.
(17) S.H. Longrigg, *Oil in The Middle East*, Oxford University Press, London, 1961.
(18) P.H. Frankel, *Mattei, Oil and Power Politics*, Faber, London, 1966.
(19) G.Galli, *Fanfani*, Milano, 1975.

dopo la sua morte nel 1962. Nel dicembre 1967 vinse una concessione per ricerche petrolifere nel Rub al-Khali. Fu anche concluso un accordo con il governo saudita per la collaborazione nelle ricerche petrolifere e l'industria petrolchimica[20]. La Snam (Società nazionale metanodotti) affiliata all'Eni svolse anch'essa una proficua attività.

Il Principe Faysal divenne re nel 1964, e le relazioni si svilupparono ulteriormente, anche per i tentativi di una più incisiva politica estera. Dopo la guerra dei «sei giorni» nel 1967, con Moro Primo Ministro e Fanfani Ministro degli Affari Esteri, l'Italia prese più volte il largo dalla politica Usa. Ad esempio, il 4 giugno 1967 il governo italiano si oppose alla richiesta anglo-americana riguardante una dichiarazione congiunta sull'uso della forza nello stretto di Tirana. Moro ebbe sempre difficili relazioni con il segretario di Stato Henry Kissinger. Alla V sessione dell'Assemblea generale Moro sostenne le risoluzioni dell'Onu. Eguali propositi vennero espressi alla Camera dei Deputati il 13 luglio 1967[21].

Il nuovo corso della politica italiana, inaugurato da Fanfani, Moro e proseguito da Andreotti, produsse effetti benefici nelle relazioni italo-saudite. Il Ministro degli Esteri Omar al-Saqqif fu in Italia nel settembre del 1968 avviando quel processo di avvicinamento tra i due paesi che avrà ulteriore sviluppo negli anni settanta e continua fino ai nostri giorni. Bisogna ricordare che la crisi economica del 1963 era in larga parte superata e la consapevolezza della dipendenza energetica dai paesi arabi incoraggiava l'avvicinamento. La politica italiana tendeva a colmare il disavanzo nel settore energetico con l'aumento delle esportazioni. Nel febbraio 1973, durante la visita a Riyadh del Ministro degli Esteri Medici, fu firmato un accordo di collaborazione culturale, scientifica e tecnica. Nel giugno dello stesso anno giunse in Italia Re Faysal[22], incontrando le più alte cariche dello stato. Era previsto anche un incontro con il Papa, verosimilmente sul tema di Gerusalemme, molto caro al Re saudita. Nel corso della visita fu approvato il progetto del Centro Islamico di Roma al quale il Re contribuì con una donazione di sette milioni di dollari. Tutto questo avveniva alla vigilia della guerra del Ramadan scoppiata nell'ottobre del 1973 che provocò le note dispute tra i partiti, con i repubblicani e socialdemocratici aspramente critici nei riguardi dell'Egitto e della Siria, laddove Moro, in

(20) Asmae, Matacotta alla Dgae, 16/6/61, Tel. A.P. 1961; Sabetta alla Dgae, 23/12/67, Tel. A.P. 1967; Sabetta alla Dgae, 21/12/67, Tel. A.P., 1967.
(21) Mae, *Italia e Medio Oriente*, 1967-1974 (II ed.), pp. 85-91. G. Di Capua, A. Moro, *L'Italia nell'evoluzione dei rapporti internazionali*, Ebe, Roma, 1986.
(22) *Osservatore Romano*, 9-12 giugno, 1973.

quel tempo Ministro degli Affari Esteri, nel suo intervento al Senato del 17 ottobre, sostenne un'equa soluzione basata sulla risoluzione 242 del Consiglio di Sicurezza cioè il totale ritiro dai territori occupati. L'embargo produsse una serie di eventi, di cui il più importante è stato il Dialogo euro-arabo.

La crescita dei prezzi del petrolio stimolò le relazioni. Nel marzo 1971 in occasione della visita del Presidente Leone fu concluso un accordo di cooperazione industriale e tecnologica. Nel gennaio del 1977 fu a Riyadh il Ministro del Commercio Estero Ossola, seguito nell'agosto dello stesso anno dal Primo Ministro Andreotti e dal Ministro degli Affari Esteri Fanfani. Nel maggio 1979 giunse in Italia una delegazione presieduta dall'allora Principe ereditario Fahd. Nel dicembre del 1980 venne in Italia il Ministro degli Esteri Sa'ud al-Faysal, la visita fu restituita dal Ministro degli Esteri Colombo nel gennaio del 1981. Visite ufficiali si susseguirono con grande frequenza. Ricorderemo quelle degli ultimi anni. Nel settembre 1996 ebbe luogo la visita del Ministro degli Affari Esteri Dini che visitò nuovamente il Regno assieme al Presidente Scalfaro tra il 19 e il 20 luglio 1997. Nel settembre dello stesso anno giunse in Italia il Principe Ibn Abd al-Aziz, seguito l'8 ottobre dal Ministro delle Finanze e Economia Nazionale Ibrahim al-Assaf. Nel marzo 1998 giunse a Riyadh il Presidente della Camera Violante.

4. Le relazioni economiche

Parallelamente si sono sviluppate le relazioni economiche. Ricorderemo che l'Arabia Saudita è il terzo fornitore di petrolio, dopo la Libia e l'Iran Nel 1981 le importazioni dall'Arabia Saudita raggiunsero 9.183 miliardi di lire, scendendo però a 4.503 miliardi nel 1983. Nello stesso periodo le esportazioni italiane sono salite da 2.605 a 4.577 miliardi di lire. L'Italia divenne così il quarto paese esportatore nel Regno, dopo gli Usa, il Giappone e la Germania occidentale. Intorno al 1985 c'erano in Arabia Saudita circa 10.000 italiani, in maggioranza impiegati in società italiane, ma talvolta anche nelle imprese locali.

Attualmente tra Italia e Arabia Saudita esistono cinque accordi operativi, i più importanti dei quali rimangono quelli del 1973 e 1975 e quello sugli investimenti del 10 settembre 1996. Nel settembre del 1993 è stata istituita a Riyadh l'Associazione delle aziende italiane in Arabia Saudita. Nell'ottobre del 1996 giunse in Italia una delegazione saudita presieduta dal Presidente delle Camere di Industria e Commercio saudite, Hammad al-Zamil. In tale occasione sono state proposte

140 nuove *joint ventures*[23]. Attualmente su un totale di 1462 *joint ventures* che operano nel Regno, almeno 40 sono a partecipazione italiana. Negli anni ottanta la Comunità Europea investì nei paesi del Consiglio di Cooperazione del Golfo appena 363 milioni di ecu, contro 845 milioni di dollari del Giappone e ben 2 miliardi di dollari degli Usa[24]. Per ciò che riguarda l'Italia, le esportazioni nel 1992 furono di 5.064 miliardi di lire, raggiungendo nel 1996 i 5.776 miliardi di lire. Nello stesso periodo le importazioni sono cresciute da 2.589 a 2.915 miliardi di lire. Negli scambi, come è noto, molto incide il prezzo del petrolio. È verosimile che i programmi di diversificazione dell'economia saudita, la prossima unificazione delle tariffe doganali del Ccg e un'equa soluzione sul problema dei prodotti petrolchimici potranno migliorare gli scambi, come previsto dagli accordi del 15 giugno 1988.

5. Le relazioni culturali

Di fronte all'ampiezza e alle prospettive di collaborazione economica, le relazioni culturali, malgrado significativi progressi, rimangono relativamente povere, quando si tiene conto che l'Italia è stata a lungo il modello culturale dell'Occidente, e che l'Arabia Saudita è il centro del mondo islamico. Lo stesso accordo del 1973, attende ancora lo strumento operativo. Il protocollo del 1992 è naufragato nelle pieghe della burocrazia. Quello del 1996 attende la ratifica. L'Italia è uno dei paesi che ha avuto maggiori contatti con il mondo arabo. Ludovico da Varthema è stato il primo europeo a visitare le Città Sante nel cinquecento. l'Italia è il paese dove si trova il maggior numero di manoscritti arabi[25]. Gli archivi del Ministero degli Affari Esteri, nel periodo tra le due guerre, non sono meno importanti di quelli britannici.

Le relazioni culturali risalgono alla visita che il Nallino fece in Arabia Saudita nel 1938, durante la quale propose un programma vanificato dalla morte dello studioso e dalla guerra. Negli anni cinquanta i pittori Eliano Fantuzzi e Giuseppe Cagliari, contribuirono alla decorazione dei palazzi reali di Ta'if. Come si vede si tratta sempre di iniziative individuali. Un passo avanti fu compiuto negli anni sessanta con l'invio di studenti sauditi all'estero. Nel 1964 gli iscritti nelle università italiane erano circa quaranta. Uno di questi era Muhammad Muta-

(23) *Paesi Arabi*, n. 54, 1997.
(24) B. Khader, *L'Europe et les pays du Conseil de Coopération du Golfe*, Quorum-Publisud, Paris, 1994.
(25) A. J. Huissman, *Les manuscrits arabes dans le monde*, Leiden, 1967.

baqqani, laureatosi in ingegneria che divenne Direttore generale per l'Istruzione Tecnica e nell'aprile 1967 aprì con attrezzature e personale italiano l'Istituto tecnico industriale di Riyadh. La multiforme attività impostata da Mattei portò alla collaborazione tra l'Università di Dhahran e la Scuola superiore per gli Idrocarburi di San Donato Milanese. Il prestigio dei medici italiani portò alla collaborazione con l'Istituto superiore di sanità di Roma, il cui direttore Giovanni Bettolo tenne una conferenza a Riyadh mentre i professori Bocciarelli, Bertolini, Grandolfo e Testini tennero alcuni seminari di argomento tecnico. Nel 1990 il professor Giordano dell'Enea fu invitato a tenere alcune conferenze nelle istituzioni scientifiche saudite.

Passando alle scienze umanistiche ricorderemo innanzitutto la visita del professor Rizzitano, che nel 1970 tenne una conferenza sulla «Storia e le arti in Sicilia». Nel maggio 1991 l'Ismeo organizzò a Roma la conferenza «Arabia Antigua», con una nutrita presenza di studiosi sauditi. Chi scrive ha partecipato ai convegni organizzati dall'Università Re Sa'ud nel 1977 e 1979, dall'Università Islamica Imam Muhammad ibn Sa'ud nel 1985, dalla Fondazione Re Faysal nel 1996 e recentemente alla conferenza per il Centenario.

Un altro settore in cui l'Italia mantiene alto il suo prestigio è l'architettura, spesso collegata ai programmi di *beautification* delle città saudite. Qui vorremmo ricordare soltanto l'opera dell'architetto Franco Albini al quale si deve il piano del centro storico di Riyadh, la cosiddetta area del Qasr al-Hukum, che nelle sue linee generali è stato seguito anche dopo la morte dell'architetto nel 1977. L'apprezzamento dell'opera di Albini è stato fatto da Abd al-Rahman al-Anqari nella conferenza per il Centenario[26].

Il maggiore riconoscimento alla cultura e scienza italiana rimane comunque il conferimento del Premio Re Faysal per la medicina a quattro italiani tra il 1985 e il 1992. Il premio è a livello internazionale e taluni vincitori hanno poi vinto il premio Nobel, riconoscimento che fa onore alla cultura saudita e lascia ben sperare per il futuro delle relazioni tra i due paesi.

---

(26) Abd al-Rahman al-Anqari, «Mintaqa Qasr al-Hukm. The Development of the 20th Ccentury», in *Saudi Arabia 100 Years*, Riyadh 23-28 January, 1999.

Sezione II

Arabia Saudita: società, istituzioni e religione

4. Lo sviluppo sociale e politico dell'Arabia Saudita

di Abd Allah M. al-Fawzan[1]

Per offrire un quadro dello sviluppo sociale e politico dell'odierna Arabia Saudita, è importante fornire un breve sfondo storico della società prima dell'unificazione del Regno d'Arabia Saudita realizzata dal Re Abd al-Aziz ibn Sa'ud nel 1932. Quella che oggi viene definita come Arabia Saudita, corrispondeva a quell'epoca alla penisola arabica, e la popolazione della regione era divisa in numerose tribù prive di un governo centrale.

Nel 1901 l'area centrale dell'attuale Arabia Saudita, era sotto il controllo di un capo tribale membro della casata dei Rashid. Ibn Rashid aveva il controllo della città di Riyadh e delle tribù circostanti. I turchi ottomani controllavano la costa orientale (al-Hasa) e il sud-ovest (Hijaz), comprese le città principali, cioè la Mecca, Medina e Gedda[2]. Tale epoca era caratterizzata dalla pratica della vendetta e dalle lotte tra tribù per assicurarsi il controllo delle risorse idriche. Ogni tribù aveva il proprio sistema legale e politico. L'economia si basava sullo scambio di prodotti agricoli e sul commercio. Le fonti di reddito erano costituite da attività quali la coltivazione, l'allevamento di ovini, la pesca di perle e la pesca in generale. Il livello di istruzione era primitivo e si limitava all'insegnamento coranico di cui usufruivano poche persone nelle aree urbane. I servizi sanitari erano affidati alle pratiche tradizionali e la popolazione era vittima di malattie ampiamente diffuse. La famiglia estesa costituiva l'unità primaria di parentela e gli uomini più anziani avevano un ruolo dominante sulle questioni concernenti tale famiglia[3].

(1) Università islamica Re Sa'ud, Riyadh.
(2) A. al-Mana, *Economic Development and Its Impact on the Status of Women in Saudi Arabia*, Tesi di Dottorato, University of Colorado, Boulder, 1981, pp. 67-68.
(3) A. al-Fawzan, *The Impact of American Culture on the Attitudes of Saudi Arabian Students in the United States Towards Women Participation in the Labor Force in Saudi Arabia*, Tesi di Dottorato, Missisipi State University, 1992.

Sebbene l'Arabia Saudita occupi una posizione geografica strategica all'incrocio di tre continenti, Europa, Asia e Africa, nell'epoca in questione non attirò l'interesse delle potenze coloniali e ciò a causa, da un lato, della natura desertica delle sue terre e, dall'altro, della scarsità delle sue risorse naturali e della sua sensibilità religiosa.

In questa stessa epoca, nel 1880, nacque Abd al-Aziz ibn Sa'ud che crebbe a Riyadh fino all'età di dieci anni. Egli e la sua famiglia furono in seguito costretti a vivere in esilio in Kuwait dopo che ebbero perso il potere ad opera della casata dei Rashid nel 1890.

1. Lo sviluppo politico

Nel 1901, a venti anni, il Re Abd al-Aziz decise di riconquistare ciò che suo padre aveva perso, cioè il controllo su Riyadh. A tal fine partì dal Kuwait con sessanta uomini e viaggiò in segreto a dorso di cammello per trecento miglia nel deserto fino alla città di Riyadh. Qui sconfisse Ibn Rashid e prese il potere.

Dopo aver preso la città di Riyadh, Abd al-Aziz ibn Sa'ud cominciò a conquistare le diverse tribù dell'area centrale, riconducendole sotto il proprio controllo. Egli riteneva che la stabilità e la continuità del suo governo dipendessero dalla sua capacità di guadagnare la fedeltà degli uomini delle tribù.

Per raggiungere la stabilità interna e dare inizio alle riforme sociali, il Re Abd al-Aziz ibn Sa'ud cominciò col far sedentarizzare nell'ambito di comunità agricole i nomadi coinvolti nelle faide. Tale passo fece sì che l'oggetto della loro fedeltà cambiasse, passando da quella nei confronti dei capi tribali a quella verso Dio e verso il Re stesso. Tali comunità si insediarono nei pressi di pozzi artesiani e furono messi a loro disposizione maestri di religione che seguivano gli insegnamenti e gli ordini di Muhammad ibn Abd al-Wahhab, riformatore religioso che si era alleato con la casata di Ibn Sa'ud durante il XVIII secolo. Le comunità tribali sedentarizzate diventarono gradualmente un forte sostegno del movimento wahhabita e divennero note come movimento degli *Ikhwan*[4]. Nel 1903, con l'aiuto degli *Ikhwan*, Abd al-Aziz ibn Sa'ud fu in grado di guadagnare il controllo del Qassim, dove sconfisse Ibn Rashid. Nel 1914 sconfisse i turchi ottomani, conquistando il controllo della costa orientale (al-Hasa). Nel 1917, prese il controllo dell'Asir (la parte sudoccidentale dell'attuale regno) e nel 1923 quello di Ha'il il centro principale di Ibn Rashid (localizzato nella parte settentrionale del regno) sconfiggendolo e ponendo termine definitivamente

---

(4) Vedi nota del curatore 8 del capitolo 1.

al suo potere. Nel 1924 sconfisse lo *sharif*[5] del Hijaz nella parte sud-occidentale del regno, che era stata sotto controllo dei turchi ottomani.

Nel 1932, Abd al-Aziz ibn Sa'ud attribuì al territorio posto sotto il suo controllo il nome di Regno d'Arabia Saudita e si proclamò re dello stesso. L'unificazione proiettò l'Arabia Saudita in una nuova era. Essa passò da uno stato di interazioni tribali alla posizione di stato sovrano internazionalmente riconosciuto[6].

Per governare il paese, il Re Abd al-Aziz designò dei capi tribali nei luoghi di sedentarizzazione e tra quelle tribù che avevano mantenuto il modo di vita nomade. Nelle città designò come governatori alcuni dei suoi uomini di fiducia.

Dopo aver raggiunto l'unificazione politica, il Re Abd al-Aziz cominciò a costruire, in maniera graduale, istituzioni costituzionali e amministrative in tutto il paese. Prima di tutto, istituì un consiglio consultivo che dividesse con lui il compito dell'organizzazione del paese. Nel 1953 creò il Consiglio dei Ministri, che consisteva dei ministri delle finanze, dell'educazione, degli affari esteri, della difesa, degli interni, della giustizia e della sanità. Tale Consiglio dei Ministri era destinato ad essere un corpo con poteri legislativi ed esecutivi per esercitare funzioni politiche. Nel 1958, il Re Sa'ud, figlio primogenito del Re Abd al-Aziz e suo successore, aggiunse i ministri dell'agricoltura, della comunicazione, del petrolio e del lavoro. Gli altri ministri esistenti nel regno sono quelli del commercio, dell'industria e dell'elettricità, degli alloggi e dei lavori pubblici, dell'informazione, degli affari municipali e rurali, della pianificazione, del telegrafo, poste e telefoni, degli affari islamici e del patrimonio, e il ministero del pellegrinaggio[7].

Per quanto riguarda la politica interna, l'evento principale fu nel 1992 l'istituzione del Consiglio della *Shura* o Consiglio Consultivo attuata dal Re Fahd. Tale corpo di governo si occupa di incrementare la partecipazione politica e amministrativa dei cittadini sauditi, virtualmente fianco a fianco del governo. Consiste di novanta membri scelti ogni quattro anni, che si consultano con il governo a cui offrono suggerimenti per quanto concerne sia gli affari locali che quelli internazionali.

Oggi l'Arabia Saudita è paese membro di molte organizzazioni regionali e internazionali, quali le Nazioni Unite, la Lega Araba e il Consiglio di Cooperazione del Golfo. Essa riveste un ruolo di rilievo sulla scena politica internazionale. Mantiene inoltre relazioni amichevoli

---

(5) Vedi nota del curatore 6 capitolo 1.
(6) A. al-Mana, *op. cit.*
(7) A. Bin Baz, *Political and Constitutional System in the Kingdom of Saudi Arabia*, Biblioteca locale Re Faysal, Riyadh, 1998.

con la maggior parte dei paesi del mondo, in generale, e con i paesi europei, in particolare.

2. Lo sviluppo economico

Prima della scoperta del petrolio, l'Arabia Saudita era un paese povero e con poche risorse, la maggioranza della popolazione viveva a livelli di sussistenza o al di sotto di questi. I principali prodotti di esportazione del paese erano datteri, cammelli, pecore e cavalli. Le entrate risultanti da tali merci erano utilizzate per importare riso, caffè, vestiti e altri beni di prima necessità. Le guerre che condussero all'unificazione del paese aggiunsero tensioni supplementari all'economia. Per venire incontro al bisogno pressante di denaro, il Re Abd al-Aziz invitò le compagnie occidentali a lavorare nei paesi del Golfo per cercare il petrolio nel suo regno. La californiana Standard Oil Company riuscì a vincere la concessione di ricerca. Alcuni religiosi, temendo che la presenza di stranieri potesse introdurre elementi contrari agli insegnamenti dell'Islam, contrastarono l'invito del Re Abd al-Aziz. Egli, tuttavia, riuscì a limitare la loro opposizione e permise alla compagnia petrolifera di continuare i suoi rilevamenti. Dopo quattro anni, nel 1938, la Standard Oil Company riuscì a trovare il petrolio e nel 1939 le entrate dovute a tale produzione raggiunsero i dieci milioni di dollari.

Quando l'Arabia Saudita divenne uno dei principali paesi produttori e esportatori di petrolio, il governo domandò un controllo maggiore sulle proprie risorse. Nel 1960 l'Arabia Saudita si unì a molti altri paesi esportatori di petrolio e formò l'Opec. A partire dal 1973, l'Arabia Saudita è diventata uno dei paesi più influenti sulla scena economica internazionale. È classificata al terzo posto tra tutti i paesi che a livello mondiale forniscono assistenza finanziaria ai paesi del Terzo Mondo[8].

La media annua del Pil *pro capite* ha raggiunto nel 1998 i 9.000 dollari. Nello stesso anno il tasso di crescita medio del Pil ha raggiunto il 10,8%. Le esportazioni hanno sfiorato il valore di 60 miliardi di dollari nel 1997 e il tasso di inflazione è rimasto a 0,2 %.

In seguito alla caduta del prezzo del petrolio alla fine degli anni settanta, il governo saudita ha cominciato a diversificare la propria economia investendo in altre attività, quali l'agricoltura e l'industria.

(8) A. al-Fawzan, *op. cit.*

Esso ha anche cominciato a fare rilevamenti per reperire nuove risorse, come l'oro e il gas naturale.

Per aumentare il tenore di vita dei suoi cittadini e la loro produttività, il governo dell'Arabia Saudita ha istituito molte banche per lo sviluppo, che forniscono prestiti a lungo e a medio termine senza interessi sia al singolo individuo che alle imprese. Tra queste banche figurano: la Banca Saudita Prestiti, che è stata istituita nel 1971 ed ha fornito fino al 1995 prestiti ai cittadini per un valore di 4,8 miliardi di rial sauditi; la Banca Saudita per l'Agricoltura, istituita nel 1962, che ha fornito fino al 1995 prestiti ai coltivatori per un valore di 28,1 miliardi di rial sauditi; il Fondo Saudita per lo Sviluppo Industriale, che fu istituito nel 1974 per sostenere lo sviluppo industriale privato fornendo prestiti a lungo e medio termine, che nel 1995 avevano raggiunto i 55,6 miliardi di rial; il Fondo Saudita per lo Sviluppo, istituito nel 1974 per fornire prestiti ai paesi del Terzo Mondo, prestiti che nel 1994 ammontavano a più di 21 miliardi di rial. Fino al 1995 l'Arabia Saudita ha inoltre fornito più di 71 miliardi di dollari in prestito a numerosi organismi delle Nazioni Unite e ad altri di tipo umanitario.

Per organizzarsi in modo tale che le proprie spese coprano tutti gli aspetti dello sviluppo e per stimare i propri risultati, il governo ha seguito piani quinquennali a partire dal 1970. Esso ha anche istituito un bilancio annuale che controlla le spese in ogni settore per ogni anno fiscale[9].

3. Lo sviluppo del settore educativo

Prima dell'unificazione dell'Arabia Saudita, l'educazione si limitava alle persone che vivevano nelle aree controllate dai turchi ottomani, come la Mecca, Medina e Gedda. Nelle altre parti del paese non esistevano scuole, se si esclude la presenza di alcuni corsi di religione attraverso cui veniva insegnato il Corano ad un numero ridotto di giovani.

Prima ancora di completare l'unificazione del paese, il Re Abd al-Aziz dette priorità all'educazione del suo popolo in tutte le aree sotto il suo controllo. Nel 1926, fu istituito un rettorato generale dell'educazione. Il 24 dicembre 1953 tale ente divenne il Ministero dell'Istruzione. Durante il periodo di Re Abd al-Aziz, il numero delle scuole di tutti i livelli (solo maschili), crebbe fino a raggiungere le 356 unità, con la presenza di 46.950 studenti e 1954 insegnanti.

(9) Ministero dell'Informazione, *The Kingdom of Saudi Arabia*, Masiratu Albina, Riyadh, 1996.

Nel 1952-53 il numero delle scuole medie e superiori (anche queste solo maschili) raggiunse le dieci unità. Altre istituzioni per l'apprendimento della legge islamica e della lingua araba vennero fondate nelle città principali del paese. Vista la carenza di insegnanti locali, la maggior parte degli insegnanti delle scuole elementari e medie e di altri istituti vennero reclutati in Egitto o in altri paesi arabi limitrofi[10].

Fino al 1960 in Arabia Saudita l'accesso all'educazione fu consentito solo agli uomini. Nel 1960 venne istituita la Presidenza Generale per l'Educazione Femminile e nello stesso anno vennero aperte 15 scuole elementari femminili. Tre anni dopo furono aperte 4 scuole medie; tale cifra salì a 7 nel 1965. L'educazione secondaria per le ragazze cominciò nel 1964.

Oggi diversi organismi forniscono servizi educativi a tutti i livelli sia per ragazzi che per ragazze. Tra queste troviamo il Ministero dell'Educazione, la Presidenza Generale dell'Educazione Femminile, il Ministero dell'Educazione Superiore, l'Istituto Generale dell'Educazione Tecnica e Professionale, il Ministero della Difesa, la Guardia Nazionale, il Ministero degli Interni, il Ministero del Lavoro e degli Affari Sociali, il Ministero della Sanità, il Ministero del Telegrafo, Posta e del Telefono, ed altri organismi privati.

Il bilancio destinato all'educazione è passato da 513.890 migliaia di rial nel 1965 a 38.817 migliaia di milioni nel 1995. Il numero degli studenti di sesso maschile nelle scuole elementari è aumentato fino a raggiungere la cifra di 1.174.411 nel 1997, e il numero delle scuole maschili e degli insegnanti maschi ha raggiunto rispettivamente le 5.933 e le 84.790 unità nello stesso anno. Per quanto riguarda l'educazione femminile, il numero delle ragazze è aumentato da 5.180 nel 1960 a 1.109.813 nel 1997, e il numero di scuole femminili e delle insegnanti è passato rispettivamente da 15 e 113 nel 1960, a 5.847 e 94.624 nel 1997.

Per quanto riguarda l'istruzione media, il numero degli studenti maschi è aumentato da 2.515 nel 1958, a 516.426 nel 1997. Il numero delle scuole è passato da 20 a 2.928 tra il 1958 e il 1997, e il numero degli insegnanti da 173 a 38.545 nello stesso arco di tempo. Per quanto concerne l'educazione femminile, il numero delle ragazze nella scuola media è aumentato da 235 nel 1963, a 443.395 nel 1997, e il numero delle scuole femminili e delle insegnanti è passato rispettivamente da 5 e meno di 26 nel 1963, a 2.434 e 39.600 nel 1997.

Nell'istruzione secondaria il numero degli studenti maschi è aumentato da 1.697 a 299.208 tra il 1953 e il 1997, e il numero delle scuo-

---

(10) A. al-Mana, *op. cit.*

le maschili e degli insegnanti sono aumentati rispettivamente da 12 e 176 nel 1953, a 1.345 e 19.122 nel 1997. Le studentesse allo stesso livello d'istruzione sono aumentate da 21 nel 1963, a 308.686 nel 1997, mentre il numero di scuole femminili e di insegnanti donne è passato da 1 e meno di 14 nel 1963, a 1.288 e 25.610 nel 1997[11].

Nel Regno d'Arabia Saudita esistono otto università: l'Università Re Sa'ud, istituita a Riyadh nel 1957 e prima università dell'Arabia Saudita, con 19 collegi, 2 ospedali e più di 40 mila studenti; l'Università Islamica, fondata a Medina nel 1961, con 5 collegi e 7.000 studenti; l'Università Re Fahd per il petrolio e i minerali, fondata nel 1963 a Dhahran, nella provincia orientale, con 7 collegi e 6.000 studenti; l'Università Re Abd al-Aziz, istituita nel 1971 a Gedda, con 9 collegi e 34.000 studenti; l'Università dell'Imam Muhammad ibn Sa'ud, fondata a Riyadh nel 1974, essa comprende un'università islamica e ha 10 collegi e 27 mila studenti; l'Università Re Faysal, fondata ad Al-Ahsa nel 1974, con 6 collegi e 6.000 studenti; l'Università Um al-Qura istituita a Mecca nel 1981, con 8 collegi e 14.600 studenti; l'Università Re Khalid, fondata nel 1998 ad Abha, nella provincia meridionale.

Esistono altre istituzioni educative, come la Città della Scienza e della Tecnologia Re Abd al-Aziz, che fornisce borse di studio per progetti di ricerca scientifica, e otto collegi tecnici, e molte altre istituzioni con più di 40.000 studenti presenti attualmente nel Regno. Esistono anche più di 57 istituti che forniscono i servizi educativi a 6.258 studenti e studentesse disabili.

Parlando in termini generali, il numero globale degli studenti e delle studentesse a tutti i livelli di istruzione è aumentato da 600 mila nel 1968, a 4 milioni nel 1997[12]. La crescita media annuale è del 7,1% per gli studenti e del 13% per le studentesse. Anche il numero delle scuole e dei collegi è aumentato da 3.283 a 22 mila tra il 1969 e il 1995. Vi è stato un aumento nel numero delle scuole maschili da 2.654 a 10.419 tra il 1969 e il 1993, con una crescita annua del 6%. Per le scuole femminili il numero è aumentato da 453 nel 1969, a 10.558 nel 1994, con una crescita annua del 13,8%[13].

---

(11) S. al-Hugail, *Educational System and Policy in the Kingdom of Saudi Arabia*, Biblioteca locale Re Fahd, Riyadh, 1998.
(12) La popolazione totale del Regno dell'Arabia Saudita è stimata a circa 19 milioni nel 1998. Fonte *Stato del Mondo*, il Saggiatore, Milano, 1998 (NdC).
(13) Ministero dell'Informazione, *op. cit.*

4. Lo sviluppo dei servizi sanitari

Prima dell'unificazione dell'Arabia Saudita, non sembra sia esistita alcuna forma istituzionalizzata di servizio sanitario. I servizi legati alla salute si fondavano principalmente sulle pratiche tradizionali. Quando le compagnie petrolifere americane cominciarono a cercare petrolio nel regno, istituirono degli ospedali per fornire le cure mediche ai loro lavoratori. Oggi il Ministero della Sanità, così come molti organismi governativi e non, forniscono cure mediche a tutta la popolazione nelle aree urbane e rurali del paese. Nel periodo che va dal 1970 al 1994 il numero di ospedali istituiti dal governo è passato da 74 a 279. Anche il numero di centri medici per le cure di base è aumentato da 591 a 3.254. Inoltre, tra il 1970 e il 1994 il numero dei posti letto è passato da 9.039 a 41.827, e nello stesso arco di tempo il numero dei dottori di entrambi i sessi è passato da 1.172 a 29.227, con un tasso di crescita annuo del 16,1%.

Ci sono 2,4 posti letto per ogni 1.000 persone e un dottore per ogni 601. Il numero del personale paramedico è aumentato da 3.261 nel 1970, a 61.246 nel 1994, con un tasso annuo di crescita del 15%. Tra i principali ospedali del regno si annoverano oggi l'Ospedale Specialistico e Centro di Ricerca Re Faysal, l'Ospedale Militare e il Centro Medico Re Fahd.

5. Lo sviluppo agricolo

Come abbiamo detto sopra, il Re Abd al-Aziz utilizzò l'agricoltura come mezzo per far sedentarizzare i nomadi. Egli fornì a costoro tutto il materiale necessario per incoraggiare la produzione di derrate agricole. Oggi in Arabia Saudita l'agricoltura rappresenta la fonte principale di reddito dopo il petrolio, e ciò grazie alle seguenti misure adottate dal governo: (1) la distribuzione gratuita di più di 2 milioni di ettari di terra a singoli soggetti e imprese; (2) l'assunzione del 45% dei costi dei materiali e delle macchine agricole; (3) l'istituzione della Banca Saudita per l'Agricoltura per erogare prestiti a lungo e medio termine ai coltivatori e alle imprese agricole; (4) la fornitura di servizi veterinari e di orientamento agricolo; (5) l'istituzione di molte imprese agricole per sostenere la produzione in agricoltura e incoraggiare il settore privato a investire nelle attività agricole; (6) l'acquisto di grano e di orzo presso i coltivatori per stimolare la produttività.

Nel 1992 la produzione totale di grano ha raggiunto i 4,2 milioni di tonnellate, mentre essa era solo 26 mila tonnellate nel 1970. La produzione di datteri è passata da 240 mila tonnellate nel 1970, a 600 mila tonnellate nel 1995. La produzione di diversi tipi di frutta è passata da 470 mila a 956 mila tonnellate tra il 1980 e il 1993. La produzione di polli ha raggiunto i 250 milioni e quella di uova i 2,3 miliardi. La produzione di pesce ha raggiunto le 50 mila tonnellate[14].

6. Lo sviluppo industriale

Fin dagli inizi della realizzazione del primo piano quinquennale, il governo saudita ha concentrato la sua attenzione sui settori produttivi della sua economia. Tra questi vi è l'industria. Sono state istituite otto aree industriali a Riyadh, Gedda, Dammam, Qassim, Ahsa, la Mecca, e due città industriali di rilievo, Jubail e Yanbu.

Il governo ha anche incoraggiato il settore privato a installare fabbriche che potessero soddisfare i bisogni del mercato interno di consumo di beni e materiali. L'esito di ciò è stato che il numero delle fabbriche è passato da 199 nel 1970, a 2.458 nel 1995. Anche il numero dei lavoratori è passato da 14 mila nel 1970, a 218 mila nel 1995. Il totale dei prestiti erogati per progetti industriali è passato da 35 milioni di rial nel 1974, a 55,6 miliardi nel 1994.

Il secondo tipo di industria in Arabia Saudita è quella che gode del sostegno e del controllo del governo. Per massimizzare l'efficienza nell'uso sia dell'energia che delle risorse umane, il governo ha istituito due città industriali di rilievo. La prima, Jubail, è localizzata nella costa orientale del regno, e la seconda, Yanbu, sulla costa occidentale. Entrambe furono create per la produzione industriale dei derivati del petrolio. Hanno svolto un ruolo fondamentale per la diversificazione dell'industria petrolifera del regno.

7. Lo sviluppo dei trasporti e delle comunicazioni

L'esplosione del livello di ricchezza in Arabia Saudita ha avuto un impatto significativo sui servizi relativi ai trasporti e alle comunicazioni. Iniziando con il primo piano di sviluppo nel 1970, il paese ha creato una rete stradale di vasta portata in meno di due decenni, per un costo di 26 miliardi di dollari. Oggi il regno è servito da più di 100 mila kilometri di strade urbane e rurali, mentre queste stesse erano solo 8.000 kilometri nel 1970.

(14) *Ibid.*

Le ferrovie rappresentano un altro settore della rete di trasporti dell'Arabia Saudita. Esse collegano Riyadh, Dammam e Hofuf e trasportano ogni anno più di 300 mila passeggeri e 2 milioni di tonnellate di merci.

Dal momento che l'Arabia Saudita è di per se stessa un continente, essa dipende fortemente dal trasporto aereo per affrontare le sue lunghe distanze. Nel 1945 l'Arabia Saudita possedeva solo tre aerei DC-3. Oggi ha una delle principali compagnie aeree del mondo. I principali aeroporti sauditi sono l'Aeroporto Internazionale Re Abd al-Aziz di Gedda, l'Aeroporto Internazionale Re Khalid di Riyadh, e l'Aeroporto Internazionale di Dammam. Esistono oggi anche 13 aeroporti nazionali collocati in diverse città del regno.

Un altro settore dei trasporti in Arabia Saudita è rappresentato dal trasporto marittimo. Esistono 21 porti moderni; i principali si trovano a Gedda, Yanbu e Jizan, nel Mar Rosso, e a Dammam sul Golfo, ed hanno una capacità annua totale di 52 milioni di tonnellate. La flotta commerciale del paese ha aiutato il regno a raggiungere l'obiettivo prefisso di poter trasportare un'enorme quantità di prodotti, petroliferi e non, su imbarcazioni saudite.

Per quando riguarda le comunicazioni, negli anni quaranta e cinquanta esistevano stazioni telegrafiche solamente alla Mecca, a Ta'if, Gedda e Riyadh. Oggi il paese possiede un sistema moderno di telecomunicazioni. I servizi postali hanno vissuto un incredibile sviluppo nell'ultimo decennio. Attualmente sono in servizio circa 450 uffici postali che consegnano circa 600 milioni di articoli postali ogni anno in 4.000 città, grandi e piccole, e villaggi di tutto il paese. La consegna postale rapida e quella elettronica raggiunge molte città, sia nel paese che in numerosi paesi stranieri.

L'Arabia Saudita possiede anche uno dei più moderni ed efficienti sistemi telefonici al mondo. La capacità di scambio telefonico ha raggiunto più di 1,3 milioni di linee nel 1987. Circa 340 città, di grandi e piccole dimensioni, usufruiscono attualmente del servizio telefonico ed è stato inaugurato un servizio interno funzionante su micro-onde per mettere in comunicazione le città minori.

La rete di telex costituisce un'altra parte del sistema delle comunicazioni saudita. Anch'essa ha vissuto una crescita impressionante. Per esempio, il numero delle linee è aumentato da 10.000 a 30.000 tra il 1980 e il 1987. La rete telex collega circa 150 città e villaggi entro il paese e collega l'Arabia Saudita con paesi di tutto il mondo.

Per rafforzare i suoi legami internazionali, l'Arabia Saudita, insieme agli altri membri della Lega Araba, ha varato Arabsat, il primo satellite di comunicazione del mondo arabo, la cui principale stazione terrestre di emissione si trova a Riyadh[15].

8. Lo sviluppo dei mezzi di comunicazione di massa

Trent'anni fa l'Arabia Saudita possedeva solo una stazione radio; oggi ne esistono molte a Riyadh, Gedda e alla Mecca. Essa ha anche due stazioni televisive, una in arabo e l'altra in inglese, con alcuni programmi in francese. Giornali quali al-Sharq al-Awsat, al-Bilad, al-Jazira, al-Riyadh, al-Madina, al-Yawm e Ukaz, sono attualmente i principali quotidiani arabi. Le pubblicazioni quotidiane in inglese comprendono The Arab News, The Saudi Gazette e The Riyadh Daily. Le riviste principali sono al-Majalla, Iqra', Sayydati e al-Dawa[16].

9. Lo sviluppo dei servizi sociali

All'epoca della sua unificazione, l'Arabia Saudita era un paese povero. Rimase tale fino alla scoperta del petrolio. La famiglia e la tribù erano la fonte principale di servizi per l'individuo. Durante questi primi periodi la popolazione pativa la fame e le malattie. I servizi sociali cominciarono solo con il Re Abd al-Aziz, che forniva riso, grano, zucchero e tè alle famiglie povere attraverso i capi tribali e i suoi uomini di fiducia, che viaggiavano per tutto il paese per assolvere a tale compito.

Il primo servizio sociale approntato dal Re Abd al-Aziz fu l'istituzione dell'orfanotrofio alla Mecca. Oggi il Ministero del Lavoro e degli Affari Sociali si occupa di migliorare il livello di vita degli abitanti del regno. Esso fornisce cure e riabilitazione agli individui e alle famiglie che hanno bisogno di servizi finanziari, sociali e sanitari. I disabili, gli orfani, gli anziani e i giovani che hanno commesso crimini, beneficiano tutti di tali servizi.

Diverse istituzioni erogano i servizi suddetti. Tra queste si annoverano 14 orfanotrofi, 12 centri di riabilitazione per giovani, 23 centri di riabilitazione per persone disabili, 9 centri di assistenza per gli anziani e 141 associazioni volontarie che forniscono sostegno finanziario per le famiglie bisognose e cure per i bambini disabili.

L'assistenza sociale è elargita agli orfani, alle vedove e ai disabili, oltre che alle famiglie dei detenuti e a quelle che sono prive di un capo-

(15) A. al-Fawzan, *op. cit.*
(16) *Ibid.*

famiglia con reddito. Nel 1993 il bilancio per l'assistenza sociale ha raggiunto i 2,7 miliardi di rial[17].

10. Lo sviluppo urbano

Prima dell'unificazione dell'Arabia Saudita, la maggioranza della popolazione viveva nelle aree rurali o secondo il modo di vita nomade. La diffusione del benessere, lo sviluppo dei trasporti e l'espansione dell'industrializzazione, determinatisi in seguito alla scoperta del petrolio, hanno portato cambiamenti notevoli nella struttura tradizionale della società saudita. Milioni di persone si sono spostate dal deserto e dai villaggi verso le città, in cerca di migliori opportunità economiche, di lavoro, di servizi medici e educativi.

Per diffondere il processo di urbanizzazione, il governo saudita ha concesso gratuitamente delle terre a milioni di persone nelle principali città. Il governo ha anche fornito prestiti senza interessi attraverso la Banca Immobiliare, per aiutare queste persone a costruire le proprie case.

Il processo di urbanizzazione ha svolto un ruolo cruciale nella trasformazione delle relazioni familiari e dei tradizionali legami di parentela. Lo *status* sociale non si valuta più in base alle radici tribali o familiari dell'individuo. Invece, l'educazione, l'occupazione e il reddito sono divenuti i principali fattori determinanti della classe e del prestigio sociali dell'individuo.

---

(17) Ministero dell'Informazione, *op. cit.*

5. Islam e società in Arabia Saudita

di Abd Allah H. M. al-Khalifa[1]

Questo capitolo analizza il ruolo della religione musulmana in Arabia Saudita, ruolo molto importante e dominante in tutte le sfere (sociale, economica e politica) della società. Nella prima parte si considera il ruolo della religione nella società in una prospettiva teorica, sintetica e generale. Partendo da tale analisi, la seconda parte si concentra sul ruolo politico dell'Islam nell'organizzare il sistema sociale dell'Arabia Saudita e nel mantenere e preservare l'equilibrio sociale. La terza parte esamina il rapporto dell'Islam con lo sviluppo economico e il cambiamento sociale.

1. La prospettiva teorica: religione e società

La religione ha da sempre costituito un soggetto molto importante per la sociologia. Nessuna delle teorie principali nella storia della sociologia ha trascurato tale fattore. Per esempio, Ibn Khaldun, nella sua analisi sulle cause della solidarietà sociale, ha indicato la religione come la forza principale di coesione fra la popolazione sedentaria. La straordinaria conquista arabo-islamica del settimo secolo fu resa possibile dall'unione della solidarietà tribale e di quella religiosa. Inoltre, negli scritti dei sociologi del XIX secolo, tra cui Comte, Durkheim, Marx e Weber, per citarne alcuni, la religione assume un ruolo importante. I loro testi rappresentano una pietra miliare per le successive analisi concernenti il ruolo della religione nella società[2].

In sociologia la scuola funzionalista attribuisce alla religione un'importanza basilare nella costituzione della società. In termini generali, il sistema culturale è concepito come principio dell'ordine

(1) Università islamica Imam Muhammad ibn Sa'ud, Riyadh.
(2) A. al-Khalifa, *Religion and Modernisation in Saudi Arabia*, articolo presentato al convegno annuale della British Society of Middle Eastern Studies, 1997, p. 3.

e della coesione sociali. Esso rappresenta la pietra angolare per la coscienza sociale, la morale, la legge e l'educazione di una società[3].
Dai teorici del conflitto la religione è osservata da due punti di vista. La corrente positivista della teoria concepisce la religione come una forza ideologica di stabilizzazione[4]; ma la corrente critica della stessa teoria considera la religione come un meccanismo sul quale i capi carismatici fondano le loro rivendicazioni per ottenere giustizia e riforme sociali[5].

Questi scritti ed altri ancora costituiscono la base delle successive indagini relative all'importanza della religione nella società. Ispirandosi al presupposto che «la religione è il legame più sostanziale degli esseri umani», gli studiosi di sociologia delle religioni hanno tentato di mostrare come la religione agisca e interagisca nelle sue forme complesse con quasi tutti i fenomeni sociali, economici, politici, personali, ecc.

In una fase posteriore l'importanza della religione è stata messa in discussione dalla cosiddetta «scuola della modernizzazione», emersa nei decenni successivi alla seconda guerra mondiale. I teorici di tale corrente sostengono che il processo di modernizzazione porterà, in ultima analisi, al declino della vitalità religiosa. I fondamenti e le radici teoriche di tale orientamento risalgono ai primi scritti dei principali sociologi del XIX secolo, in particolare a Karl Marx. Egli considera la struttura economica di una società come l'infrastruttura della società intera che determina ogni sovrastruttura, comprese le classi sociali, lo stato e la religione. Tale concezione costituisce il riferimento teorico di base della corrente della modernizzazione, che lega in maniera causale il cambiamento religioso ai processi di modernizzazione.

Ma gli ultimi due decenni di questo secolo (1980-2000), che testimoniano l'emergenza di nuove mappe geopolitiche derivate dal collasso del blocco dei paesi dell'Est, lanciano una seria sfida alla prospettiva modernista. Al contrario, forniscono un sostegno fondamentale alla cosiddetta «prospettiva culturale», che lega i cambiamenti e lo sviluppo della realtà sociale e politica all'influenza culturale e religiosa. Gli scritti di Durkheim, in generale, e quelli di Weber, in particolare, costituiscono la struttura teorica classica di riferimento per tale orientamento. Durkheim, per esempio, vede la coscienza sociale,

---

(3) E. Durkheim, *The Elementary Forms of the Religious Life*, Macmillan, New York, 1915; oppure E. Durkheim, *The Division of Labour in Society*, Macmillan, New York, 1933.
(4) A. Gouldner, *The Two Marxism*, The Seabury Press, New York, 1980.
(5) M. Weber, *The Theory of Social and Economic Organisation*, Macmillan, New York, 1947, pp. 358-373.

che rappresenta la religione ed altri elementi culturali, come qualcosa di indipendente dai fatti sociali che determinano tutti i fenomeni sociologici. Ma è forse Max Weber che pone la questione nel modo più chiaro e diretto; Weber, in contrasto con Marx, ha visto nel protestantesimo, inteso come sistema di credenze, la radice dell'impresa economica capitalista.

È inoltre importante notare che durante gli ultimi decenni la relazione tra religione e società ha ricevuto una grande attenzione da parte dei sociologi, che si sono concentrati notevolmente sulle questioni di rinascita religiosa o di fondamentalismo, dato che questi ultimi sono divenuti fenomeni culturali di diffusione mondiale[6]. Parlando in termini generali, è possibile trarre dal materiale sempre più numeroso della letteratura sul fondamentalismo un quadro globale che mostra la rinascita della religione nell'epoca attuale e la sua importanza crescente. Tale letteratura riflette una grande quantità e varietà di questioni emergenti, che vanno da questioni limitate come quella dell'identità dei gruppi etnici fino a quelle più ampie dell'educazione, dei *media* e della politica, ecc.

Questo capitolo è un tentativo di mostrare come nella sua realtà sociale l'Islam rappresenti la forza dinamica che sostiene lo sviluppo, storico e attuale, dell'ordine sociale saudita.

2. La religione e la questione dell'ordine sociale

Per analizzare come si è costituito l'ordine sociale della società saudita, dobbiamo occuparci in primo luogo della maniera in cui le necessità religiose hanno generato lo stato. In seguito, vedremo come l'autorità statale riesca a fondare la sua legittimità e come i principi islamici siano il sostrato della struttura burocratica della società. Infine, vedremo come la religione funzioni da paradigma ideologico tramite il quale i beduini, che un tempo costituivano la maggioranza della popolazione, sono stati integrati entro la tendenza dominante della società saudita.

2.1. L'Islam e lo stato

Cominciamo la nostra analisi del ruolo dell'Islam nella società saudita mostrando in che modo la realizzazione dello stato saudita, duran-

---

(6) A. Gabriel, E. Sivan e S. Appleby, «Explaining Fundamentalism», in *Fundamentalism Observed*, 1995, pp. 425-444.

te tutte le sue tre tappe, sia stata resa possibile grazie a forze religiose. Prima del 1744, praticamente tutte le parti della penisola arabica erano governate da autorità tradizionali locali, costituite principalmente da capi tribali. In quest'epoca i conflitti perenni tra le tribù o tra altri gruppi sociali dominavano ampiamente la scena. Varie forme di ingiustizia sociale e di corruzione caratterizzavano gran parte delle relazioni sociali e politiche. Tali condizioni sociali hanno preparato il campo alle riforme sociali. Date le caratteristiche culturali e sociali degli abitanti della penisola arabica durante il XVIII secolo, una riforma sociale basata su radici religiose si rivelava di un'efficacia notevole per porre fine alle fratture sociali e al disordine. L'Imam Muhammad ibn Abd al-Wahhab - che proveniva dal cuore dell'Arabia e che ricevette la sua educazione religiosa sia in loco (sotto gli auspici del padre) che all'estero (in alcuni dei paesi limitrofi come l'Iraq, l'India, ecc.) - seppe fornire i mezzi culturali grazie ai quali tali problemi sociali potevano essere risolti. L'Imam attribuiva i problemi esistenti al fatto che la gente fosse lontana dall'insegnamento e dalla pratica dell'Islam. Perciò la sua strategia di riforma sociale si basò sull'ideologia islamica, che dovette essere riadattata al fine di sostenere una riforma sociale giusta e stabile. Ma portare la gente al vero Islam dopo un lungo periodo di decadenza e di deviazione, non era una questione facile. Divenne così necessario procurarsi il sostegno politico di coloro che erano in grado di fornirlo. I primi tentativi dell'Imam Ibn Abd al-Wahhab (nel villaggio di Uyayna) per conquistarsi tale sostegno, fallirono. Perciò l'Imam cercò sostegno in un altro villaggio, Dir'iyya. Qui, proprio nel 1744, Ibn Abd al-Wahhab incontrò il signore di Dir'iyya, Muhammad ibn Sa'ud, e vide in lui il tipo di capo sufficientemente indipendente e forte da fornire i mezzi politici necessari per trasformare in realtà la sua visione islamica della riforma sociale. L'incontro si risolse in un'alleanza politica tra il signore di Dir'iyya e Ibn Abd al-Wahhab. La nascita della prima fase dello stato saudita (1747-1818) - che si realizzò di lì a poco e portò gran parte della penisola arabica sotto il suo dominio - scaturì da tale alleanza.

Il potere crescente del nuovo stato rappresentava una minaccia notevole nei confronti dell'Impero ottomano, che nel 1818 riuscì, per il tramite del suo governatore egiziano, a distruggere questo nuovo potere emergente. Ma l'assenza di un'autorità saudita non durò a lungo. Sette anni dopo il declino del primo stato saudita, questo rinacque sotto la guida di Turki ibn Abd Allah, uno dei discendenti dell'Imam Muhammad ibn Sa'ud. La rilevanza dell'Islam nella fondazione dello stato saudita non è limitata alla sua prima fase; al contrario, essa continuò durante la seconda e la terza. Così, l'Imam Turki, come il suo antenato, continuò a fondare la propria autorità su basi islamiche, fattore che aiutò a ristabilire di nuovo lo stato (1825-1891) dopo la sua distruzione da parte delle forze ottomane ed egiziane. Come nella prima, nella sua seconda fase lo stato saudita giunse al declino, nel 1891, principalmente a causa di conflitti interni fomentati da interferenze esterne. Dopo dieci anni, una terza fase dello stato saudita prese il via sotto la guida del Re Abd al-Aziz, che riuscì a riconquistare la città di Riyadh nel 1902 e le restanti regioni in meno di tre decenni di lotta ed unificazione.

Partendo da questa breve panoramica storica dello sviluppo dello stato saudita, si può notare come senza alcun dubbio l'Islam rappresenti l'ideologia religiosa di base di questa entità in tutte le sue tre fasi, fatto che si trova ben documentato in vari autori nazionali e nelle fonti internazionali[7]. Ma ciò che in tale contesto più interessa dimostrare è come il ruolo dell'Islam nella società sia divenuto via via più marcato e nell'attivarsi abbia influenzato e plasmato tutti i sotto-elementi del sistema, siano essi politici, sociali, economici, culturali.

2.2. L'Islam e la legittimazione dell'autorità

Per qualsiasi analista è difficile cogliere la natura dell'autorità politica della società saudita senza prendere in conto considerazioni di tipo religioso. Ciò significa che, fin dagli albori dello stato, l'Islam e l'autorità si sono trovati a coincidere. Il movimento di riforma sociale di Ibn Abd al-Wahhab ebbe successo solo con il sostegno politico del governo di Ibn Sa'ud. Allo stesso modo, l'abilità del signore di Dir'iyya nel condurre sotto il proprio controllo e dominio politico gran parte della penisola arabica, fu resa possibile solo rendendo tale controllo un mezzo per realizzare una riforma sociale basata su fini e valori islamici. Ciò può largamente spiegare il rapido adattamento o l'accettazione di questo ordine sociale emergente da parte di gente dei più vari gruppi sociali, che era abituata a vivere lunghi e profondi conflitti sociali. In tal modo è possibile capire il processo di interazione tra Islam e autorità in Arabia Saudita. Cioè, che se lo stato funziona come meccanismo per favorire la propensione e l'adesione della gente e dei gruppi sociali agli insegnamenti e alle pratiche islamiche, l'Islam a sua volta fornisce all'autorità quel tipo di legittimazione necessaria per far sì che lo stato compia le proprie funzioni nella società attraverso i suoi diversi apparati ed istituzioni. In particolare, uno storico russo, Vassi-

---

(7) A. al-Uthaimin, *Storia del Regno dell'Arabia Saudita*, Obaikan Bookstore, Riyadh, 1418 E., in arabo e A. Abu Aliya, *Riforme sociali durante il regno del Re Abd al-Aziz*, al-Maredah Publishing House, Riyadh, 1418 E., in arabo.

liev[8], fa notare che i sovrani sauditi hanno fondato la lotta per l'unificazione e l'indipendenza del loro stato sulla riforma religiosa. Egli sottolinea anche che il fatto di obbedire al sovrano nel momento in cui questi rappresenta la guida religiosa (*imam*), si rivela un fattore di unificazione sociale e fa sì che la religione sia «l'aureola» della più alta autorità nello Stato.

È forse inutile ribadire che l'alleanza tra religione e stato in Arabia Saudita non fu peculiare unicamente alla prima e alla seconda tappa. Anzi, tale alleanza divenne più centrale e interdipendente proprio nella terza fase dello stato. Proprio in questo momento la religione rivestì un ruolo basilare soprattutto nel risolvere alcuni problemi politici pratici, che secondo alcuni osservatori rappresentavano fattori importanti tra quelli sottostanti alla caduta dello stato saudita nella sua seconda e terza fase. Tali problemi includevano il dualismo fra la popolazione urbana e i beduini e l'isolamento di quest'ultimi rispetto alla società, sebbene essi costituissero praticamente la maggioranza dei componenti della società saudita.

Tratteremo più avanti il ruolo della religione nella risoluzione di tali problemi, ma è importante sottolineare che il Re Abd al-Aziz, durante tutta la sua lotta per riunificare lo stato, seguì lo stesso cammino religioso dei suoi antenati. Il primo proclama emanato dopo il tentativo riuscito di riconquistare Riyadh nel 1902, evento che marcava la rinascita dello stato saudita così come oggi lo conosciamo, diceva che «il Regno è unicamente per Dio e poi per Abd al-Aziz», affermazione che mette l'accento sulla natura religiosa dell'autorità del re. Il Re, come indica Vassiliev[9], «aveva seguito le orme del suo antenato osservando i valori e gli insegnamenti dell'Islam, specialmente quelli della scuola religiosa di Ibn Taymiyya[10], per accrescere l'autorità centrale dello stato». Bisogna forse mettere in evidenza che tale scuola concepisce la società ideale come quella in cui l'autorità costitutiva deve essere nelle mani degli *ulama*[11], mentre l'autorità esecutiva e politica deve essere lasciata al sovrano. Inoltre, l'affermazione di base della costituzione del paese dichiara che l'esercizio dell'autorità deve essere in conformità con il Corano e con la tradizione del Profeta

(8) A. M. Vassiliev, *History of Saudi Arabia,* Mosca, 1986 (in arabo, trad. ingl. di Khayry al-Damin e Ghalal al-Hashita).
(9) A. M. Vassiliev, *op. cit.,* Mosca, 1986.
(10) Ibn Taymiyya è un teologo di epoca mongola (m. 1328) cui oggi molti capi politici musulmani si ispirano (NdC).
(11) Plurale di *alim*, dall'arabo 'dotto', 'giurisperito', 'studioso di diritto islamico' (NdC).

Muhammad[12]. Ancora, il ruolo del re riflette in larga parte questa interdipendenza tra religione e politica, nel senso che il re sovrintende all'applicazione ed esecuzione della legge islamica (*shari'a*), che deve applicarsi in maniera uguale per tutto il popolo, dirigendo poi le attività dello stato e il mantenimento della sicurezza e dei servizi sociali. Il re rappresenta anche la fonte di ogni decreto e ordine che miri ad assicurare il rispetto dei diritti di ogni cittadino nel contesto della legge islamica.

Il ruolo dell'Islam nella società saudita va ben oltre il consolidamento dello stato e la creazione di un'autorità legittima tramite la quale siano accettate e adottate le regole su macro e microscala da parte delle varie unità sociali dell'intero sistema. L'equilibrio sociale è perciò, sotto diversi punti di vista, una funzione di questo fattore propriamente religioso. Ciò che ci interessa mettere in rilievo è però il ruolo dell'Islam nel riprodurre tale equilibrio nei momenti di crisi politica e sociale.

Come vedremo, la società saudita, come ogni sistema sociale, ha sperimentato numerosi conflitti, sia internamente che esternamente. Tale esperienza include il movimento degli *Ikhwan*[13], l'occupazione della Grande Moschea[14] e il movimento intellettuale che ha seguito la seconda guerra del Golfo[15]. In tutte queste circostanze, e in altre simili a queste, la religione si è eretta a difesa dello stato contro le sfide poste alla sua legittimità. In tal modo la religione ha dimostrato di essere la forza stabilizzatrice in momenti di caos e di disordine.

2.3. *La religione e la sedentarizzazione dei beduini*

La centralità dell'Islam nel contesto dello sviluppo dell'Arabia Saudita non si limita alla creazione e al consolidamento dello stato saudita. Anzi, essa va ben al di là, essendo alla base degli sforzi realiz-

---

(12) A. al-Saynadi, *Stadi di sviluppo organizzativo dell'amministrazione governativa nel Regno dell'Arabia Saudita*, al-Farazdag Bookstore, Riyadh, 1418 E., in arabo.
(13) Vedi nota del curatore 8 nel capitolo 1.
(14) Il 20 novembre del 1979 un gruppo fondamentalista islamico prese possesso della Grande Moschea della Mecca allo scopo di rovesciare il regime saudita colpevole di aver tradito i dettami religiosi originari. L'operazione si conclude con l'irruzione delle forze saudite all'interno della Moschea e l'esecuzione capitale dei superstiti (NdC).
(15) L'autore si riferisce al movimento di opposizione venutosi a creare dopo la seconda guerra del Golfo, particolarmente critico della politica saudita di sicurezza basata sulla presenza di forze armate straniere e facilitato dal calo del prezzo del petrolio (NdC).

zati dallo stato per l'integrazione degli abitanti del territorio, che presentano tra di loro differenze marcate per quanto riguarda il sostrato sociale, culturale e tribale. Per mantenere l'equilibrio sociale e attribuirgli un significato preminente, era necessario porre fine a tali differenze.

È forse utile ricordare che prima dell'unificazione politica del paese la popolazione era costituita da tre gruppi principali. La popolazione beduina rappresentava il primo gruppo e di gran lunga quello più numeroso, dal momento che comprendeva più di 3/4 della popolazione totale. Questo gruppo viveva abitualmente nel deserto, assicurando la propria esistenza principalmente tramite l'allevamento animale. La loro vita sociale ed economica era determinata dall'ambiente; potevano vivere stabilmente e in pace solo durante la stagione delle piogge, ma durante la stagione secca i tumulti e i conflitti riprendevano il sopravvento. Gli abitanti rurali costituivano segmenti più ridotti dell'insieme degli abitanti del paese. La loro vita sociale ed economica dipendeva principalmente dall'agricoltura e dalle attività a questa legate. La minoranza della popolazione viveva in piccole città principalmente legate all'artigianato e al commercio su piccola scala.

Tali divisioni non erano indipendenti dai fenomeni politici dell'epoca. La popolazione rurale e urbana nella maggioranza dei casi prese le parti della famiglia saudita in tutte le tre fasi, ma la fedeltà dei beduini a tale autorità non era sempre garantita. Risulta infatti da molti documenti che molte tribù beduine si opposero ai sovrani sauditi per schierarsi con i loro avversari. Senza alcun dubbio tale situazione si determinò essenzialmente durante il declino delle due prime fasi dello stato saudita. Così è lecito ritenere che il Re Abd al-Aziz, grazie all'esperienza dei suoi antenati, si rese conto fin dall'inizio che la sua politica necessitava un processo di omogeneizzazione della popolazione del paese, per far sì che l'insieme della società condividesse valori e aspettative. Una tale omogeneizzazione offriva inoltre la possibilità di rendere i beduini più controllabili di quanto non fossero precedentemente. Le componenti urbana e rurale della popolazione presentavano una maggiore somiglianza, grazie al ruolo degli *ulama* e della *shari'a*, mentre i beduini condividevano un insieme più ristretto di valori con gli altri due gruppi. Ciò è dovuto alla natura urbana della religione, che viene interiorizzata e praticata maggiormente negli insediamenti urbani stabili.

In tal modo, quando il Re Abd al-Aziz riconquistò la città di Riyadh e le aree circostanti più sedentarizzate, cominciò a spingere i beduini verso la sedentarizzazione. Ma l'invito del Re poteva avere un esito positivo unicamente grazie a mezzi religiosi. Infatti i beduini si convinsero della natura contraddittoria e conflittuale del nomadismo e della religiosità, quando realizzarono che certi doveri religiosi (come la preghiera del venerdì, il digiuno del mese di Ramadan, ecc.) potevano essere assolti solamente negli insediamenti urbani. Gli *ulama* e i loro allievi, che il Re Abd al-Aziz aveva inviato nel deserto per occuparsi dell'educazione religiosa dei beduini, riuscirono a far sì che questi accogliessero l'idea che, per diventare dei veri credenti, avrebbero dovuto abbandonare il nomadismo e sedentarizzarsi, e che solo allora sarebbe stato loro possibile l'apprendimento della vera dottrina islamica e la sua messa in pratica. Di conseguenza i beduini cominciarono, lentamente ma in maniera decisa, a sedentarizzarsi e a vendere i loro cammelli, il mezzo di trasporto dinamico che stava alla base delle loro frequenti peregrinazioni. Si insediarono in posti detti *hijer* (plurale di *hijra*), termine con una connotazione storica e religiosa, che indica l'abbandono dei luoghi degli infedeli per i luoghi dei veri credenti. Tale nome riecheggia anche storicamente l'emigrazione del messaggero dell'Islam (Muhammad, che la pace di Dio sia su di lui) e dei suoi compagni dalla Mecca alla città di Medina, durante i primi giorni dell'Islam. La prima *hijra* che fu istituita, quella di al-Artawya (della tribù Mutayr), si trovava circa 180 miglia a nord della città di Riyadh, ed ebbe luogo nel 1912. Nei successivi diciotto anni furono istituite circa duecento *hijer*, di cui alcune ospitavano fino a 10.000 persone[16]. Durante gli anni successivi, la maggior parte di queste *hijer* si svilupparono come villaggi, ed alcune di esse diventarono addirittura centri urbani.

La rilevanza politica e sociale della sedentarizzazione dei beduini concerne molteplici aspetti. In primo luogo, la sedentarizzazione accrebbe la capacità del governo di controllare la fedeltà a Ibn Sa'ud. In secondo luogo, tali insediamenti rappresentavano delle concentrazioni di forza-lavoro capaci di fornire combattenti allo stato in tempi brevi. In tal senso è possibile ritenere che il processo di sedentarizzazione abbia accelerato l'unificazione politica del paese. Come è noto a tutti, gli *Ikhwan* svolsero un ruolo veramente centrale nella riconquista del Hijaz e delle regioni adiacenti. Infine, in seguito all'influenza della religione, il processo di sedentarizzazione ridusse la frattura sociale e culturale esistente tra i beduini, da un lato, e gli abitanti urbani e rurali, dall'altro. Nel nuovo ordine sociale che si venne a creare, questi tre gruppi giunsero ad avere valori culturali comuni. L'importanza vitale

---

(16) A. al-Shamikh, *Spacial Patterns of Bedouin Settlements in al-Qasim Region Saudi Arabia*, Ph.D. Dissertation, University of Kebtucky, Lexington, 1975, p. 47; A. al-Abbadi, *Nomadic Settlements in Saudi Arabia: A Socio-Historical and Analytical Case Study*, Michigan State University, East Lansing, 1981, p. 209.

del processo di sedentarizzazione continuò nei decenni successivi, durante i quali si assistette alla scoperta del petrolio e, di conseguenza, agli sforzi da parte del governo per modernizzare la società. Ciò significa che le *hijer* sono servite non solo come meccanismo di acculturazione, ma anche come siti di transizione a partire dai quali quei beduini che diventavano più inclini alla vita urbana, si spostavano verso le città, in cui li attendevano maggiori opportunità sociali ed economiche.

In breve, la sedentarizzazione dei beduini che, come abbiamo visto, determinò la loro integrazione sociale e il loro inglobamento nella società saudita, rappresenta un esempio unico e vivente di costruzione dello stato nazionale, in cui il segmento più ampio della popolazione, e allo stesso tempo quello più arretrato e conflittuale, è destinato a divenire parte integrante e di reale importanza della nazione nel suo insieme. Però, tali risultati di enorme portata sociale e politica, non sarebbero stati possibili senza porre la religione al centro dell'intero quadro.

2.4. L'Islam e la burocrazia

Il rapporto della religione con lo stato saudita è ulteriormente illustrato dalla natura della burocrazia. Se, come abbiamo visto precedentemente, l'Islam ha aiutato a creare un'unità nazionale, ci si può quindi aspettare che i principi e valori religiosi debbano sottolineare i più ampi obiettivi sociali che guidano la maggior parte delle azioni di tutte le unità sociali, individui, gruppi, istituzioni, ecc. Dal momento che la burocrazia costituisce lo strumento sociale per raggiungere tali obiettivi, o aiutare le unità sociali a raggiungerli, essa è stata strutturata in Arabia Saudita in maniera tale da prendere in considerazione i principi e i valori dell'Islam. Come sottolinea al-Saynadi[17] «le norme e i regolamenti si conformano alla legge islamica». Ciò significa che i fini di ogni settore amministrativo sono definiti entro il contesto dei più ampi obiettivi sociali. Inoltre, l'analisi degli statuti locali che concernono il sottosistema sociale, politico ed economico, mostra in maniera chiara come i procedimenti e le regolamentazioni in essi definiti riecheggino la natura religiosa della società. Ancora, se concentriamo la nostra attenzione sulla specificità di quei rami amministrativi più ampi che includono i comitati ministeriali nazionali ed altre unità amministrative su larga scala, possiamo notare che più di dieci macro-rami amministrativi sono investiti di funzioni religiose particolari nell'ambito della giustizia, delle questioni relative al pellegrinaggio, nelle questioni pa-

---

(17) A. al-Saynadi, *op. cit.*, 1418 E.

trimoniali e negli affari islamici e nella sorveglianza delle due moschee sacre. Lo stesso può dirsi per quanto riguarda la politica pubblica relativa all'istruzione, alla sanità e ai servizi sociali. Tali politiche riflettono ampiamente le basi e i principi dell'Islam, nel senso che tengono conto dei suoi principi generali. Per esempio, i programmi di istruzione pubblica includono un'ampia parte di corsi di insegnamento islamico e di soggetti affini. Inoltre, a tutti e tre i livelli dell'educazione pubblica, lo studente può iscriversi a scuole specializzate principalmente in soggetti relativi all'Islam. A livello universitario, tre delle otto università dell'Arabia Saudita sono orientate secondo una specializzazione islamica.

In breve, nella struttura burocratica dello stato, che rappresenta i mezzi e procedimenti connessi agli ambiti della socializzazione socio-politica (educazione, *media*, giustizia), del lavoro e dell'economia e della sicurezza, tutti questi aspetti sono stati plasmati in maniera da prendere in considerazione la natura sociale e religiosa della società stessa.

2.5. *L'Islam e la vita quotidiana saudita*

La nozione secondo cui l'Islam rappresenta una realtà sociale in Arabia Saudita può forse essere meglio osservata nei micro-processi della vita di tutti i giorni. La realtà quotidiana non è indipendente dalla struttura culturale religiosa della società. Così, non è difficile notare che tale struttura penetra in tutte le attività sociali e le azioni espletate dalla gente durante tutta la loro giornata e su tutto l'arco della loro vita. Forse l'aspetto più degno di nota, in particolare per l'osservatore esterno, concerne l'intersezione tra le attività sociali quotidiane e quelle religiose, quali la preghiera, il digiuno del mese di Ramadan e il pellegrinaggio. La scansione temporale dell'adempimento di questi doveri religiosi ha un'ovvia influenza sulla scansione e la durata delle azioni sociali ed economiche. Due brevi periodi di vacanza pubblica sono osservati alla fine del Ramadan e all'inizio del mese del pellegrinaggio.

Inoltre, è possibile osservare uno stretto legame tra la maniera in cui le moschee vengono in ogni luogo installate in maniera da rivolgersi in direzione della Ka'aba e la struttura urbana di tali luoghi. In altri termini, la collocazione della moschea nel tessuto urbano ha determinato le altre componenti urbane, comprese le abitazioni, gli edifici pubblici e quelli privati, in modo che uno dei quattro lati sia rivolto nella stessa direzione di quello della moschea. La maggior parte delle strade e delle vie sono rivolte nella stessa direzione o si trovano in intersezione con essa.

Possiamo anche notare che la realtà sociale della religione è presente in molte altre questioni quotidiane. In teoria l'Islam, dal momento che è allo stesso tempo dottrina e legge, è concepito come qualcosa che domina e permea ogni minuto della vita del musulmano. Questa natura propria alla religione islamica fa sì che i significati e i simboli religiosi siano manifestati in una gran varietà di atti quotidiani in quasi tutte le sfere, incluse, per esempio, le norme e abitudini alimentari, i modi e i costumi legati al matrimonio, i saluti, ecc. Aggiungiamo inoltre che alla maggioranza della popolazione vengono attribuiti nomi con connotazioni religiose, come l'insieme dei nomi che indica l'obbedienza assoluta nei confronti di Dio, o ancora quei nomi che riprendono quelli del Profeta e dei suoi compagni oppure di coloro che hanno rivestito un ruolo di spicco nella diffusione della civiltà arabo-musulmana.

In definitiva, questi «micro-aspetti» viventi della società saudita rispecchiano la struttura fondamentale su cui si basa l'intera società.

3. La religione e le questioni dello sviluppo e del mutamento

Se l'ordine sociale della società saudita è il prodotto dei principi e dei valori dell'Islam, di conseguenza ogni trasformazione e cambiamento che abbia luogo entro tale ordine deve essere guidato, o almeno spiegato, partendo da fondamenti islamici. Nella parte seguente, vedremo come i valori islamici hanno facilitato l'applicazione dei programmi di sviluppo e come essi rappresentino un meccanismo di protezione dell'ordine sociale contro vari aspetti dell'insubordinazione e del conflitto sociale.

3.1. L'Islam e lo sviluppo sociale

Se la nascita dell'Arabia Saudita, in particolare nella sua terza fase, e la sedentarizzazione dei beduini costituiscono probabilmente gli eventi principali nella penisola arabica durante la prima metà del XX secolo, possiamo affermare che la scoperta del petrolio e il suo ruolo nelle trasformazioni sociali ed economiche dell'Arabia Saudita, rappresentano di gran lunga l'evento principale della seconda metà di questo secolo. Tale processo ha senza dubbio cambiato i mezzi di produzione, trasformando la società saudita da società basata su economie di sussistenza quali il pastoralismo, la caccia e l'agricoltura su piccola scala, il commercio e l'industria, in una società con una base economica forte e complessa rappresentata dal petrolio e dalle industrie derivate.

Ma in questa prospettiva ciò che importa è vedere come la religione giunga a svolgere un ruolo vitale entro le trasformazioni sociali e economiche indotte dall'economia del petrolio.

A partire dalla scoperta del petrolio nel 1938, lo scenario economico del paese è cambiato come conseguenza delle politiche governative miranti al miglioramento delle condizioni sociali ed economiche del paese. La soppressione delle tasse, il sostegno finanziario ai bisognosi, l'istituzione di programmi d'istruzione e salute pubblica, sono stati tra i primi passi compiuti dallo stato per modernizzare la società. A partire dai primi anni settanta, periodo di *boom* economico derivato dall'innalzamento drammatico del prezzo mondiale del petrolio, lo stato ha adottato i cosiddetti piani di sviluppo quinquennali, tramite i quali i programmi di sviluppo economico vengono definiti ed eseguiti in una maniera più organizzata. Ciò implica che per ogni periodo di cinque anni, vengono definiti degli specifici obiettivi e si danno delle priorità, e in seguito si mettono in pratica determinati programmi e strategie per raggiungere gli obiettivi prefissati nello stesso periodo. Un esame più attento degli obiettivi dei piani di sviluppo (1970-2000) mostra che essi sono fondati sui principi e i valori dell'Islam.

Come ci si poteva attendere dall'applicazione dei primi piani di sviluppo (1970-1980), le strategie e i programmi di modernizzazione hanno iniziato a rimodellare ogni aspetto e fenomeno del paese; nuovi modi di vita hanno sostituito quelli vecchi ad un punto tale che non si può osservare alcun elemento o alcuna sfera che sia sfuggita all'influenza di tali cambiamenti. Il ritmo rapido e la forte influenza dello sviluppo, pongono legittime questioni ai sociologi; in primo luogo, la questione di che cosa porti la popolazione dell'Arabia Saudita ad accettare politiche che mirano a rimodellare lo scenario sociale attraverso le forze della modernità e la tecnologia. In secondo luogo, la questione di come divenga possibile per la gente adottare i risultati e l'influenza dello sviluppo. Per rispondere a tali domande, si può affermare che lo stato ha lasciato che il processo di sviluppo fosse guidato da obiettivi radicati nei valori dell'Islam. Aggiungiamo il fatto che la priorità assoluta viene attribuita a considerazioni sociali prima che a quelle puramente economiche. Alla religione è stato inoltre attribuito un ruolo centrale nel momento della definizione degli obiettivi dello sviluppo e nelle scelte riguardanti i mezzi per il raggiungimento di tali obiettivi. In larga misura tale processo strategico ha evitato ogni possibile conflitto sociale di opposizione su base religiosa alle politiche di modernizzazione. Inoltre, la religione ha funzionato come fattore di mediazione della modernizzazione. Le persone che vengano a trovarsi in un assetto sociale che propone elementi moderni praticamente in ogni ambito, si trovano a fronteggiare una varietà di problematiche che sollevano questioni relative alla legittimità dell'uso di tali elementi dal punto di vista religioso. Così, gli *ulama* della legge islamica si sono trovati a rivestire un ruolo essenziale nell'adeguamento della gente alle conseguenze dello sviluppo.

3.2. L'Islam e il conflitto sociale

Con la discussione precedente, abbiamo visto come l'ordine sociale in Arabia Saudita sia stato creato sotto l'influenza dell'Islam. In tal senso l'Islam non solo ha in un primo momento aiutato la creazione dello stato, ma esso serve anche come struttura ideologica di riferimento destinata ad essere la base dei programmi e delle strategie di governo finalizzate all'organizzazione e allo sviluppo della società.

È dunque questa centralità della religione nella società saudita che rende l'Islam un punto di intersezione di tutti i fenomeni. I conflitti sociali fanno parte di quei fenomeni in cui la religione riveste un'influenza determinante, sia nella loro nascita che nel loro declino.

In breve, gli sforzi dello stato per modernizzare la società, fin dagli inizi del terzo regno, si sono associati con il sorgere del conflitto sociale. Dal punto di vista teorico, il rapporto tra la modernizzazione e il conflitto sociale ha richiamato in maniera notevole l'attenzione dei sociologi. Storicamente parlando, nessun paese in cui abbiano avuto luogo processi di sviluppo economico è sfuggito alle conseguenze negative di tale processo. È ampiamente documentato che tutti i paesi, indipendentemente dallo stadio di sviluppo esistente, hanno sperimentato una qualche forma di problema socio-economico, come l'acuirsi della frattura tra le classi sociali, l'aumento dei livelli di povertà, la disoccupazione, ecc.

Ma ciò che è specifico ai conflitti sociali in Arabia Saudita, non è tanto il loro legame con le politiche di modernizzazione, quanto il loro tono prettamente religioso. Infatti la maggior parte dei conflitti di un certo rilievo verificatisi in Arabia Saudita hanno tentato di riferirsi al terreno religioso.

L'insurrezione degli Ikhwan nel 1929, l'occupazione della Grande Moschea Sacra alla fine del 1979, l'emergere di alcuni gruppi intellettuali e religiosi in seguito alla seconda guerra del Golfo, non sono che alcuni esempi significativi di conflitti interni che fondano la propria causa su basi religiose. Ma tali movimenti non ebbero successo né riuscirono a portarsi ad un livello più generale e furono destinati ad una rapida scomparsa.

È importante rendersi conto del ruolo cruciale della religione nell'eliminazione di simili movimenti. Nella scuola islamica di fede sunnita al capo di stato è attribuita un'autorità religiosa e politica a cui si deve obbedienza e che non va mai sfidata fino a quando il capo di stato continua a fondare il proprio governo sulla legge islamica. Per tale ragione, quasi tutti i movimenti di conflitto politico sono visti non solo dall'*establishment* religioso, ma anche dalla maggioranza dei sauditi, come un comportamento deviante che va condannato e bloccato. Di conseguenza, si può vedere che l'Islam in Arabia Saudita ha rappresentato la forza principale non solo nella realizzazione dell'equilibrio sociale, ma anche nella prevenzione di ogni processo o incidente che potesse sconvolgere l'ordine sociale della società stessa.

4. Conclusioni

La questione affrontata in questo capitolo è la realtà sociale dell'Islam nel contesto dell'Arabia Saudita. l'Islam rappresenta la base della società. L'ordine sociale di quest'ultima è sorto in primo luogo da forze religiose. Dopo un lungo periodo di turbamenti politici e sociali e di disorganizzazione in tutta la penisola arabica, il movimento di riforma sociale su basi religiose guidato da Ibn Abd al-Wahhab e da Ibn Sa'ud, riuscì a creare una nazione unificata, comprendente la maggior parte della penisola, in un periodo relativamente breve. Inoltre, tale processo aiutò l'autorità dello stato ad essere vista e considerata, da parte di coloro che erano governati, come autorità legittima, elemento questo che facilitò l'accettazione sociale delle regolamentazioni statali in ogni ambito sociale. La burocrazia, che rappresenta il più importante strumento da parte dello stato per applicare le sue diverse regolamentazioni, è strutturata in maniera tale da tener conto della natura religiosa e culturale della società. Proprio questa dimensione di legittimazione dell'autorità rappresenta una forza direttrice tramite la quale i principali mutamenti sociali (tra cui la sedentarizzazione dei beduini, l'applicazione dei programmi quinquennali di sviluppo del governo, ecc.) si sono verificati in maniera «morbida», oppure hanno avuto luogo senza sollevamenti sociali di rilievo. Per di più, la natura religiosa della società va al di là della macro-struttura della società stessa fino a penetrare i micro-processi, come per esempio le azioni e interazioni della gente nella vita quotidiana. Infine, la supremazia religiosa nella società saudita fa sì che l'Islam non solo si inserisca in quei fenomeni che riflettono l'evoluzione, il mantenimento e il consolidamento dell'ordine sociale, ma si collochi anche in una posizione centrale dello scenario sociale nei momenti di frattura sociale e di conflitto.

6. I diritti dell'uomo nell'Islam

di Ahmad ibn Sayf al-Din[1]

In nome di Dio, la preghiera e la pace sul Suo Profeta, i suoi familiari, compagni e seguaci.

Se è vero che l'uomo è nato libero, pure oggi - in molte zone del mondo - egli vive in catene. Questa contraddizione è vera oggi come lo era nel XVII secolo o nei secoli precedenti. Tutti i tentativi per risolvere questo problema sono falliti, visto che gli esseri umani nel realizzare la libertà del proprio genere si sono assoggettati a considerazioni personali e meschine per il perseguimento di fini politici ottusi. È vero che alcuni paesi hanno realizzato un progresso nel campo dei diritti umani, come è successo tre secoli or sono, ma in altri paesi, le condizioni sono addirittura degradate. Le condizioni attuali in alcuni stati sono caratterizzate da sopraffazioni, dittature, guerre di sterminio, epurazioni etniche, ingiustizie sociali, maltrattamento dei bisognosi e dei poveri. È in aumento anche il predominio di alcuni paesi su altri più deboli. Il mondo, dopo aver realizzato alcuni aspetti di indipendenza e possibilità di scelta, si è sottomesso a forze dominanti e penetranti sia a livello mondiale che regionale. Se l'umanità si è sviluppata in alcuni campi della tecnologia e della scienza, questo sviluppo sta nondimeno diventando una minaccia per la libertà personale, la dignità umana, la sua specificità e la scelta del giusto metodo di vita.

Grazie ai continui tentativi di affermazione dei diritti dell'uomo e delle sue libertà essenziali nel corso di lunghe fasi storiche, l'idea dei «diritti dell'uomo» ha avuto grande fortuna a livello teorico ed astratto, così che è diventata parte importante del sistema di governo della maggior parte dei paesi del mondo nonché di accordi regionali e mondiali, andando a costituire una piattaforma su cui viene basato il sistema socio-economico di qualsiasi società. Questo per quanto concerne il lato teorico, perché poi nell'applicazione pratica troviamo che tali diritti e libertà si scontrano in tutte le società naturalmente in misura differente - con privazioni, minacce e pregiudizi.

(1) Università islamica Imam Muhammad ibn Sa'ud, Riyadh.

Ciò è dovuto al razzismo, alla repressione politica e all'intolleranza religiosa, oppure ai provvedimenti applicati da alcuni stati per limitare i diritti civili per alcune ragioni strutturali come il sistema tribale o partitico, o per motivi contingenti come le condizioni economiche della società.
Le Nazioni Unite si sono impegnate, in molte riunioni ed accordi, per dare impulso al processo per il rispetto e la protezione dei diritti dell'uomo attraverso la legge internazionale e per trovare garanzie per l'applicazione di tali diritti. Ma le divergenze politiche, religiose e culturali rappresentano ancora un forte ostacolo che impedisce la realizzazione di un accordo comune accettato da tutti gli stati, e poi il rispetto di tale accordo, la sua applicazione e l'impegno costante a mantenerlo. L'esempio più calzante di quanto si è appena detto è la «Dichiarazione universale dei diritti dell'uomo» adottata dalle Nazioni Unite il 10 gennaio 1948. La Dichiarazione contiene una lunga lista dei diritti politici, civili, sociali e culturali dell'uomo in trenta articoli. Nonostante la Dichiarazione includesse i pareri e le tendenze dei numerosi stati membri, molti paesi - come quelli dell'allora blocco comunista o come il Sud Africa - rifiutarono di votarla. Alcuni paesi islamici come il Regno dell'Arabia Saudita espressero la loro riserva sul secondo articolo della Dichiarazione, perché non considera la religione come una ragione di distinzione tra gli esseri umani[2]. Questo si scontra con le basi stesse sulle quali sono costituiti gli stati che considerano la religione fonte del governo e della legge, nonché regola di vita.

Alcuni scrittori hanno dichiarato che impedire ai musulmani di associarsi alla formulazione di quel documento universale è un errore. Altri hanno sostenuto che questa Dichiarazione universale si è ispirata a valori che appartengono alla modernità europea e che la sua forma generale è una derivazione del pensiero occidentale, ebraico e cristiano. Inoltre essa - nella sua forma legale - appare come una sintesi di tradizioni romane, regole generali e leggi naturali, fortemente dipendente dal modello costituzionale americano. La Dichiarazione ha ignorato quello che le religioni - specialmente l'Islam - hanno apportato: valori umani, nobili traguardi.

Oltre all'opposizione alla Dichiarazione universale dei diritti dell'uomo come documento applicabile internazionalmente, è stato sottolineato che le stesse pratiche occidentali sono talvolta contrarie ai diritti umani. Per esempio, la Dichiarazione invita a proteggere le minoranze e a concedere loro libertà religiosa e sociale, ma le pratiche

---

(2) Il secondo articolo recita «Ogni essere umano è titolare dei diritti e libertà menzionati in questa Dichiarazione, senza distinzione di razza, colore, sesso, lingua, religione, opinione politica, origine nazionale o sociale, proprietà, nascita o altro» (NdC).

occidentali attuali non rispettano sempre questo principio. Le minoranze nella Spagna musulmana o sotto il governo islamico dell'Impero ottomano, godevano di più diritti umani che non adesso. Nell'Europa attuale si sono commessi orrori, come i genocidi degli ebrei (l'Olocausto), le epurazioni etniche in Bosnia Erzegovina e contro gli albanesi. Senza contare le conseguenze del nazionalismo etnico europeo. Da quando gli europei hanno firmato la Dichiarazione, sono stati commessi orrori vergognosi nella storia dell'umanità. Così, i francesi hanno ucciso un milione e mezzo di algerini; gli americani hanno sterminato un numero incalcolabile di vietnamiti; i russi hanno ucciso e disperso centinaia di migliaia di afgani, causando la morte anche dei loro giovani militari di leva, costretti ad invadere questo paese; Israele ha esercitato - ed esercita ancora - sotto gli occhi di tutto il mondo, e con l'appoggio delle potenze occidentali, la più brutale violenza, occupando la Palestina, il Libano del sud, le alture del Golan e la Cisgiordania.

Sfortunatamente, la Dichiarazione universale dei diritti dell'uomo non prevede gli strumenti per farsi rispettare e per punire chi non la rispetta. In conseguenza di ciò i diritti dell'uomo possono essere garantiti solo a livello di ogni singolo stato, attraverso provvedimenti legali che vengono applicati da una magistratura imparziale. Questi diritti non possono essere esercitati a livello regionale o mondiale, se non attraverso un lavoro di organizzazione - a livello individuale e collettivo - tra i paesi interessati in uno spirito di collaborazione e consapevolezza della propria responsabilità morale e spirituale.

1. I fondamenti dei diritti dell'uomo nell'Islam

I diritti umani nell'Islam si basano su tre concetti fondamentali: l'unicità di Dio *(tawhid)*, il messaggio *(risala)* e la guida *(imama)*.

L'unicità di Dio *(tawhid)* significa che Dio (a Lui lode e gloria) è il Creatore di tutta l'umanità e delle altre creature viventi. Egli tutto possiede e amministra con la Sua potenza, conoscenza e saggezza. Perciò Egli merita di essere adorato senza che nessuno gli sia associato. L'uomo non deve - dopo aver ricevuto il dono del libero arbitrio - adorare nessun altro che Dio; non deve chiedere ad altri sostegno in ciò che solo da Lui dipende. Questo è il compito di chi adora Dio. Nessuna persona, gruppo, tribù, ente o stato può considerarsi al di sopra di Dio. Egli è l'unico Governatore.

Il messaggio *(risala)* è il mezzo tramite il quale è trasmessa agli uomini l'unicità di Dio. Dio ci ha fornito due fonti di legislazione e guida:

il sacro Corano e la *sunna* (parole, affermazioni e azioni del Profeta, sui di Lui la pace e la preghiera di Dio). Il Profeta ha completato la sua missione, poi è morto, ma la Sua *shari'a* e la Sua religione continuano, e tutto ciò che ha raccomandato viene eseguito dai credenti dopo di lui. La guida *(imama)* è la successione. L'uomo è il successore di Dio sulla terra per popolarla e praticare la *shari'a* di Muhammad, stabilire la giustizia, applicare le restrizioni imposte da Dio alla libertà d'azione dell'uomo, stabilire la sicurezza ed aiutare la gente ad adorare Dio. Quindi, chi può proteggere i diritti umani menzionati nell'Islam è lo stato islamico rappresentato nella guida *(imama)* e nella successione *(califfato)*.

Nonostante per i musulmani ci debba essere un solo califfato su tutta la terra, si sono avuti mutamenti politici, economici e sociali (oltre alle divisioni all'interno della religione stessa) che hanno causato la divisione dei musulmani in diversi piccoli stati e strutture politiche indipendenti.

Questo però non significa che la *shari'a* e la difesa dei diritti dell'uomo siano disapplicati. Significa solo che le applicazioni effettive sono compatibili o no con la scuola di diritto islamico applicata in questo o quello stato. Non c'è dubbio che l'applicazione e la difesa dei diritti umani è più o meno forte a seconda della potenza dello stato islamico e della sua più o meno rigorosa osservanza degli insegnamenti del sacro Corano e della *sunna* del Profeta.

Il sacro Corano ha stabilito che l'umanità ha una sola origine, che ha in comune gli stessi valori, e che non c'è differenza tra generi. Dio ha creato il mondo e lo ha messo al servizio dell'uomo, preferendolo su tutte le creature. Dio disse: «E Noi già molto onorammo i figli d'Adamo e li portammo per la terra e sul mare e demmo loro provvidenza buona, e su molti degli esseri da noi creati preferenza grande»[3]. Il Profeta - la preghiera e la pace di Dio su di Lui - disse: «O gente! Il vostro Dio è uno, il vostro padre è uno, siete tutti di Adamo, e Adamo è venuto dalla cenere. Non c'è superiorità di un arabo su uno straniero, ne di uno straniero su di un arabo, ne di bianco su uno di colore se non con il timore di Dio».

Se paragoniamo i principi islamici sui quali si basano i diritti dell'uomo con quelli di altre religioni, troviamo che l'Islam è più moderno. Per esempio, i libri sacri degli indiani bramani ammettono una gerarchia secondo le razze. Gli antichi greci si consideravano un popolo eletto, e per giunta creati da elementi diversi da quelli da cui furono creati gli altri popoli. Per loro gli altri popoli erano meno umani. Le antiche leggi e il sistema sociale dei romani privavano i non romani di

---

(3) Corano, XVII, 70.

tutti i loro diritti. Essi erano stati creati - secondo i romani - per essere loro servi. Gli ebrei si credevano il popolo eletto da Dio e consideravano i cananei un popolo da disprezzare. Anche gli arabi nell'era dell'ignoranza - prima della nascita del Profeta - si consideravano un popolo completamente umano, mentre gli altri popoli, da loro chiamati *a'agim* (stranieri), erano disprezzabili e meno umani.

2. Il quadro morale dei diritti dell'uomo nell'Islam

L'Islam si basa su due principi fondamentali: «il credo» e «le buone azioni». Il credo è credere in Dio, nella Sua potenza, conoscenza, saggezza. Bisogna credere anche nei Suoi angeli, nelle sacre scritture, nei profeti inviati per il genere umano come messaggeri di Dio, nel giorno del giudizio, quando gli uomini verranno giudicati per il loro comportamento. Bisogna credere anche nel decreto e nella decisione di Dio (il destino). Questo significa che non può succedere niente in questo universo senza che Dio lo permetta. Significa anche l'accettazione di ciò che accade all'uomo di buono o di cattivo senza che ciò sia motivo di desistenza o inazione, visto che solo Dio conosce il nostro destino e tutto ciò che ci è nascosto.

Le buone azioni stanno ad indicare il comportamento secondo le leggi, gli insegnamenti e i principi designati da Dio per i musulmani sia nel loro rapporto con Dio sia tra di loro o tra loro e i non musulmani.

Quando il credo si consolida negli animi ed è seguito dalle buone azioni, i propri interessi sono preservati, la sicurezza e la tranquillità personali sono garantite, creando così una società senza molte ingiustizie. Data la *shari'a*, è necessario che lo stato governi con l'Islam, facendo della *shari'a* il suo sistema legale, dando così alle persone la protezione, la dignità e la possibilità di realizzare i traguardi morali dell'Islam.

Quando paragoniamo la *shari'a* islamica che protegge i diritti dell'uomo con la Dichiarazione universale dei diritti dell'uomo, troviamo – nonostante l'accordo su molti di tali diritti – che la Dichiarazione si è limitata a prescrivere l'osservanza dei comportamenti con provvedimenti amministrativi e legali senza soffermarsi sulla discussione morale che è quella che realmente aiuta ad impegnarsi al rispetto di tali provvedimenti. Se si vuole che questi provvedimenti abbiano una profonda efficacia nella vita concreta della gente, essi devono essere sostenuti da un muro di impegno morale e spirituale. L'Islam ha invitato ad amare Dio e a temerlo quando si realizza qualsiasi attività. Il sacro Corano ed i *hadith* sono colmi di avvertimenti per chi assume impegni legalmente rilevanti. Egli deve osservare Dio, seminare la speranza della Sua ricompensa e temere la Sua punizione quando vengono eseguiti i contratti, come nelle relazioni sociali - matrimoni, divorzi e tutela dei bambini - e nelle relazioni finanziarie - vendita, acquisto, concessione e richiesta di crediti, ecc.

3. Alcuni dei principali diritti dell'uomo nell'Islam

È difficile considerare tutti i diritti dell'uomo citati nel sacro Corano e nella *sunna* del Profeta perché abbracciano tutti gli aspetti della vita. È opportuno in questo capitolo esaminare i diritti più discussi tra musulmani e non, specialmente quegli occidentali che vedono nel diritto islamico una inconciliabilità di fondo con il rispetto dei diritti dell'uomo.

3.1. Diritto alla vita

L'Islam garantisce il diritto dell'uomo a conservare la propria vita e sicurezza da quando si forma nel grembo materno fino agli ultimi istanti della sua vita. La vita è la cosa più cara per l'uomo, perciò la *shari'a* vieta di uccidere gli altri ingiustamente, retribuendo chi uccide con la stessa moneta. Dio disse nel sacro Corano: «Non uccidete l'anima che Dio ha dichiarato sacra, se non a buon diritto», dando a questo delitto una punizione nell'aldilà più severa del reato commesso. Dio ha promesso a chi uccide l'inferno all'infinito. Anche il suicidio è illecito perché rappresenta un oltraggio illegittimo su sé stessi. L'aborto di un feto completo e vivo nel grembo della madre, non è permesso perché significa uccidere un'anima umana.

3.2. Il diritto alla sicurezza e la libertà personale

L'Islam non si limita al diritto alla vita, ma garantisce una vita degna, sicura e tranquilla senza fare del male ad altri o ricevere del male da altri. Il Profeta - su di Lui la pace - disse: «Il musulmano è inviolabile da un altro musulmano: il suo sangue, il suo denaro e il suo onore». Questo significa che non è ammesso far violenza su chi vive nella società islamica, attaccando la sua persona, il suo denaro, il suo onore o la sua integrità morale. Ugualmente, i diritti dei non musulmani nelle società islamiche sono garantiti. Non si può fare del male alle persone di altre fedi, tutelati e sotto la protezione dell'Islam, senza buon diritto.

La *shari'a* ha stabilito in proposito delle pene molto severe, perché con l'aggressione si colpiscono i diritti degli altri e viene a mancare la fiducia tra i cittadini. Per esempio, la pena per il furto arriva fino al taglio della mano del ladro. Probabilmente alcuni obiettano sul carattere violento di questa pena, ma costoro non tengono conto delle circostanze che portano all'applicazione di questa pena, né dei risultati sociali che si ottengono con la sua erogazione. L'applicazione di questa pena contro il ladro è subordinata al verificarsi di molte circostanze, tra le quali: che il reato sia stato commesso con mezzi subdoli e commettendo effrazioni. Inoltre, se esaminassimo il risultato che queste pene severe hanno sulla sicurezza sociale, le troveremmo senza dubbio necessarie per scongiurare i pericoli che minacciano la società e riconosceremmo che esse hanno soprattutto uno scopo di dissuasione. In caso di furti di necessità, per sfamare se stessi o altri, la pena viene sospesa, perché le condizioni in cui è commesso il reato sono diverse da quelle di un'ingiustificata aggressione. Il principio comunque è che la pena non si eroga in presenza del dubbio.

Ciò che si è detto a proposito della pena contro il furto, vale anche per le altre pene, perché la *shari'a* rafforzando le pene cerca di impedire i crimini, di stabilire la giustizia e la sicurezza. Nello stesso tempo la *shari'a* si adopera per soddisfare le esigenze dei cittadini attraverso garanzie sociali, elemosina e beneficenza. La *shari'a* obbliga lo stato a prendersi cura dei suoi cittadini garantendo loro una vita dignitosa e un guadagno onesto.

Nel difendere l'onore e la dignità umana, la *shari'a* punisce chi accusa ingiustamente un altro di adulterio o pederastia. Costui viene condannato a 80 frustate perché questo reato tocca l'onore personale e umilia la dignità umana. Inoltre, contribuisce a diffondere turpitudine e odio tra i cittadini. Nello stesso contesto, la *shari'a* condanna il reato dell'adulterio (un rapporto sessuale illecito tra un uomo e una donna, scoperto tramite confessione o attraverso la testimonianza di quattro persone) con la lapidazione se i colpevoli sono sposati, perché essi hanno commesso numerosi reati gravi come il ferimento dell'onore, l'offesa ai sacramenti, la diffusione dell'indecenza, il tradimento del coniuge e l'alterazione dei legami di sangue. Per i non sposati, cento frustate ciascuno, affinché non ripetano questo grave reato nel futuro.

3.3. Il diritto alla libertà di fede, di pensiero e d'opinione

L'Islam stabilisce che la scelta della religione da parte della persona sia un fattore che dipende dal suo convincimento personale. La base di questo convincimento è la libera meditazione e il giusto pensiero. Perciò ogni persona può credere a quello che vuole, e nessuno ha diritto di forzare l'altro ad abbandonare la sua fede o ad abbracciarne un'altra o può impedirgli di compiere le funzioni religiose della propria fede. Dio, l'altissimo, dice nel sacro Corano: «Non vi sia costrizione nella religione», e «Se Dio volesse, tutti gli abitanti della terra sarebbero credenti. Sta forse a te, dunque, costringerli ad essere credenti?». Tuttavia bisogna fare alcune considerazioni quando si parla di libertà di fede nell'Islam:

- La libertà di fede non significa lasciare che le persone credano in ciò che vogliono. Al contrario bisogna invitarle a edificare la loro scelta sul libero pensiero, ma anche su un pensiero esente da leggende e superstizioni, senza mescolare il giusto con l'ingiusto e il sacro col profano. L'Islam ha invitato ad abbandonare il conformismo e a concentrarsi sull'intelletto, onde arrivare in piena indipendenza alla giusta fede e religione. Inoltre, l'Islam esorta i suoi fedeli a dialogare in pace con i seguaci di altre religioni. Dio l'Altissimo dice: «Chiama gli uomini alla via del Signore con saggi ammonimenti e buoni, e discuti con loro nel modo migliore, ché il tuo Signore meglio di chiunque conosce chi dalla Sua via s'allontana, meglio di chiunque conosce i diritti»[4].

- La libertà di fede non significa necessariamente poter costruire luoghi di preghiera e esercitare funzioni religiose non islamiche in una società islamica dove non ci sono molti seguaci di quella religione. Ciò potrebbe portare a squilibrare il sistema sociale. Vietarle può evitare alcuni problemi che si porrebbero se tali funzioni religiose venissero esercitate pubblicamente in una società musulmana conservatrice. Se prendiamo come esempio il Regno dell'Arabia Saudita, troviamo che la costruzione di luoghi di culto per i non musulmani violerebbe l'ordine generale del paese e causerebbe problemi e inquietudini nel mondo islamico, perché il Regno dell'Arabia Saudita è la culla dell'Islam, la *qibla* (direzione della Ka'ba) dei musulmani, e la sua integrità costituisce una protezione dei luoghi santi. Un evento del genere potrebbe ferire i sentimenti dei musulmani in tutto il mondo. Inoltre, non ci sono cittadini sauditi che seguono altre religioni o desiderano esercitare queste diverse funzioni.

- Il musulmano che abbandona la propria religione e ne abbraccia un'altra dichiarandolo in pubblico, è come se si prendesse gioco della religione e la ridicolizzasse. La pena per chi ha cambiato religione è la morte, dopo avergli dato una periodo per ripensarci, perché impegnarsi con la religione significa attenersi alle sue regole. Bisogna discutere con chi ha abbandonato l'Islam per un'altra religione prima di punirlo, per sapere se ha cambiato religione per un'ingiustizia che lo ha colpi-

---

(4) *Ibid.*, XVI, 125.

to, onde questa possa essere rimossa, o per uno specifico obiettivo, onde esaminare la possibilità di realizzarlo senza che abbandoni l'Islam. Per quanto riguarda l'apostasia è necessario aggiungere alcune considerazioni specifiche:
- convertirsi all'Islam senza convinzione, perché costretti, non è giusto e inaccettabile da chiunque;
- l'Islam, tuttavia, è certamente la giusta religione e abbandonarlo dopo che il credente abbia provato la dolcezza della fede accade assai di rado. Altrimenti, se gli apostati dell'Islam costituissero un fenomeno rilevante, non basterebbe certo una punizione ad arginarlo;
- i casi di coloro che abbandonano l'Islam sono rarissimi, e quando avvengono, se avvengono, sono causati da fini non religiosi come la cospirazione contro l'Islam o la mancanza di serietà nel momento in cui si è aderito all'Islam;
- l'Islam è un sistema di vita completo, respingerlo significa respingere tutto un sistema inscindibile nelle sue parti e perfettamente chiaro nelle sue articolazioni;
- una pena severa ha lo scopo di scoraggiare quella categoria di gente che abbraccia l'Islam per ipocrisia oppure per fini d'interesse;
- le persone prima di abbracciare l'Islam sono completamente libere di farlo o no, senza forzature o obblighi.

Per quanto riguarda la libertà di pensiero, l'Islam la considera una delle libertà essenziali per l'uomo. Essa è lo strumento che esprime la libertà della volontà dell'uomo e la sua facoltà di distinguere tra gli opposti: il bene e il male, le virtù e i vizi. La miglior virtù nella vita dell'uomo è la liberazione dalle superstizioni, leggende e tradizioni pagane, e quindi l'uso del cervello e del pensiero in tutti i suoi stadi. Dio, l'altissimo, dice: «Guardate quello che c'è in cielo e sulla terra»[5], poi dice: «chi si ricorda sono coloro che usano la mente». Non vi è dubbio che la libertà di pensare è un tributo d'onore al cervello umano per incoraggiarlo alla continua ricerca, analisi e a conclusioni autonome.

La libertà d'opinione esiste quando la persona può dire ad alta voce la verità e può dare dei consigli riguardanti la sua vita e quella della società in cui vive. Questa libertà deve essere garantita con tutti i mezzi possibili, anche se ciò può essere in contrasto con le opinioni comunemente diffuse nella società.

Per far sì che la libertà d'opinione sia positiva, ci devono essere alcune regole che impediscano il disordine e non compromettano la sicurezza sociale, l'ordine pubblico e non ostacolino la realizzazione

(5) *Ibid.*, X, 101.

della virtù. Queste regole riguardano tutto ciò che è stato affermato dalla religione e concordato da tutti i musulmani nel passato e nel presente. Le questioni secondarie e quelle controverse possono invece essere oggetto di discussione.

Ad esempio, la schiavitù nell'Islam era consentita perché era un fenomeno storicamente molto diffuso nella società araba, oltre che approvato da altre religioni. L'Islam non poteva eliminarla improvvisamente a rischio di causare disordini economici e sociali. Ma l'Islam ha poi limitato i casi in cui la schiavitù era lecita, legittimando la riduzione in schiavitù alla guerra solamente. Inoltre, nell'Islam, la ricompensa per l'affrancamento degli schiavi era molto grande e condizione per l'espiazione di peccati e colpe.

La *shari'a* islamica dopo aver limitato la sua liceità e incoraggiato l'affrancamento degli schiavi, ha delegato la questione della schiavitù allo stato islamico che può decidere se è opportuno applicarla o vietarla a seconda delle condizioni di vita dei musulmani e per il bene della società. Attualmente la schiavitù è diventata illecita secondo tutti i trattati e gli accordi internazionali, come anche è sparito il motivo per il quale era ammessa durante i primi anni della vita del Profeta. Basandosi sullo spirito della *shari'a* e i suoi traguardi, il sistema della schiavitù si è chiuso concretamente e, grazie a Dio, non esiste più se non in casi rari. Nel Regno dell'Arabia Saudita, il Re Faysal ibn Abd al-Aziz al-Sa'ud ha ordinato di eliminare il sistema della schiavitù circa quarant'anni or sono, anche se all'epoca di fatto non fosse ormai più praticata.

4. La posizione della donna nell'Islam

La questione della posizione della donna nell'Islam e nelle altre religioni è una delle questioni più delicate e più soggetta a discussioni, a causa delle diverse opinioni ed evoluzioni storiche, filosofiche e sociali che la circondano.

La donna occidentale non poteva arrivare alla libertà che gode attualmente senza una lunga lotta, sforzi costanti e grandi sofferenze. Essa, infatti, è stata costretta ad affrontare molti sacrifici, abbandonando tanti dei suoi diritti naturali, per ottenere la libertà e l'uguaglianza con l'uomo. Nonostante tutti questi sacrifici e queste sofferenze, non ha ancora raggiunto ciò che la legge celeste decretata dall'Islam ha stabilito per lei.

I diritti ottenuti attualmente dalla donna non le sono stati concessi volontariamente da parte dell'uomo. Al contrario ha raggiunto questi diritti con la forza e attraverso metodi non naturali. La donna occidentale è uscita dall'ambiente domestico alla fine del XVII secolo perché serviva forza militare nelle guerre e manodopera nelle fabbriche, rispondendo alle condizioni della rivoluzione industriale. Essa dovette lavorare molte ore fuori di casa, sacrificando così la stabilità della vita domestica e i diritti dei bambini, dei mariti e dei genitori in un'atmosfera familiare tranquilla volta a mantenere la stabilità psicologica e conservare i valori della famiglia, come la collaborazione, l'affetto e la compassione.

L'Islam ha stabilito che la donna è una creatura onorata, uguale all'uomo e che non ci sono differenze tra uomo e donna nei diritti, doveri e responsabilità verso la libertà di scelta e la possibilità di assumersi la responsabilità di tale scelta.

Le religioni che hanno preceduto l'Islam hanno limitato i diritti della donna, considerandola un corpo senz'anima, come nelle società cristiane fino alla fine del Medioevo, o considerandola la causa della disgrazia dell'umanità, come dice la religione ebraica riformata, o considerandola come una creatura incompleta ma necessaria, oppure come uno scarto da commercializzare nei mercati, o come un essere privo di capacità giuridica. Queste erano le sue condizioni prima dell'avvento dell'Islam. Ma l'Islam le ha ridato la sua posizione, stabilendo la sua piena capacità e i suoi diritti.

Onorare la donna significa preservare la sua natura femminile, garantendo il suo onore contro qualsiasi umiliazione da parte dell'uomo onde non diventare una merce. Perciò l'Islam le ha chiesto di proteggere la sua bellezza dagli apprezzamenti, di non mostrarla agli occhi degli uomini che non siano suoi parenti, e di mantenere un carattere nobile senza rischiare di essere vittima delle chiacchiere che servono agli scopi degli uomini.

La donna è la madre dell'uomo, la moglie, la sorella e la figlia. Perciò occorre consolidare questo legame sociale e umano tra loro e collaborare per trovare una vita giusta in comune. La donna è stata messa prima dell'uomo in alcune situazioni, prevenendo i diritti dell'uomo, come nel caso della madre che deve essere rispettata e servita dai figli. Dio ha detto: «Il paradiso è sotto i piedi delle madri», il che significa che il figlio deve seguire le orme della madre obbedendola e servendola per essere ammesso al paradiso.

L'Islam ha diviso le funzioni sociali tra l'uomo e la donna in maniera idonea alla loro natura fisica, per garantire l'evoluzione della società e la sua integrità. Sia l'uomo che la donna svolgono lavori che non sarebbero idonei all'altro. Quindi il ruolo di entrambi completa quello dell'altro, senza che nascano conflitti o scontri.

Di conseguenza, la divisione dell'eredità nell'Islam è diversa. All'uomo spetta una quota pari a quella di due donne, perché le spese che affronta l'uomo e la sua responsabilità nel mantenimento della casa e nel lavoro sono maggiori; mentre la donna è libera dagli impegni del lavoro e dalla difficoltà di dover svolgere contemporaneamente sia un'attività di lavoro che l'educazione e l'assistenza del nucleo familiare.

Naturalmente questo non significa che la donna non possa lavorare fuori della propria casa. Essa lo può fare, se ciò non influisce negativamente sulla stabilità e la felicità della famiglia. Il suo ambiente di lavoro deve essere, tuttavia, idoneo alla sua reputazione e alla sua dignità, senza molestia da parte degli uomini e senza esibizionismo da parte sua.

Questa singolare situazione della donna ha indotto molti occidentali a interpretare in modo errato il ruolo della donna nell'Islam e nella società islamica. Non c'è dubbio che la donna e l'Islam stesso continuino a soffrire dell'immagine caricaturale e negativa trasmessa senza posa dai mezzi di comunicazione occidentali. Questa immagine riflette uno spirito parziale e riduttivo, invece che uno neutrale e inteso a ricercare la verità.

7. Islam e diritti umani: un punto di vista occidentale

di Edward Mortimer[1]

Costituisce l'Islam un ostacolo alla promozione dei diritti umani e dei valori democratici in Medio Oriente, o più in generale nel mondo islamico? Se la risposta è affermativa, qual è la natura del problema, e quali soluzioni si possono suggerire?

Questi quesiti sono solo un piccolo esempio di una più ampia serie di domande che, insieme, costituiscono uno dei grandi temi di discussione del nostro tempo, non solo per i musulmani, ma per il mondo in generale: mi riferisco al tema dell'universalismo contro il relativismo.

Prima di considerare i problemi specifici che nascono, o possono nascere, dal tentativo di conciliare la fede musulmana con i valori universali della democrazia e del rispetto dei diritti umani, è opportuno domandarsi se questi valori siano veramente universali. Per rispondere a questa domanda bisogna considerare le due nozioni di «democrazia» e «diritti umani» separatamente[2].

1. Diritti umani: valore universale?

Delle due nozioni appena menzionate, quella dei «diritti umani» ha più pretese di universalità. La «democrazia» è, infatti, riconosciuta sin dall'antichità come una possibile forma di governo tra molte. Al contrario, l'idea stessa di «diritti umani», per coloro che vi credono, impli-

---

(1) Capo dell'Ufficio dello *speech-writer* del Segretario Generale delle Nazioni Unite, New York.

(2) Questo scritto è la prima parte di una presentazione fatta dall'autore a Chatham House a Londra il 1° febbraio 1999 in occasione della seconda *Peter Mansfield Memorial Lecture*. Il testo è stato publicato in inglese da *Middle East International*, 26 febbraio, 1999, che ha gentilmente acconsentito alla sua traduzione e pubblicazione in italiano. Mentre la parte qui pubblicata tratta dei diritti umani, quella non pubblicata tratta della democrazia.

ca il concetto di universalità. La caratteristica che li rende diritti *umani*, è proprio il fatto di riferirsi a tutto il genere umano, indipendentemente da differenze di religione o cultura. La loro origine intellettuale si può ritrovare nell'idea di una natura umana universale e, quindi, nell'esistenza di una legge naturale.

Di conseguenza, non sorprende che la Carta delle Nazioni Unite esprima la determinazione della popolazione mondiale «ad affermare la fede nei diritti umani fondamentali, nella dignità dell'essere umano». O, ancora, non soprende che l'articolo I della stessa Carta, elenchi fra i suoi obiettivi quello della cooperazione internazionale «nella promozione del rispetto per i diritti umani e per le libertà fondamentali, senza distinzione di razza, sesso, lingua o religione». Questa determinazione e questo obiettivo, almeno in linea teorica, sono stati ratificati da ciascuno dei 185 stati membri dell'Onu.

La Dichiarazione universale dei diritti dell'uomo, nonostante il nome, non sembra invece riscuotere lo stesso grado di accettazione universale. Non si può negare che, quando fu adottata dall'Assemblea Generale nel 1948, nessuna delegazione votò in modo contrario; e che la maggior parte degli stati che all'epoca si astennero o i loro successori, l'hanno di fatto accettata successivamente. Mi riferisco a stati come il Sud Africa e ai membri del blocco sovietico. L'attuale Segretario Generale dell'Onu ha anche dichiarato, in un discorso presentato in occasione del cinquantesimo anniversario della Dichiarazione, il 10 dicembre 1997, che la Dichiarazione «fu il risultato del lavoro di un gruppo di esperti, la maggior parte dei quali proveniva dal mondo non occidentale».

Tuttavia, bisogna essere cauti con queste affermazioni. Gli esperti, infatti, potevano essere rappresentativi da un punto di vista strettamente geografico, ma si incontrarono in un momento di massimo potere e influenza nel mondo dell'Occidente, sia dal punto di vista politico che culturale. In quest'ottica, è giusto chiedersi quanto fossero rappresentativi delle culture e delle tradizioni delle rispettive aree di provenienza. Il rappresentante iraniano, ad esempio, era un illustre giurista, ma aveva studiato con René Cassin in Francia e non con uno dei principali *marajé* sciiti dell'epoca. Suo fratello diventò in seguito il fedele Primo ministro dello Scià.

Considerato questo esempio, non è forse così sorprendente che il regime post-rivoluzionario iraniano abbia mostrato un'attitudine ambivalente nei confronti della Dichiarazione universale. Nel 1984 il rappresentante iraniano dichiarò alla Terza Commissione dell'Assemblea Generale dell'Onu, che la Dichiarazione «rappresentava un'interpretazione secolare della tradizione giudeo-cristiana» e che, in conseguenza, «non poteva essere ratificata dai musulmani e non si accordava con il sistema di valori riconosciuto dalla Repubblica Islamica dell'Iran». «Il suo paese» aggiunse «non avrebbe quindi onorato i suoi presupposti».

Fra gli stati che si erano astenuti nel 1948 ve n'è uno che da allora non ha mai cambiato posizione. Stiamo parlando dell'Arabia Saudita, uno degli stati musulmani che all'epoca aveva meno subito l'influenza occidentale. Il delegato saudita condannò il testo della Dichiarazione proprio per il fatto che era stata concepita sotto l'influenza occidentale e «non si conformava ai modelli culturali degli stati orientali». Più specificatamente, dichiarò che il principio di libertà religiosa violava la legge islamica. Questa affermazione provocò la rapida risposta dal rappresentante del Pakistan che, al contrario, sostenne l'inequivocabile approvazione islamica della libertà di fede.

Questo dibattito continua fino ad oggi ad occupare e dividere il mondo islamico. Nel 1990 i ministri degli esteri dei paesi partecipanti all'Organizzazione della Conferenza Islamica approvarono quella che poi divenne nota con il nome di «Dichiarazione del Cairo» sui diritti umani nell'Islam. Il ministro degli esteri saudita presentò questa dichiarazione a Vienna in occasione della Conferenza Mondiale sui diritti umani del 1993, come documento rappresentante la posizione consensuale del mondo musulmano sul tema dei diritti umani. L'episodio è interessante per due motivi.

Il primo motivo è che la Dichiarazione del Cairo, se da un lato si discosta dalla Dichiarazione dell'Onu per alcuni aspetti importanti, dall'altro, con la sua stessa esistenza e il suo titolo, è la conferma che anche i governi islamici più conservatori accettano di fatto il concetto alla base dei diritti umani.

Il secondo motivo è che, sia Iran che Arabia Saudita, nonostante avessero iniziato la Conferenza di Vienna negando l'universalità dei diritti umani e reclamando la specificità dell'Islam, hanno alla fine cambiato approccio. I governi dei due paesi, infatti, asseriscono che i diritti umani sono sicuramente universali. È solo nella loro applicazione che bisogna considerare «la diversità delle società» con i «vari retaggi storici, culturali e religiosi e i diversi sistemi legali».

2. Diritti umani: espressione dell'Occidente?

Per rigore storico bisogna specificare a questo punto che la Dichiarazione universale non è così secolare come normalmente si crede. Il primo articolo che recita «gli esseri umani sono dotati di intelletto e coscienza e devono agire l'uno verso l'altro con spirito di fratellanza», tradisce le sue origini cristiane. I cristiani sono anche stati molto attivi nel promuovere quelli che poi vennero considerati gli articoli «socialisti» della Dichiarazione, ovvero quelli che asseriscono che gli esseri umani hanno il diritto alla sicurezza sociale, al lavoro, «a vacanze remunerate» e ad un adeguato livello di vita.

È un fatto innegabile che il modello della Dichiarazione universale sia più debitore dei modelli occidentali di quanto non lo sia delle tradizioni di altre parti del mondo. Inoltre, è ancora più difficile negare che il percorso storico che portò alla Dichiarazione in quel preciso periodo storico e in quella forma, sia rintracciabile principalmente nella storia occidentale e nella dominazione che l'Occidente estese sul resto del mondo nei due secoli precedenti.

Si possono tuttavia concedere queste due obiezioni senza negare il fatto che la Dichiarazione abbia avuto una grande risonanza a livello mondiale. Alcuni stati hanno forse aderito solo formalmente, ma quasi ovunque, anche nella maggioranza, se non in tutti i paesi musulmani, troviamo menzionati i diritti umani universali da parte di coloro che si oppongono all'oppressione.

I concetti principali della Dichiarazione sono atti ad esercitare una grande attrazione, perché hanno origine nella natura stessa dell'essere umano. A nessuno piace essere torturato o imprigionato arbitrariamente, qualunque sia la sua cultura, religione o sesso. Chiunque subisse un simile trattamento, avendone la possibilità, reagirebbe contestando il suo persecutore.

Nel caso specifico dell'Islam, il diritto dato dalle scritture a reagire all'ingiustizia e all'abuso di potere è senz'altro chiaro. Il Corano e i *hadith* sono pieni di condanne rivolte alla corruzione, crudeltà e ingiustizia del regime pre-islamico della Mecca e di prescrizioni per una nuova comunità di credenti, donne e uomini, uguali dinanzi a Dio e legati l'un l'altro da amore e solidarietà fraterni. La maggior parte dei musulmani interpreta la propria religione come un messaggio di liberazione, tolleranza, misericordia e giustizia sociale. Quanti di loro mettano poi in pratica questi insegnamenti, può essere oggetto di discussione, ma, allo stesso modo, si potrebbero mettere in dubbio le pratiche degli aderenti a qualsiasi fede.

Naturalmente esistono testi e tradizioni che vengono usati per giustificare pratiche oppressive, particolarmente nei riguardi delle donne e delle minoranze non musulmane, come anche esistono delle pene legali che sono considerate al giorno d'oggi come inumane e crudeli. Per ognuna di queste pratiche si possono trovare esempi di pensatori musulmani del XX secolo che le ritengono pratiche non veramente imperative nell'Islam o, almeno, non nella situazione odierna, dove il continuarle, o addirittura il riprenderle dopo che sono cadute in disuso, sarebbe contrario allo spirito dell'Islam così come da loro concepito. Allo stesso tempo ci sono altri musulmani, spesso definiti come conservatori o fondamentalisti, che sostengono che qualsiasi proibizione o ingiunzione è assoluta e immutabile in quanto prescritta dal Corano stesso, parola di Dio. Tra questi ultimi, alcuni sentono la necessità di spiegare perché una tale pratica è in verità più giusta o più atta ad indicare il percorso verso la vera libertà rispetto alle idee esistenti in epoca contemporanea in Occidente. Altri ancora non sentono alcun bisogno di ricorrere a tali apologie.

3. L'importanza del dialogo

Molti convegni sono stati dedicati a questo genere di argomentazioni, spesso su iniziativa di studiosi occidentali che sentono la necessità di stimolare un dialogo fra l'Islam e l'Occidente, o che cercano di stabilire se l'Islam sia compatibile con i diritti umani così come sono stabiliti internazionalmente. Ho partecipato a molti di questi incontri e sono arrivato alla conclusione che sono utili per due ragioni.

La prima ragione è che i partecipanti occidentali vengono spesso convinti dell'erroneità della loro premessa al dialogo, che postula «Islam» e «Occidente» come due entità internamente coerenti e in qualche modo equivalenti, che cioé intraprendono un dialogo come fossero due imperi che mandano emissari per negoziare i termini di una coesistenza pacifica. In verità sono entrambe astrazioni. Certamente, qualcuno trova utile descriversi come appartenente ad una delle due entità. Tuttavia, un gran numero di persone, forse più grande di quanto non si pensi, si considera come appartenente ad entrambe. Nessuno dei due mondi è statico e non influenzato dall'altro.

In passato le influenze islamiche hanno contribuito largamente a formare quello che oggi consideriamo l'Occidente. In tempi più recenti, l'influenza occidentale sull'Islam è stata enorme, fino al punto che i musulmani, e includo la maggior parte dei cosiddetti fondamentalisti, considera oggi la sua fede in un modo che non sarebbe neanche pensabile senza l'intromissione occidentale.

In breve, «Islam» e «Occidente» sono due entità i cui confini sono indefiniti e spesso sovrapposti. Il loro preciso significato dipende da chi parla. «Islam» è forse la più definita delle due, essendo una religione con le sue scritture e la sua storia. Descrivere un individuo come musulmano è meno soggettivo che descriverlo come occidentale. Se però ci lasciamo alle spalle il problema delle definizioni e accettiamo che entrambi i termini di Islam e Occidente abbiano un qualche significato, dobbiamo comunque essere consci del fatto che essi sono caratterizzati da grande diversità e dibattito interno. Il dibattito nel mondo islamico è stato, ed è tutt'ora, influenzato dall'Occidente. Da parte loro i musulmani, seppure in modo minore, svolgono un ruolo crescente nel dibattito interno all'Occidente.

Un altro modo di concepire i due termini è di intenderli come territori. «L'Occidente» è dopotutto un'espressione geografica. «L'Islam» ovviamente no, ma si può parlare di «mondo musulmano» o, in termini più tradizionali, *Dar al-Islam*, ovvero i paesi governati da musulmani, o nei quali i musulmani sono la maggioranza. Se, per un momento, accettassimo questo approccio geografico, noteremmo che il dibattito su queste questioni politiche e religiose è di gran lunga meno soggetto a limitazioni in Occidente, che nel mondo musulmano. Noteremmo, inoltre, che buona parte dei maggiori periodici musulmani sono pubblicati in Occidente, dove risiede anche un numero considerevole di intellettuali musulmani.

Questa considerazione porta al secondo motivo dell'utilità di seminari ed incontri per facilitare il dialogo tra l'Islam e l'Occidente. Infatti, questi incontri offrono un'importante occasione di libertà e sicurezza in cui può svilupparsi un dibattito fra musulmani. Qualcuno direbbe che, affermando ciò, rischio di dare l'impressione che la maggior parte dei musulmani che partecipano a questi incontri non sia in realtà rappresentativa o significativa. Troppo spesso, infatti, essi non possono avere uno spazio nei loro rispettivi paesi dove hanno ormai subito una sconfitta di fronte ai fondamentalisti. Secondo questa argomentazione, sono solo i liberali occidentali, generosi di cuore come me, che prestano attenzione a questi musulmani, rifiutandosi di confrontare la dura realtà dello «scontro di civiltà».

Questo argomento non è accettabile. In primo luogo, credo infatti che quello che i musulmani dicono e pensano in Occidente sia importante, poiché essi hanno un importante ruolo da svolgere nella vita dei paesi occidentali. Quando, ad esempio, il mufti di Marsiglia dichiara che «il linguaggio allegorico della religione permette una rinnovata interpretazione ogni qualvolta un credente ne senta la necessità», e che «questo è il segreto della longevità della religione», la considero una dichiarazione altamente politica, nonostante l'opposizione, con ogni probabilità, degli Shaykh di al-Azhar. È importante che i musulmani nell'Europa occidentale, o almeno alcuni fra loro, inizino a pensare in questi termini. È importante per la società europea e ho il sospetto che nel lungo periodo sarà importante anche per la società musulmana.

In secondo luogo, non bisogna sottovalutare la gravità della situazione nel mondo musulmano. La lotta per la libertà d'espressione, la libertà di coscienza e i diritti della donna, è portata avanti coraggiosamente in molti paesi musulmani, ovunque la situazione politica lo consenta. Un esempio possono essere i diffusi e variegati movimenti della società civile in Iran, che recentemente hanno costretto l'*establishment* governativo a sconfessare e addirittura ad arrestare i suoi stessi uomini, pagati per assassinare alcuni intellettuali liberali di spicco. Un altro esempio è il movimento in supporto di Anwar Ibrahim in Malaysia, che ha costretto il Primo ministro Mahatir Muhammad a ritirare alcune delle accuse più grottesche e, addirittura, ad aprire un'inchiesta sui maltrattamenti subiti da Anwar in prigione, che inizialmente erano stati liquidati come auto-inflitti. Ma ci sono molti altri esempi.

Sezione III

Il Golfo: sicurezza e approvvigionamenti

8. La sicurezza nel Golfo e la politica saudita

di Uthman Y. al-Rawaf[1]

Per comprendere la politica saudita nel Golfo e l'interesse saudita rispetto alla sicurezza della regione, bisogna risalire agli inizi degli anni sessanta. Tuttavia, è solamente agli inizi degli anni ottanta che la questione della sicurezza nel Golfo è divenuta una questione di primaria importanza per l'Arabia Saudita e gli altri cinque stati del Consiglio di Cooperazione del Golfo (Ccg), Bahrain, Kuwait, Oman, Qatar e Emirati Arabi Uniti (Eau). Tre ragioni sono state individuate all'origine delle preoccupazioni di tali paesi a partire dall'epoca in questione. La prima è relativa alle conseguenze della rivoluzione iraniana; la seconda concerne la guerra tra Iran e Iraq; la terza riguarda l'invasione del Kuwait da parte delle truppe irachene nell'agosto 1990. Otto anni dopo la liberazione del Kuwait, la questione della sicurezza nel Golfo continua a rappresentare un interesse vitale per tutti gli stati del Ccg, mentre un nuovo problema si è sviluppato per quanto riguarda la politica del Golfo, del Medio Oriente e dell'Occidente, ovvero la questione o crisi irachena, dal momento che parte delle truppe americane sono ancora presenti nel Golfo con funzione deterrente nei confronti dell'Iraq e, in misura minore, per impedire che l'Iran metta in pericolo la sicurezza e la stabilità del Golfo.

Quali sono il punto di vista e la politica saudita nei confronti della sicurezza e della stabilità del Golfo? Si può meglio rispondere a tale domanda esaminando le politiche e la posizione dell'Arabia Saudita nei confronti dell'Iraq, dell'Iran e degli Usa, in tutte le questioni di rilievo concernenti il Golfo.

1. La politica saudita nei confronti dell'Iraq

Due sono le ragioni dell'insoddisfazione dell'Arabia Saudita rispetto alla politica attuata nel Golfo dall'Iraq negli anni sessanta e nella prima metà degli anni settanta. Nel giugno 1961 il governo iracheno

---

(1) Università Re Sa'ud e membro del Consiglio Consultivo (*Majlis al-Shura*), Riyadh.

guidato dal generale Abd al-Karim al-Qassim, rivendicò la sua sovranità sul Kuwait. Truppe irachene furono inviate per invadere il Kuwait, ma grazie alla pressione della Gran Bretagna, dell'Arabia Saudita e dell'Egitto, furono costrette a ritirarsi. Sebbene il governo del partito *Ba'ath*, che rovesciò il regime di al-Qassim nel 1963, avesse rinunciato alle rivendicazioni irachene nei confronti del Kuwait, le truppe irachene varcarono la frontiera con il Kuwait nel marzo 1973, nel tentativo di prendere il controllo delle isole kuwaitiane di Bubian e Warba. Tuttavia, il governo iracheno dopo aver ricordato al Kuwait e ai paesi minori del Golfo che l'Iraq era una potenza regionale di primo ordine ritirò le proprie truppe.

Il 9 aprile 1972, l'Iraq aveva firmato un trattato di amicizia e cooperazione con l'Urss della durata di quindici anni. Ciò fu un elemento ulteriore di disapprovazione da parte dell'Arabia Saudita nei confronti della politica irachena. Secondo l'ottica saudita, l'Urss costituiva all'epoca una delle principali minacce potenziali per la sicurezza nel Golfo. I sovietici stavano cercando di guadagnare influenza nel Golfo e le loro navi divennero all'epoca più attive nell'Oceano Indiano rispetto al Mediterraneo. Uno dei fini principali della politica saudita nel Golfo durante tale periodo fu quello di impedire che si diffondesse nell'area un'influenza sovietica. Tale politica ha generato una certa tensione con l'Iraq filosovietico nella sua fase di rivoluzione socialista. Bisogna tuttavia notare che le politiche conflittuali di Arabia Saudita e Iraq rispetto al Golfo, negli anni sessanta e settanta, furono tenute sotto controllo e non hanno mai portato ad un conflitto aperto tra i due paesi. In realtà esistevano diversi segnali di amicizia tra i due paesi, come le visite reciproche di capi militari e politici.

Lo scenario globale delle politiche relative al Golfo è cambiato drammaticamente negli anni ottanta. Dopo la rivoluzione iraniana, tutti i paesi del Ccg, in particolar modo l'Arabia Saudita e il Kuwait, hanno sostenuto l'Iraq nella guerra di lunga durata con l'Iran. Il leader iracheno Saddam Hussein ha ammesso in diverse occasioni, davanti ai funzionari sauditi e kuwaitiani, che senza l'aiuto dell'Arabia Saudita e del Kuwait, l'Iraq avrebbe subito una sconfitta militare rilevante da parte dell'Iran. Dopo la fine della prima guerra del Golfo, il governo iracheno, con una mossa inattesa, si è volto contro i due stati senza il cui aiuto e sostegno l'Iraq avrebbe perso la guerra con l'Iran due anni dopo il suo stesso inizio. Nell'agosto 1990 le truppe irachene hanno occupato il Kuwait e nel febbraio 1991 il Kuwait è stato liberato da una coalizione di forze internazionali capeggiata dall'esercito americano. All'epoca si pensò che il regime iracheno sarebbe caduto rapidamente dopo la dura sconfitta del 1991. Ma otto anni dopo il leader iracheno si trova ancora al comando del paese. Egli è sopravvissuto ad alcuni attacchi americani, incluso l'ultimo attacco di rilievo da parte degli Usa e della Gran Bretagna, che ha avuto luogo nel dicembre 1998. Qual è la politica saudita nei confronti dell'attuale situazione in Iraq?

Il governo iracheno ha rifiutato ripetutamente di accettare alcune importanti risoluzioni delle Nazioni Unite e di adempiere agli obblighi internazionali connessi con la sua aggressione del Kuwait.

La provocazione che ha portato all'ultimo attacco americano e britannico contro l'Iraq, il rifiuto dell'Iraq di cooperare con le Nazioni Unite, l'abbandono da parte del Ministro degli Esteri iracheno dell'incontro dei ministri degli esteri arabi tenutosi al Cairo nel gennaio 1999, e le sue critiche al ben equilibrato comunicato emanato alla conclusione della conferenza, hanno mostrato che nessun tipo di cambiamento ha avuto luogo quanto alla mentalità politica e all'inflessibilità del leader iracheno Saddam Hussein. Nel valutare le sue intenzioni politiche possiamo ragionevolmente supporre che il leader iracheno, considerati il suo comportamento precedente e i danni causatigli dall'operazione militare *Desert Storm*, non perderebbe alcuna occasione per vendicarsi e scatenare una rappresaglia nei confronti del Kuwait e dell'Arabia Saudita. Di fatto, l'Iraq ha ripetutamente minacciato l'Arabia Saudita e il Kuwait. Fino a quando Saddam Hussein resterà al potere, è molto probabile che la percezione delle intenzioni di ritorsione da parte dell'Iraq resterà immutata per l'Arabia Saudita e per il Kuwait. La politica saudita nei confronti dell'Iraq può essere perciò sintetizzata secondo i punti seguenti:

1) il governo iracheno deve accettare tutte le risoluzioni delle Nazioni Unite concernenti la sua aggressione del Kuwait;

2) il governo iracheno deve presentare le sue scuse, in maniera esplicita, per l'occupazione del Kuwait e dichiarare il proprio rammarico per aver attaccato il popolo kuwaitiano. L'Iraq deve inoltre abbandonare le proprie rivendicazioni sul Kuwait con una dichiarazione ufficiale esplicita e non ambigua;

3) l'Arabia Saudita peraltro si oppone ad ogni azione che possa mettere a rischio la sovranità dell'Iraq e l'integrità del suo popolo;

4) l'Arabia Saudita non permetterà a nessuna potenza straniera di usare i propri territori per condurre attacchi contro l'Iraq;

5) l'Arabia Saudita rifiuta di partecipare o di essere coinvolta in qualunque trama volta a rovesciare Saddam Hussein;

6) l'Arabia Saudita è conscia della tragedia del popolo iracheno e simpatizza con quest'ultimo. Inoltre, il governo saudita si è posto alla guida delle iniziative arabe e internazionali per organizzare un'assistenza

umanitaria continuativa al popolo iracheno (ma la sua iniziativa è stata rifiutata dal governo iracheno).

2. La politica saudita nei confronti dell'Iran

Se rivolgiamo la nostra attenzione verso l'Iran, possiamo notare che, a differenza dell'Iraq, durante gli anni sessanta e settanta questo paese ha assunto una posizione antisovietica nel Golfo. Tale fattore ha preparato la strada per una mutua comprensione tra l'Arabia Saudita e l'Iran, basata sulla loro opposizione all'influenza comunista nella regione. Tuttavia, alcune frizioni si sono verificate tra i due paesi durante il periodo dello Scià, principalmente in rapporto a quattro questioni. La prima riguardava la decisa opposizione dell'Arabia Saudita alle rivendicazioni iraniane sul Bahrain. La seconda concerneva l'opposizione saudita all'occupazione iraniana delle isole Tunb, appartenenti agli Emirati Arabi Uniti, nel novembre 1971. La terza questione riguardava il rifiuto da parte dell'Arabia Saudita di accettare l'argomentazione portata dallo Scià, dopo il ritiro degli inglesi dal Golfo nel 1971, secondo cui l'Iran, essendo la più forte potenza regionale, avrebbe dovuto essere il principale responsabile della sicurezza nel Golfo. La quarta questione derivava dall'insoddisfazione del governo saudita in rapporto alle relazioni dello Scià con Israele e alla sua cooperazione con tale paese.

Dopo la rivoluzione iraniana del 1979, le minacce per la sicurezza di tutti gli stati arabi del Golfo si sono accresciute drammaticamente. Non solo l'Iran era determinato ad esportare la rivoluzione islamica nei paesi arabi del Golfo, ma esso era anche attivamente impegnato nel tentativo di rivoluzionare e mobilitare certi segmenti della popolazione sciita del Golfo oltre che nell'appoggio offerto praticamente a tutti i gruppi radicali del Medio Oriente. In conseguenza al finanziamento dell'Iraq da parte degli stati membri del Ccg durante la guerra tra Iran e Iraq, l'Iran per ritorsione attaccò le petroliere dei paesi arabi del Golfo, mirando in particolare ai carichi di petrolio kuwaitiani. Ciò ha portato la marina statunitense, presente nel Golfo, a permettere che fosse cambiata la registrazione nazionale di bandiera delle navi kuwaitiane[2].

I capi rivoluzionari di Tehran durante gli anni ottanta hanno frequentemente utilizzato il pellegrinaggio musulmano alla Mecca, per diffondere i propri messaggi radicali. I pellegrini iraniani hanno ripetutamente tentato di usare le riunioni religiose al fine di tenere raduni

---

(2) L'autore si riferisce ad un episodio avvenuto tra il 1987 e il 1988, nella fase finale della guerra Iran-Iraq (NdC).

politici di massa per protestare contro i governi occidentali. Gli iraniani che manifestavano la loro protesta si scontrarono con i servizi di sicurezza sauditi durante i pellegrinaggi del 1982, 1987, 1993, e in altre occasioni. L'incidente più grave ebbe luogo durante il pellegrinaggio del 1987, quando diverse centinaia di persone da entrambe le parti rimasero uccise.

Attualmente il potenziale militare dell'Iran è il più alto del Golfo. La stima delle forze armate iraniane è di circa mezzo milione di uomini, oltre a una dotazione di mezzi di artiglieria, carri armati e missili che è di gran lunga la più ampia. L'Iran possiede anche un largo numero di aerei da combattimento ed elicotteri armati. La minaccia effettiva del potenziale militare iraniano è sottolineata dalla produzione di armi di distruzione di massa.

Se ci si basa sulla valutazione delle intenzioni, possiamo comunque sostenere che per l'Arabia Saudita e gli altri stati del Ccg l'Iran rappresenta una minaccia potenziale minore rispetto all'Iraq. Tale percezione, basata su alcuni segnali di moderazione manifestatisi nei primi anni novanta, è fortemente confermata dall'elezione del leader iraniano moderato Khatamy. È comunque molto difficile sapere quanto egli possa contrastare i gruppi radicali e rafforzare la sua politica moderata nei confronti degli stati del Ccg.

3. La politica Usa nel Golfo

Poco dopo la fine della guerra tra Iran e Iraq, quando la tensione nel Golfo sembrava essersi ridotta a livelli minimi, il leader iracheno sorprese il mondo con l'invasione e l'occupazione del Kuwait nell'agosto 1990. Per la prima volta dopo la loro indipendenza, gli stati arabi furono coinvolti in una guerra attiva l'uno contro l'altro. Le conseguenze della guerra del Golfo rispetto alle politiche sia del Medio Oriente che del Golfo, furono tremende.

La crisi del Golfo dimostrò quanto fossero vulnerabili gli stati del Ccg e come la minaccia regionale a questi stati da parte dell'Iraq e dell'Iran non fosse una questione di supposizioni teoriche o accademiche, bensì una realtà effettiva. Una minaccia reale è pericolosamente emersa dall'interno stesso del Golfo, e il sostegno internazionale per la sicurezza è dovuto venire da migliaia di kilometri di distanza. A partire da allora, le preoccupazioni dei paesi del Ccg per le questioni di sicurezza hanno raggiunto un livello senza precedenti, e la loro dipendenza dalle forze degli Usa e, in misura minore, da quelle britanniche per la propria protezione, è incredibilmente aumentata. Alcuni dei paesi minori del Ccg hanno firmato degli accordi congiunti di difesa con gli Usa. Tutti gli stati del Ccg hanno ritenuto necessario di accettare una qualche forma di intesa militare con le forze statunitensi dell'area per difendersi.

Gli interessi americani nel Golfo sono sia economici che strategici. Nel Golfo si trovano le maggiori riserve di petrolio accertate a livello mondiale. L'Arabia Saudita in particolare continuerà a produrre petrolio per un lungo periodo dopo l'esaurimento della produzione petrolifera in molti altri paesi che possiedono riserve. È comunque importante sottolineare che la politica saudita rispetto al Golfo concepisce la presenza delle forze statunitensi come una necessità difensiva temporanea. Sul lungo periodo, l'obiettivo della politica saudita nel Golfo è quello di stabilire delle solide fondamenta per la pace e la cooperazione tra gli stati del Ccg, e sia con l'Iraq che con l'Iran.

A causa del perdurante sostegno degli americani a Israele, la presenza di truppe americane nel Golfo sta causando molte difficoltà agli stati del Ccg per quanto riguarda le loro politiche rispetto agli altri stati arabi. Negli anni ottanta, il governo americano aveva tentato di distinguere tra la sua politica nel Golfo e la sua posizione rispetto al conflitto arabo-israeliano. Tuttavia, dopo la crisi del Golfo nel 1990-91, questa distinzione è risultata sempre più difficilmente sostenibile. Poco dopo la fine della crisi, il governo statunitense ha lanciato la sua celebre iniziativa di pace, ma Washington appare incapace di esercitare pressioni sufficienti su Israele. Allo stesso tempo, il governo americano ha cercato di influenzare alcuni stati arabi, tra cui l'Arabia Saudita, per normalizzare le relazioni con Israele. Sebbene l'Arabia Saudita sostenga il processo di pace, essa continua a rifiutare il coinvolgimento in ogni normalizzazione diplomatica, politica o economica con Israele. La posizione saudita non muterà fino a quando non si sarà raggiunta una soluzione accettabile della questione medio-orientale. Se questa soluzione non sarà possibile, la presenza delle truppe americane nel Golfo causerà problemi ulteriori per i paesi del Ccg e nel mondo arabo-musulmano.

Di conseguenza, l'Arabia Saudita e gli altri paesi del Ccg potrebbero trovarsi costretti a cercare un'alternativa per quanto riguarda le intese volte alla difesa e alla sicurezza. A tal proposito l'attenzione va immediatamente al ruolo dell'Europa. Ma può l'Europa prendere il posto degli Usa nella difesa degli stati del Ccg contro ogni minaccia esterna? L'Europa ha la volontà di assumere tale ruolo? E cosa dire degli interessi europei sia in Iraq che in Iran? Sono tutte questioni cui si deve rispondere prima di valutare il ruolo dell'Europa nella sicurezza del Golfo. Ciò che invece possiamo dire al momento attuale è che l'Europa sembra più capace degli Stati Uniti di svolgere un ruolo attivo nel ridurre quelle tensioni, legate alla sicurezza nel Golfo, che sono causate ai paesi del Ccg dalle minacce irachene e iraniane.

9. Gli Usa, l'Europa e la sicurezza del Golfo
di F. Stephen Larrabee[1]

1. Mutamenti nell'agenda dei rapporti transatlantici

La questione della sicurezza nel Golfo e del suo ruolo nelle relazioni tra Usa e Europa, va collocata entro il contesto più ampio dei cambiamenti importanti che si sono verificati nell'agenda dei rapporti transatlantici a partire dalla fine della guerra fredda. Durante la guerra fredda, l'agenda transatlantica era presa in maniera predominante dalle questioni europee. Le questioni «fuori area», in particolare quelle connesse con il Golfo, svolgevano nell'ambito dei rapporti tra Usa e Europa un ruolo unicamente secondario[2].

Con la fine della guerra fredda, tale situazione ha cominciato a mutare. Oggi le questioni non europee, in particolar modo quelle connesse al Golfo, occupano un posto sempre più rilevante nell'agenda transatlantica. Le controversie più acute non riguardano gli interessi europei, a proposito dei quali esiste un consenso relativamente ampio.

I dissensi effettivi tra gli Usa e gli alleati europei stanno nelle questioni esterne all'Europa, in particolare nella politica da adottare nei confronti del Golfo. Su tali questioni, statunitensi ed europei si trovano fondamentalmente in disaccordo. La maggior parte degli europei non sostiene la politica statunitense di «doppio contenimento» (bisognerebbe aggiungere che lo stesso vale per molti membri della comunità politica americana). Ciò è testimoniato dalle critiche europee e dalla generale mancanza di sostegno agli attacchi americani e britannici all'Iraq del dicembre 1998.

In generale, tale posizione critica riflette differenze sulla tattica ma non sui fini della politica Usa. Ad uno sguardo più attento però, essa riflette una differenza di base nell'approccio alla questione della sicurezza nell'era del dopo guerra fredda. Con la fine della guerra fredda,

---

(1) Senior research fellow della Rand Corporation, Washington D.C.. Le opinioni qui espresse sono dell'autore e non rappresentano quelle della Rand o di chi la sostiene.
(2) La crisi di Suez (1956) e l'invasione sovietica dell'Afghanistan (1979) rappresentano delle eccezioni degne di nota.

gli Usa hanno rivolto un'attenzione crescente alle minacce esistenti oltre le frontiere europee, in special modo nel Golfo. La «Bottom-Up Review» - il primo esame della strategia difensiva statunitense postguerra fredda con una prospettiva globale - ha focalizzato l'attenzione su due contingenze regionali principali, l'una nel Golfo e l'altra nell'Asia del nord-est. L'esame successivo, la «Quadriennal Review», ha essenzialmente mantenuto questa focalizzazione.

L'Europa è, invece, principalmente interessata alle minacce relative alla sicurezza entro e attorno l'Europa. La maggior parte delle forze europee (escluse quelle francesi e britanniche) è configurata per difendere un territorio che non è più direttamente minacciato ed ha quindi un raggio d'azione limitato. Ciò ha portato ad uno scollamento crescente - e potenzialmente pericoloso - tra l'agenda strategica americana e quella europea, elemento che sulla lunga durata potrebbe avere implicazioni serie e di vasta portata per le relazioni tra Usa e Europa.

2. La concezione strategica della Nato

Queste differenze si sono rispecchiate nel dibattito sulla nuova concezione strategica della Nato, in occasione del vertice di Washington dell'aprile 1999. L'amministrazione Clinton ha spinto verso un'interpretazione allargata delle missioni Nato, diretta a rendere l'Alleanza atlantica uno strumento per fronteggiare quelle che sono ritenute le nuove minacce e sfide del XXI secolo. Molte di queste sfide sono localizzate alla periferia dell'Europa o oltre le sue frontiere. Molte di queste provengono o potrebbero provenire dal Golfo ed includono sia la minaccia di utilizzazione di armi di distruzione di massa che potenziali minacce alle fonti di approvvigionamento energetico dell'Occidente.

Per affrontare tali sfide, l'amministrazione Clinton ha lanciato diverse iniziative. Le due principali sono l'iniziativa sulle armi di distruzione di massa (Wmd) e l'iniziativa sulle capacità di difesa (Dci). La prima mira a rafforzare la capacità degli alleati di fronteggiare le nuove minacce derivanti dalle armi di distruzione di massa, mentre il fine della seconda dovrebbe essere quello di accrescere la capacità degli alleati di operare unitariamente in maniera più efficace, oltre che aumentare il raggio d'azione delle loro forze.

Tuttavia, molti europei non si trovano a loro agio con queste nuove missioni e con l'interpretazione allargata del nuovo ruolo della Nato[3].

---

(3) Vedi J. Fitchett, «A More United Europe Worries about Globalizing Nato», in *International Herald Tribune*, 31 dicembre 1998; D. Buchan, «U.S. Urges Nato to

Essi preferiscono che il ruolo della Nato sia limitato alla gestione delle crisi «entro e attorno» all'Europa. Per molti, l'espressione «attorno all'Europa» fa riferimento ai Balcani e forse al Mediterraneo. Ma sicuramente non al Golfo. Le capacità militari per occuparsi di queste crisi di «bassa intensità» sono decisamente diverse da quelle necessarie per trattare i conflitti ad «alta intensità», come quelli del Golfo.

Molti europei non sono neppure persuasi riguardo alla serietà della minaccia delle Wmd e considerano eccessive le preoccupazioni di Washington a tal proposito. A differenza degli Usa, essi non prospettano uno scenario di guerra condizionato dalle Wmd. Di conseguenza, sono di gran lunga meno intenzionati a spendere risorse anche ridotte per fronteggiare la minaccia delle Wmd, anche se probabilmente sarebbero d'accordo con alcune misure di minore portata, quali la collaborazione nelle attività dei servizi segreti e nella raccolta dei dati.

I dibattiti sulla nuova concezione strategica della Nato si sono in gran misura svolti a porte chiuse e in seno a gruppi ridotti di analisti, statunitensi e europei, esperti dei problemi della difesa. In ogni caso, essi sottolineano la forte differenza nell'agenda strategica e negli interessi che animano la politica Usa e quella europea. Per gli Usa le sfide cruciali si trovano oltre le frontiere europee - in particolare nel Golfo. Le loro forze militari si trovano ad essere sotto pressione, ed essi vorrebbero un aiuto maggiore da parte degli alleati europei per fronteggiare tali sfide. Per gli alleati europei degli Usa, le principali sfide alla sicurezza restano prioritariamente in Europa, ed essi sono restii a concepire che la Nato divenga un veicolo per affrontare tali sfide.

3. Le differenze tra gli Usa e l'Europa riguardo all'Iran

Tali divergenze di ordine generale sono rafforzate da divergenze su questioni specifiche come i rapporti con i cosiddetti «stati fuorilegge», quali l'Iran e l'Iraq[4]. Gli Usa hanno, infatti, portato avanti una politica di contenimento, mentre l'Europa ha preferito intrattenere relazioni e usare il commercio come strumento per incoraggiare trasformazioni nei regimi in questione. Rispetto agli alleati europei, con l'eccezione

Take on Wider Role», in *Financial Times*, 7 dicembre 1998; R. Cohen, «A Policy Struggle Stirs Within Nato», in *New York Times*, 28 novembre 1998. Per un punto di vista critico europeo, v. K-H. Kamp, «Eine 'globale' Rolle fur die Nato?», in *Frankfurter Allgemeine Zeitung*, 2 aprile 1998.

(4) Per la prima articolazione pubblica della politica degli Usa verso gli «stati fuorilegge», vedi il discorso dell'ex consigliere per la sicurezza nazionale A. Lake, «Confronting Backlash States», in *Foreign Affairs*, vol. 73, n. 2, aprile-marzo 1994, pp. 44-45.

rilevante della Gran Bretagna, gli Usa sono stati più pronti a far ricorso alla forza[5].

Queste differenze si sono mostrate in tutta la loro rilevanza nella politica nei confronti dell'Iran. Gli Usa hanno cercato essenzialmente di perseguire una politica di contenimento finalizzata ad isolare l'Iran e costringerlo a cambiare il proprio approccio su tre questioni critiche: il sostegno al terrorismo internazionale, la politica di sovversione del processo di pace in Medio Oriente, e il tentativo di acquisire armi nucleari. A tal fine sono state adottate un'ampia gamma di sanzioni punitive, nell'intento di cambiare la politica del regime[6].

Gli alleati europei, come ho appena accennato, non sostengono tale approccio. In generale essi considerano il commercio il mezzo migliore per stimolare una maggiore apertura e sostengono che una politica di isolamento serve solo a rafforzare in Iran i sostenitori della linea più dura. Di conseguenza, essi hanno piuttosto perseguito una politica di relazioni e di «dialogo critico» con l'Iran, insistendo sul fatto che tale approccio ha più speranze, nel medio e lungo periodo, di portare ad un cambiamento del regime iraniano. A tal proposito un ex alto funzionario tedesco si è così espresso: «se l'Occidente potesse ... stringere legami culturali e politici, risponderebbe ad un forte interesse che è presente nella borghesia emergente e incoraggerebbe l'apertura graduale della politica estera iraniana»[7].

Nell'aprile 1997, l'Unione Europea ha ritirato temporaneamente i suoi ambasciatori, dopo che una corte tedesca aveva appurato la complicità iraniana nell'assassinio politico perpetrato nel ristorante Mykonos a Berlino nel 1992. Ma questa rottura durò solo alcuni mesi. Entro la fine del 1997, la maggior parte degli ambasciatori europei erano tornati ad occupare i loro posti, sottolineando la necessità di mantenere una politica di dialogo critico» e di coinvolgimento con Tehran.

(5) Per un'analisi completa di tali differenze, v. P. Gordon, «The Transatlantic Allies and the Changing Middle East», in *Adelphi Paper 322*, International Institute of Strategic Studies, London 1998.

(6) La controversa legge per le sanzioni all'Iran e alla Libia (Ilsa), per esempio, era specificamente destinata a «interdire all'Iran la capacità di sostenere atti di terrorismo internazionale, di investire nello sviluppo, di acquisire armi di distruzione di massa e di ottenere i mezzi per diffonderle, limitando lo sviluppo della potenzialità iraniana a condurre rilevamenti, estrarre, raffinare o trasportare tramite oleodotti le proprie risorse», v. la sezione 3 (a) del U. S. Public Law 104-172, *The Iran and Lybia Sanctions Act* of 1996.

(7) R. Schlageinteweit, «Positive Approaches to Iran and Iraq», in *Report of the Trilateral Commission on the Middle East*, Trilateral Commission, New York, 1998, p. 12. Citato in Gordon, *The Transatlantic Allies and the Changing Middle East*, p. 54.

Gli Usa, al contrario, fin dal 1980 non hanno avuto relazioni diplomatiche con l'Iran e hanno imposto una serie di sanzioni contro tale paese. Tra questi provvedimenti, il più controverso è stato, nel 1996, la legge relativa alla sanzioni contro la Libia e l'Iran (Ilsa), che obbligava il Presidente ad imporre sanzioni ad ogni compagnia, localizzata negli Usa o altrove, che investisse più di quaranta milioni di dollari nello sviluppo del settore energetico iraniano o libico. L'approvazione della legge creò molto scalpore in Europa e portò ad un serio deterioramento delle relazioni commerciali euro-americane fino al marzo 1998, quando il presidente Clinton decise di lasciar cadere le sanzioni.

Tuttavia, a partire dall'elezione del presidente Mohammed Khatami nel maggio 1997, la politica statunitense ha cominciato a cambiare, e gli Usa hanno mostrato un maggior interesse per il coinvolgimento in un dialogo limitato con il regime iraniano. Parallelamente all'abbandono della legge sulle sanzioni contro l'Iran e la Libia, questa politica statunitense di maggior conciliazione ha contribuito a ridurre le divergenze tra gli Usa e gli alleati europei ed ha rimosso un importante fattore di disturbo nelle relazioni euro-americane. Tuttavia, ciò non significa che gli Usa abbiano sostanzialmente adottato «l'approccio europeo» nei confronti dell'Iran. La politica statunitense ha subìto un cambiamento, ma questo è avvenuto in risposta ai cambiamenti in Iran e nella politica iraniana e non tanto per il fatto che gli Usa si siano convinti che la politica di coinvolgimento europea fosse in ultima analisi giusta.

Infatti, né la politica statunitense né quella europea nei confronti dell'Iran si sono rivelate molto efficaci. L'Iran ha moderato la propria politica durante il 1998. Ma tali cambiamenti hanno poco a che fare con le politiche statunitense ed europea. Essi sono piuttosto il prodotto di mutamenti interni.

Gli Usa hanno riconosciuto la presenza di tali cambiamenti e vi hanno risposto cautamente. Ciò ha portato ad una serie di piccoli passi volti a ridurre le ostilità. Ma né Washington né Tehran hanno alterato in maniera fondamentale la propria politica. In realtà, Khatami ha rifiutato apertamente, almeno per il momento, la possibilità di un cambiamento di fondo nelle relazioni tra i due paesi. La possibilità che egli spinga per un riavvicinamento più stretto, dipenderà soprattutto dagli sviluppi interni della situazione in Iran, in special modo dal risultato della lotta interna per il potere che è in corso, questione sulla quale gli Usa e l'Europa hanno un controllo ridotto.

È dunque troppo presto per concludere in modo certo che il periodo di disaccordo tra Usa e Europa riguardo all'Iran è terminato. Un'inversione di marcia delle riforme in Iran potrebbe innescare una nuova esplosione di tale disaccordo sulla politica nei confronti dell'Iran, creando nuove questioni all'interno dell'Alleanza. Inoltre, la legge per le sanzioni contro la Libia e l'Iran resta sulla lista. La sua sospensione ha evitato una dannosa guerra commerciale, ma non ha posto fine alle divergenze tra gli Usa e l'Europa riguardo al commercio e agli investimenti con l'Iran. Se le riforme falliscono, tali divergenze potrebbero riemergere, soprattutto perché il Congresso americano ha tendenza ad adottare un approccio più bellicista verso l'Iran e la questione delle sanzioni di quanto non faccia l'amministrazione Clinton[8].

4. La politica nei confronti dell'Iraq

Le differenze tra gli Usa e i suoi alleati europei nei confronti dell'Iraq sono state meno rilevanti. La maggior parte degli europei concordano sulla necessità del contenimento a causa della flagrante violazione da parte di Saddam Hussein del sistema di ispezione delle Nazioni Unite. Allo stesso tempo, la maggior parte degli alleati europei, in particolare la Francia e la Turchia, hanno maggiore desiderio di intrattenere relazioni con l'Iraq. Inoltre, la maggior parte sono in disaccordo con il punto di vista americano secondo cui le sanzioni dovrebbero essere mantenute fino a quando Saddam Hussein sarà al potere. La maggior parte degli europei considera le sanzioni come una maniera per costringere Saddam ad assolvere agli obblighi dettati dalle risoluzioni delle Nazioni Unite, più che come un mezzo per favorire la sua destituzione.

La politica statunitense ha posto particolari problemi alla Turchia. Anche se esiste una reciproca avversione tra la Turchia e Saddam, di fronte all'alternativa tra veder restare Saddam al potere o assistere alla disintegrazione dell'Iraq, la maggior parte dei leader turchi preferirebbe Saddam. Essi temono che la destituzione di Saddam potrebbe condurre ad una disintegrazione dell'Iraq e provocare la nascita di uno stato curdo indipendente alla frontiera meridionale della Turchia, evento che senza dubbio aggraverebbe il problema curdo in Turchia. I turchi sono perciò riluttanti a sostenere la politica degli Usa nei confronti dell'Iraq. Anche se hanno permesso agli Usa di utilizzare le basi

(8) Solo un mese dopo l'abbandono dell'Ilsa, il Congresso degli Usa approvò una nuova legislazione, nonostante le obiezioni dell'amministrazione Clinton, per imporre sanzioni a qualunque compagnia nel mondo che fornisse all'Iran tecnologia per missili balistici. Vedi N. Dunne, «Clinton Vetoes Sanctions Law», in *Financial Times*, 25 giugno 1998.

aree turche per controllare la zona d'interdizione aerea che riguarda l'Iraq, hanno posto notevoli vincoli a tali operazioni.

Bisogna poi aggiungere che la Turchia ha forti interessi economici e commerciali in l'Iraq. Prima dell'imposizione delle sanzioni delle Nazioni Unite all'Iraq, quest'ultimo occupava il terzo posto tra i partner commerciali della Turchia e ne era il principale fornitore di petrolio. Secondo fonti turche, l'embargo ha rappresentato un costo di più di trenta miliardi di dollari per le entrate della Turchia. Così, la Turchia ha un forte interesse economico nell'abolizione delle sanzioni e nella fine dell'isolamento economico dell'Iraq.

In realtà, per quanto concerne la politica verso l'Iraq, il punto di vista della Turchia è molto più vicino a quello degli alleati europei di quanto non lo sia a quello degli Usa. La Francia, in particolare, ha domandato di attenuare le sanzioni contro l'Iraq[9]. In seno all'Alleanza esistono così dei punti di frattura talmente ampi che potrebbero rendere difficile per gli Usa di ottenere in futuro il sostegno dell'Europa per la sua politica verso l'Iraq.

Nel caso iracheno, le divergenze tra gli Usa e l'Europa non riguardano la natura della minaccia - la maggior parte degli europei concorda sul fatto che Saddam costituisce una grave minaccia per la stabilità regionale - ma su quale sia la miglior maniera di affrontare tale minaccia. La maggior parte degli stati europei (eccetto la Gran Bretagna) sono scettici quanto al fatto che i bombardamenti siano efficaci per ridurre la capacità delle armi nucleari e chimiche di Saddam - la minaccia maggiore per gli interessi occidentali - e temono che essi possano in realtà rafforzare la sua posizione.

Gli alleati europei, specialmente la Francia, si sono anche preoccupati per quanto riguarda quella che essi vedono come una tendenza da parte degli Usa ad agire in maniera unilaterale e senza prendere in considerazione l'autorità del Consiglio di Sicurezza dell'Onu. Tale preoccupazione era particolarmente evidente durante la crisi dell'ispezione degli armamenti nel 1997-1998. Gli Usa insistevano sul fatto di avere ogni autorità necessaria ad agire, compreso l'uso della forza militare. Tuttavia, la Francia mise l'accento sulla necessità di una nuova risoluzione del Consiglio di Sicurezza.

La discussione sull'autorità delle Nazioni Unite fa parte del più ampio dibattito su quando e sotto quali circostanze gli Usa o le organizzazioni internazionali possano agire senza un mandato esplicito

---

(9) Per una incisiva critica francese alla politica Usa nei confronti dell'Iraq e più in generale al «doppio contenimento», vedi E. Rouleau, «America's Unyelding Policy toward Iraq», in *Foreign Affairs*, vol. 14, n. 1, gennaio-febbraio 1998, pp. 59-72.

delle Nazioni Unite. Nella maggior parte degli stati europei la tendenza è stata quella di adottare una posizione più restrittiva rispetto a quella degli Usa o della Gran Bretagna. Tuttavia, il dibattito non è arrivato a nessuna conclusione ed è destinato a continuare con Francia e Russia che continueranno a insistere sulla necessità di una risoluzione esplicita del Consiglio di Sicurezza prima di dar inizio a qualunque azione militare.

Allo stesso tempo, la politica degli Usa ha cominciato a orientarsi verso un aperto tentativo di rovesciare Saddam. Nell'ottobre 1998 il Congresso americano ha dato la sua approvazione ad un sostegno di 97 milioni di dollari ai gruppi iracheni di resistenza democratica. In novembre, Clinton ha annunciato la disponibilità a lavorare con le «forze del cambiamento» in Iraq e cercare «un nuovo governo che si impegni a rappresentare e rispettare il suo popolo, non a reprimerlo». Una moltitudine di commentatori e di membri del Congresso si sono fatti avanti sostenendo che l'obiettivo degli Usa dovrebbe essere quello di rovesciare Saddam e non di contenerlo.

In breve, la vecchia idea di un intervento diretto sta guadagnando terreno, sia in seno al Congresso che nei circoli politici. Ma ad un esame attento, nessuna delle strategie per rovesciare Saddam si rivela all'altezza del compito. Le sole forze aeree non possono scacciare Saddam dall'Iraq e non vi è sostegno nell'opinione pubblica statunitense per un invio di truppe di terra Usa in Iraq. Altre strategie, come quella di costituire una *enclave* o di appoggiare una campagna di guerriglia di tipo afgano, sono altrettanto irrealistiche[10].

Agli Usa e ai loro alleati restano dunque pochi margini di scelta, eccetto quello di perseguire una politica di contenimento di lungo termine. La vera sfida è dunque quella di trovare la maniera in cui rendere funzionante tale politica, piuttosto che ricercare soluzioni irrealistiche, istantanee e prive di costi. Per far funzionare la politica di contenimento sarebbe necessaria una mitigazione o l'abolizione delle impopolari sanzioni in cambio di un più forte impegno da parte degli alleati europei a sostenere gli sforzi comuni - compresi gli attacchi aerei - miranti a distruggere, o perlomeno a corrodere, la capacità di Saddam di produrre Wmd e ad ostacolare la sua capacità di ricostruire le sue forze militari convenzionali.

Inoltre, gli Usa e gli alleati europei dovrebbero offrire un appoggio più forte all'opposizione democratica irachena. Tuttavia, tale politica dovrebbe far parte di una politica più ampia di contenimento e non dovrebbe rappresentare un tentativo di sostituire quest'ultima. Dovrebbe

(10) Vedi D. Byman, K. Pollack e G. Rose, «The Rollback Fantasy», in *Foreign Affairs*, vol. 38, n. 1, gennaio-febbraio 1998, pp. 24-41.

essere destinata a mantenere la pressione su Saddam, costringendolo a concentrarsi più sulla maniera di rafforzare il suo regime che su quella di minacciare i propri vicini.

Tale politica è in termini emotivi meno gratificante della richiesta del massimo sforzo per rovesciare Saddam. Tuttavia, essa è più realistica. Ed ha migliori possibilità di ottenere l'appoggio degli alleati europei dell'America.

5. Conclusione

Questo capitolo ha sottolineato la maniera in cui alcune sfide fuori dall'Europa - in special modo quelle nel Golfo - cominciano a riguardare le relazioni transatlantiche e il rapporto più ampio tra Usa e Europa nel campo della sicurezza. I confini tra la sicurezza europea e quella del Golfo stanno diventando sempre più indistinti e non possono più essere separati in maniera netta. Di conseguenza, le questioni sulla sicurezza del Golfo occupano attualmente un posto importante nell'agenda dei rapporti transatlantici.

Allo stesso tempo, le differenze quanto alla politica nei confronti dell'Iran e dell'Iraq, sottolineano la necessità di una strategia occidentale coordinata. Nessuno di questi problemi può essere gestito con successo dai soli Stati Uniti. Come hanno osservato Robert Blackwill e Michael Stürmer: «Gli Stati Uniti non hanno né il sostegno interno, né la volontà politica, né le risorse finanziarie, né l'influenza internazionale, né capacità diplomatiche così sostenute, da poter procedere da soli. L'Europa è ancora meno preparata per fare ciò»[11]. Dunque, l'unica scelta che resta agli Usa e all'Europa è quella di sviluppare politiche coordinate e cooperative per affrontare tali sfide.

La divisione del lavoro privilegiata da molti europei, secondo la quale l'Europa si occuperebbe della sicurezza «soft», mentre gli Usa provvederebbero a quella «hard», è anacronistica e non sostenibile. Essa deve essere integrata da una *partnership* più ampia, che sia più globale e più egualitaria[12]. Ciò richiederà cambiamenti su entrambe le sponde dell'Atlantico. Sarà necessario che gli europei riconoscano

---

(11) R. D. Blackwill e M. Sturmer, «Conclusions», in R. D. Blackwill e M. Sturmer (eds.), *Allies Divided Transatlantic Policies for the Greater Middle East*, MA, The Mit Press, Cambridge 1997, p. 304.

(12) Vedi D. C. Gompert e F. S. Larrabee, *America and Europe: A Partnership for a New Era*, Cambridge University Press, New York 1997.

che le minacce nel Golfo possono colpire la loro sicurezza nei punti vitali e sviluppino le capacità per affrontare tali sfide, incluse quelle in ambito militare. Sarà necessario che gli Usa abbiano la volontà di dare più responsabilità agli europei per occuparsi di tali sfide.

È anche necessario dare uno spazio più rilevante alle questioni del Golfo nell'agenda delle politiche dei rapporti transatlantici. Ciò di cui si ha bisogno è uno sforzo per sviluppare un'analisi condivisa della natura delle sfide e delle loro implicazioni. Ciò può fornire la base per lo sviluppo di politiche e strategie congiunte. Ma perché questo succeda, sia l'Europa che gli Stati Uniti devono riconoscere il grado crescente di connessione tra la sicurezza del Golfo e quella transatlantica.

10. Asia e sicurezza nel Golfo

di Friedemann Müller[1]

Venticinque anni fa, il benessere delle economie occidentali sembrava strettamente collegato alla prontezza degli stati del Golfo ad offrire forniture di petrolio e all'efficienza delle vie di trasporto, con particolare riferimento alla situazione dello stretto di Hormuz. Le crisi petrolifere del 1973-74 e del 1979-80 misero a nudo questa vulnerabilità. Lo stretto di Hormuz, con buone ragioni, venne denominato il «tallone di Achille» delle economie occidentali. La reazione dell'Occidente allo stato di dipendenza messo in luce dalle succitate crisi fu la seguente:
- venne stabilita una forte presenza militare statunitense, che da allora ha determinato l'equilibrio militare della regione;
- l'Ocse, il club dei paesi occidentali industrializzati, istituì l'Agenzia Internazionale per l'Energia (Aie). L'Aie è responsabile dell'elaborazione di regole comuni e dell'assistenza internazionale ai paesi membri in caso di scarsità di offerta del petrolio. Furono costituite delle riserve, venne perfezionata la rete degli oleodotti e incentivata la flessibilità nel passaggio da una fonte di energia all'altra;
- venne potenziata la diversificazione dei rifornimenti. Oltre all'esplorazione e sfruttamento dei campi petroliferi in regioni interne all'Ocse quali l'Alaska e il Mare del Nord, venne incrementata la quota di importazioni di petrolio da paesi non-Opec come l'Urss;
- venne realizzato un cambiamento strutturale a lungo termine. Il petrolio perse parte della sua importanza nel quadro energetico dei paesi occidentali a favore del gas naturale e dell'energia nucleare, e il consumo energetico nel suo complesso venne totalmente separato, ad ogni fine pratico, dalla crescita economica. Almeno nella maggior parte dei paesi europei altamente sviluppati dell'Ocse e in Giappone, il consumo di energia è oggi superiore solo del 5% rispetto a quello del 1973.

(1) Ricercatore della Stiftung Wissenschaft und Politik Ebenhausen.

Il risultato di queste misure fu un mutamento del mercato petrolifero internazionale - il passaggio da un mercato di fornitori ad un mercato di compratori - che è alla base dell'attuale fragilità dell'Opec. Inoltre, il petrolio non venne più considerato come un prodotto unico. Sotto l'impatto delle due guerre mondiali, il petrolio veniva considerato un prodotto strategico, importante non solo per guidare un'economia, ma anche per assicurare la mobilità militare. Si presumeva che i governi che mantenessero relazioni privilegiate con i paesi produttori o che avessero un accesso militarmente garantito alla produzione di petrolio e alle vie di trasporto, godessero di un vantaggio strategico. Benché l'importanza strategica del petrolio sia tuttora incontestabile, l'accesso al petrolio segue regole diverse e nell'ultimo quarto di secolo queste sono radicalmente cambiate. Gli accordi a lungo termine tra fornitori e compratori, così come la protezione militare delle vie di trasporto, sono in declino. Il mercato del petrolio mondiale è diventato ormai un mercato globalizzato, anzi, è stato addirittura un pioniere della globalizzazione. Ciò include un mercato a prezzi pronti e sensibili all'offerta e alla domanda, come qualsiasi tasso di cambio o titolo di borsa. Chiunque paghi il prezzo richiesto, può ricevere tutto il petrolio che vuole.

Esiste, ovviamente, una fondamentale eccezione in questo gioco di libero mercato. Anche se l'Opec si indebolisse a seguito di una potenziale superproduzione del mercato mondiale, lo stretto di Hormuz non perderebbe la sua peculiarità geografica. Oltre il 60% del traffico internazionale del petrolio transita attraverso esso. Se questi stretti venissero chiusi, l'economia mondiale ne risentirebbe drasticamente. Questa è forse una delle principali ragioni per cui la presenza militare statunitense nel Golfo è rimasta immutata. Ciò che è mutato è invece la direzione che le petroliere prendono una volta lasciato il Golfo. I due terzi delle petroliere si dirigono verso l'est e solo un terzo verso l'Europa e il Nord America, e le attuali tendenze mostrano che l'Asia accrescerà ulteriormente la sua domanda di petrolio del Golfo.

Dobbiamo dedurre che la sicurezza del Golfo è ormai un problema dell'Asia? Per la verità sembra che i paesi asiatici non stiano dando eccessiva importanza alla questione e siano piuttosto soddisfatti della situazione attuale, anche perché non sono in grado di offrire soluzioni alternative. Ma questa configurazione potrebbe non rimanere stabile per sempre. Vale dunque la pena di esaminare il problema della sicurezza del Golfo per i paesi asiatici, in una prospettiva a più lungo termine.

1. Forniture mondiali di energia e ruolo degli stati del Golfo

Tra le quattro regioni produttrici di petrolio - Golfo (Medio Oriente), paesi Opec al di fuori del Medio Oriente, l'ex Unione Sovietica e il resto del mondo - il Golfo è stato il maggior produttore di petrolio solamente a metà degli anni settanta. Tuttavia, la diminuzione della produzione di petrolio nel Golfo venne fermata nel 1985. Da allora assistiamo ad una costante crescita, che ha tutte le probabilità di continuare nel tempo. Gli altri tre gruppi, invece, hanno avuto una produzione più costante - ad eccezione dell'ex Unione Sovietica, in netto declino dalla fine degli anni ottanta - e una produzione annua più o meno stabile per quanto riguarda i paesi Opec al di fuori del Medio Oriente. John Mitchell[2] presume che ci sarà uno sviluppo prevalentemente costante della produzione del petrolio nei paesi Opec non appartenenti al Medio Oriente e nell'ex Unione Sovietica e un progressivo aumento della produzione di petrolio nel Medio Oriente e nel resto del mondo fino al 2010. L'Aie, al contrario, si dissocia da queste stime e prevede un declino di tutte le regioni ad eccezione del Golfo, da una produzione di 52 milioni barili di petrolio al giorno nel 1996, ad una produzione di 49 milioni di b/g nel 2010. Allo stesso tempo l'Aie prevede un notevole incremento della produzione del Golfo (paesi del Medio Oriente membri dell'Opec) da 18,5 milioni a 44 milioni di b/g. Secondo l'Aie, questa tendenza è destinata ad essere confermata. La produzione di petrolio nel 2020, è prevista di 49 milioni di b/g nel Golfo e di 41 milioni nel resto delle regioni produttrici.

Ciò significa che la quota di produzione del Golfo rispetto alla produzione mondiale (esclusi greggio non convenzionale e gas naturali liquidi, Gnl) aumenterà dal 26% (1996) al 47% (2010) fino a raggiungere il 55% (2010). Il previsto aumento di forniture di petrolio dalla regione del Golfo non è fondato unicamente sulle capacità di produzione ma soprattutto sulla distribuzione delle riserve mondiali accertate.

Secondo alcune stime[3], l'Opec dispone di poco più del 70% delle riserve mondiali di petrolio ed i paesi del Golfo da soli ne posseggono il 61%. Tra questi, l'Arabia Saudita dispone di 260 miliardi di barili di riserve, l'Iran di 59 miliardi di barili, l'Iraq di 99 miliardi di barili, il Kuwait di 95 miliardi di barili e Abu Dhabi di 62 miliardi di barili.

Tuttavia, l'Aie prevede un incremento della domanda mondiale di greggio non convenzionale e di Gnl, particolarmente dopo il 2010.

(2) J. Mitchell, *An Oil Agenda for Europe?*, Royal Institute of International Affairs, 1996, p. 24.
(3) Documentata dall'Iea, *World Energy Outlook* 1998, p. 94.

Quindi, se includiamo anche queste altre fonti di energia, la percentuale di forniture dal Golfo rispetto alla domanda mondiale sarà di «appena» il 46% nel 2010, e del 44% nel 2020.

Che si condivida l'opinione di Mitchell o quella dell'Aie, appare chiaro che il Golfo riconquisterà quote di mercato e importanza nella produzione mondiale di petrolio. Una media tra le previsioni di Mitchell e quella dell'Aie fa salire la quota di produzione di petrolio del Golfo al 40% della produzione mondiale nel 2010. Vale a dire la stessa percentuale del 1973, il valore più alto mai raggiunto fino ad oggi.

Secondo i dati sulla domanda e l'offerta delle maggiori aree del mondo, tra il 1996 e il 2010 le esportazioni nette del Medio Oriente subiranno un aumento di 2 volte e mezzo, dal 16,3 al 39,7. Le importazioni nette di petrolio dell'Ocse, durante lo stesso periodo, aumenteranno di circa il 50%, mentre la Cina e il resto dell'Asia (escluso il Giappone) aumenteranno le loro importazioni nette da 5,3 milioni di b/g a 15,2 milioni di b/g, il che significherà triplicare le importazioni. Questo spiega lo spostamento in crescendo di forniture di petrolio del Golfo dai paesi occidentali verso l'Asia.

Nelle forniture mondiali di energia, la quota del petrolio subirà una leggera diminuzione, passando dal 40% al 39% nel periodo fino al 2010, mentre il gas naturale salirà dal 22% al 24%, ma non supererà il carbone che rimarrà la seconda fonte di energia (28%).

In conclusione:

1) il petrolio manterrà la sua importanza tra le forniture mondiali di energia fino al 2010, con una percentuale approssimativa del 40% sul totale delle forniture di energia. Dopo il 2010, questa percentuale potrebbe diminuire a causa della limitatezza delle riserve convenzionali;

2) il ruolo del Golfo crescerà considerevolmente, grazie alla sua capacità di aumentare la produzione e in considerazione del calo di produzione nelle altre aree;

3) la domanda di petrolio del Golfo proverrà sempre più dall'Asia.

Ciò conferma la tesi che la sicurezza del Golfo diverrà sempre più una questione importante per le forniture di energia dell'Asia.

2. L'equilibrio energetico dei paesi asiatici

Ovviamente, l'Asia non è un'entità omogenea, ma ai fini di questo rapporto non avrebbe senso trattare ogni paese separatamente. Risulta più appropriato suddividere l'Asia nei seguenti settori: Cina, Giappone, est asiatico (ad esclusione di Cina e Giappone) e sud asiatico. Queste aree rappresentano gli importatori netti asiatici di energia. L'Asia

Centrale e il Medio Oriente vengono considerati unicamente come fornitori.

In base alle previsioni, lo sviluppo in Asia delle forniture di energia sta crescendo molto più rapidamente della produzione mondiale. Mentre quest'ultimo prevedibilmente cresce del 38% tra il 1995 e il 2010, l'aumento previsto di forniture di energia verso l'Asia (per i quattro gruppi complessivamente) è del 67%, addirittura dell'80% per la Cina e del 96% per il sud asiatico.

Ovviamente, ci si aspetta che tre delle quattro aree avranno un consumo di energia di gran lunga superiore alla media mondiale. Sono queste la Cina, l'est asiatico e il sud asiatico, mentre si prevede che i consumi della quarta area - Giappone e Australia/Nuova Zelanda[4] - avranno una crescita moderata. Come altri paesi industrializzati, hanno ormai affrancato la loro economia dall'aumento dei consumi di energia.

D'altra parte, mentre i consumi di petrolio in Cina e nel sud asiatico saranno quasi raddoppiati nel 2010, l'aumento dei consumi in Giappone (e Australia) crescerà appena del 15%.

È previsto un incremento del tasso di crescita della domanda di importazione di petrolio. La produzione interna nelle quattro aree diminuirà da 7,5 milioni di b/g (1996) a 7,1 milioni di b/g (2010). È prevista una modesta crescita di produzione della Cina e del sud asiatico che non potrà però compensare il calo di produzione in Giappone e nell'est asiatico.

Tuttavia, a causa dell'aumento della domanda, la crescita delle importazioni nette sarà non solo particolarmente alta in Cina e nell'est asiatico, ma anche nel sud asiatico. Le importazioni nette globali asiatiche saranno più che raddoppiate.

Tenendo conto delle scarse alternative al Medio Oriente quale esportatore netto, non c'è dubbio che questo raddoppio di forniture di energia dovrà essere fornito dagli stati del Golfo.

3. Fornitori alternativi: Russia ed Asia centrale

Infatti, le alternative al Golfo sono molto limitate e si riducono di fatto alla Russia e all'Asia centrale, tenuto conto della grande distanza della Nigeria e del Venezuela che incide in maniera troppo elevata sui

---

(4) Alcune statistiche, tra le quali *World Energy Outlook* dell'Iea, considerano Giappone, Australia e Nuova Zelanda come un gruppo a sé (Oecd Pacifico). All'interno di questo gruppo, il Giappone rappresenta l'80% dei consumi di energia.

costi. Il coinvolgimento delle compagnie cinesi e giapponesi in altri stati asiatici, e in particolare in Indonesia, Thailandia e Malesia, non può risolvere il problema dei rifornimenti poiché i paesi asiatici (escluso Cina e Giappone) stanno anch'essi trasformandosi in importatori netti.

La Russia e l'Asia centrale, geograficamente non troppo lontane dall'Asia orientale, dispongono di capacità produttive in eccesso. Dunque, queste aree dell'ex Unione Sovietica potrebbero soddisfare il desiderio dei paesi asiatici di diversificazione delle proprie fonti. La somma degli investimenti in queste aree orientali dell'ex Unione Sovietica produttrici di energia, e dunque la loro futura produzione, non è definita come le proiezioni potrebbero suggerire, ma dipende dalla domanda e dalla redditività dei progetti, fattori che possono certamente essere influenzati dagli stati asiatici. Il principale fattore di ostacolo, oltre ai costi economici preventivati, è senz'altro politico.

3.1 Russia

Sebbene la Russia possieda abbondanti riserve di gas naturale, stimate fra il 33% e il 40% delle riserve mondiali, le sue riserve di petrolio sono limitate - meno del 10% delle riserve mondiali. Ad eccezione del petrolio di Sakhalin, non sembrano esserci molte possibilità per le esportazioni verso l'Asia. I tradizionali giacimenti di petrolio della Siberia occidentale sono, per le caratteristiche delle loro infrastrutture, più orientati verso l'Europa. Lo sfruttamento del petrolio della Siberia orientale è lungi dall'essere una realtà. La distanza tra i campi petroliferi della Siberia del nord e il sud-est asiatico non consente, almeno per il momento, l'impiantazione di infrastrutture redditizie. Sakhalin rimane tuttavia un progetto interessante, sebbene limitato perlopiù al Giappone. La gara per Sakhlin I (1993) e Sakhalin II (1995) ha richiamato l'interesse delle compagnie petrolifere occidentali. Il progetto principale del consorzio di Sakhalin I, che presentava un volume di investimenti pari a 15 miliardi di dollari, coinvolse la Exxon (30%). La compagnia giapponese Sodeco si aggiudicò un ulteriore 30%. Il resto venne suddiviso tra due compagnie russe: Rosneft e Sachalinmorneftegas. Il consorzio Sakhalin II, denominato Sakhalin Energy Investment Company, è guidato da Marathon Oil (37%); Mitsui e Shell si dividono il 25% e Mitsubishi ne possiede il 12,5%. Il volume di investimenti è pari a 10 miliardi di dollari. Un terzo progetto Sakhalin è il soggetto di una nuova gara d'appalto, mentre Sakhalin II è prossimo alla realizzazione.

I problemi politici sono duplici: il primo è che le relazioni politiche tra Russia e Giappone sono lungi dall'essere distese. Il Giappone è dunque restìo a rendersi eccessivamente dipendente dalle forniture di petrolio russe. Tuttavia, questo non trattiene le compagnie giapponesi dal commerciare con i russi in affari redditizi.

Il secondo problema è una chiara definizione della legislazione di «*production sharing*» e trattamento degli investitori esteri. Sebbene in Russia il volume dei potenziali investimenti di compagnie estere nei settori petrolifero e del gas naturale sia di gran lunga maggiore che in Asia Centrale, il volume degli investimenti esteri realizzati è più alto negli stati del Mar Caspio, specialmente in Azerbaijan ed in Kazakhstan. Sakhalin, grazie alla sua ubicazione, lontana da Mosca e vicina al Giappone, si trova nella posizione di trattare gli investimenti esteri in modo più pragmatico che non le aree petrolifere della Siberia. Tuttavia, la mancanza di trasparenza e di prevedibilità delle condizioni d'insieme costituisce uno dei limiti più seri. Per ora, gli altri paesi asiatici, a prescindere dal Giappone, certamente non si affideranno, per quantitativi importanti, alle forniture petrolifere russe.

La situazione è diversa per ciò che riguarda il gas naturale. In Asia c'è un'eccedenza di gas naturale. paesi come l'Iran e il Turkmenistan potrebbero produrne molto di più, se solo trovassero un mercato su cui venderlo. Questa è la particolarità del gas: non dispone di un mercato mondiale in senso stretto. Il mercato del gas, a causa dei diversi sistemi di trasporto - l'80% del gas naturale commerciato a livello internazionale, viene distribuito tramite gasdotti, mentre la maggior parte del petrolio è trasportato dalle petroliere - è diviso in mercati regionali che dipendono dalle infrastrutture dei gasdotti.

Il sud-est asiatico dovrà prendere decisioni strategiche riguardo alle sue future infrastrutture, poiché un gasdotto ha un tempo di ammortamento di 25 o 30 anni. Data la mancanza di fiducia politica tra i principali paesi asiatici, questo può solo significare delle infrastrutture diversificate. Di conseguenza, la Cina sta negoziando ampi progetti con la Russia tra cui un gasdotto di 3.360 km, dalla regione di Irkutsk, attraverso la Mongolia, fino alla costa cinese del Pacifico, con una possibile estensione fino alla Corea e al Giappone[5]. La Russia è molto interessata all'apertura di un mercato asiatico per il gas naturale della Siberia orientale, e ancor più per il gas naturale di Sakhalin, che può trovare un mercato quasi esclusivamente in Asia orientale. Questa potrebbe essere la base di una mutua e più stabile dipendenza tra la Russia, in quanto fornitore di gas naturale, e l'Asia orientale, in particolare il Giappone e la Cina, in quanto paesi consumatori.

(5) M. Sagers, J. Nicoud, «Development of East Siberian Gas Fields and Pipeline to China», *Post Soviet Geography and Economics*, 1997 n. 5, pp. 288-295.

3.2 Asia centrale

Le riserve petrolifere del Caspio al momento accertate ammontano a circa 16 miliardi di barili. Una stima delle risorse possibili ammonta a oltre dieci volte questa cifra[6]. Tuttavia, si ritiene che le riserve probabili siano da comprendere tra i 30 e i 70 miliardi di barili. Questo quantitativo rappresenterebbe più o meno il 5% delle riserve mondiali (oltre 1.000 miliardi di barili di riserve accertate).

Il 24 settembre 1997, la Cina ha sottoscritto con il Kazakhstan il suo più grande progetto di investimenti esteri (9,5 miliardi di dollari). L'accordo regola l'esplorazione del giacimento petrolifero di Uzel in Kazakhstan, sulla riva orientale del Mar Caspio (capacità di produzione: 160.000 b/g a partire dal 2002), di tre giacimenti più piccoli nei pressi della regione di Aktobe, del giacimento petrolifero di Aktyubinsk, oltre al trasporto di una parte consistente di questo petrolio nella Cina occidentale mediante un oleodotto di 3.000 km. Tenendo conto della capacità di esportazione netta che il Kazakhstan raggiungerà nel 2010, ovvero 48 milioni di tonnellate (circa 1 milione di b/g), nonché del più intenso orientamento verso i porti del Mar Nero a causa del più ampio diametro delle condotte kazache verso Novorossiisk, nel 2010 la Cina non potrà ricevere più di 0,2 milioni di b/g dal Kazakhstan. Questo quantitativo rappresenta appena il 5% delle importazioni nette cinesi preventivate per quell'anno, e lascerebbe insoddisfatto il fabbisogno di petrolio degli altri stati asiatici. Sembra inoltre improbabile che la Cina possa importare significativi quantitativi di petrolio dagli altri stati del Caspio. L'Azerbajan, a causa della sua ubicazione geografica ad occidente del Mar Caspio, ha le sue infrastrutture logicamente orientate verso Ovest. D'altra parte, il Turkmenistan non è destinato a diventare un significativo esportatore netto di petrolio. Lo stesso dicasi per l'Uzbekistan.

Tuttavia, questi due paesi vorrebbero diventare esportatori di petrolio, se non verso la Cina, almeno verso l'Asia del sud. Dal 1996, sono stati avanzati progetti di costruzione di un gasdotto e di un oleodotto, che partendo dal Turkmenistan e attraversando l'Afganistan arrivi fino in Pakistan. La compagnia argentina Bridas e la statunitense Unocal sono entrate in competizione per aggiudicarsi la costruzione. Finalmente, il 23 luglio 1997, è stato firmato un accordo tra Pakistan e Turkmenistan e costituito un consorzio fra Unocal e Delta per la costruzione di un gasdotto entro il 2000. Ma nel dicembre 1998, prima

---

(6) Dipartimento di Stato U.S., *Rapporto sullo Svipuppo dell'Energia della regione del Caspio*, aprile 1997, p. 4.

ancora che iniziassero i lavori di costruzione, Unocal rescisse il contratto in ragione dell'instabilità politica in Afganistan. Ma anche se la guerra civile in Afganistan finisse, bisognerà comunque chiedersi se un oleodotto possa mai risultare redditizio. Al contrario, il trasporto del gas naturale tramite condotta verso il Pakistan, l'India e anche la Cina sembra essere molto sensato, ed è probabile che a lungo termine riesca a trovare una realizzazione. A tutt'oggi, queste regioni impiegano in misura molto scarsa il gas naturale come fonte di energia. Se perseguiranno le scelte di politica energetica già adottate dai paesi industrializzati, la domanda di gas naturale è destinata a salire e le forniture potrebbero arrivare da Russia, Turkmenistan e Iran. Ognuno di questi fornitori sarebbe estremamente contento se la Cina e l'Asia del sud si interessassero al loro gas naturale e contribuissero alla costruzione delle necessarie infrastrutture.

Le compagnie giapponesi sono già presenti in numerosi consorzi del Caspio. Ad esempio, Itochu ha acquistato il 10% del famoso «affare del secolo», un contratto stipulato nel settembre 1994 tra lo stato dell'Azerbajan e la Azerbaijan International Operating Company (Aioc), un consorzio di compagnie private. L'investimento complessivo ammonta a 7,8 miliardi di dollari. Itochu è diventata membro dell'Aioc solo nel 1996. Da allora, diverse compagnie giapponesi, tra cui Japan Petroleum Ltd. e Teikoku Oil Co., hanno partecipato a numerosi contratti minori.

Per riassumere, le opzioni alternative per l'Asia alle forniture di petrolio del Golfo possono essere elencate come segue:

1) considerando le tre aree mondiali esportatrici nette (ex Unione Sovietica, Africa/Nigeria e America Latina/Venezuela) e tenendo presente i vincoli geografici, solo l'ex Unione Sovietica può essere realisticamente considerata dall'Asia un fornitore di petrolio per il prossimo secolo;

2) l'ex Unione Sovietica va suddivisa in due aree produttrici, Russia e Asia Centrale. La produzione della Russia, per ubicazione geografica e infrastrutture esistenti, è quasi completamente riservata ai consumi nazionali ed europei. Solo il petrolio di Sakhalin può essere indirizzato verso il Giappone;

3) la Cina già partecipa ad almeno un grande progetto di investimenti in Asia Centrale e nel Mar Caspio, e le compagnie giapponesi fanno parte di diversi consorzi. Tuttavia, nell'anno 2010, le forniture provenienti da quest'area non potranno coprire più del 5% della domanda cinese di importazioni, e nel caso del Giappone la percentuale sarà persino minore. È piuttosto improbabile che il sud-est asiatico riuscirà ad importare molto petrolio da alcuna delle due regioni ex sovietiche.

4) la situazione si presenta però diversa per il gas naturale. Una sensibile crescita della domanda s'incontra con le ampie forniture potenziali della Russia, ma anche del Turkmenistan e dell'Iran.

La Cina ed il Giappone faranno probabilmente grandi sforzi per la realizzazione delle opzioni disponibili in Russia e Asia Centrale, onde ottenere un minimo di diversificazione delle forniture. Ma appare inevitabile che almeno il 90% delle importazioni di petrolio della Cina e del sud-est asiatico, nel 2010, dovrà passare attraverso lo stretto di Hormuz. Solo il Giappone si troverà in una posizione leggermente avvantaggiata, se verranno superati gli ostacoli politici che si frappongono allo sfruttamento e alle esportazioni del petrolio di Sakhalin. Ma non è detto che ciò accada in tempi brevi.

4. Scenari di rischio e sicurezza

In un articolo su *Forniture di energia e sicurezza nell'Asia Orientale*,[7] Thomas Bernauer ha elencato quattro fattori di rischio per la sicurezza:

1) paesi produttori che sfruttano le loro esportazioni come strumento politico;
2) importatori che esercitano una pressione militare sui paesi produttori di energia;
3) stati terzi che bloccano le vie di trasporto;
4) conflitti tra o all'interno di stati con ripercussioni negative sulle forniture di energia.

Il primo rischio è stato tradotto in realtà dai paesi dell'Opec negli anni settanta. È possibile che questo si ripeta se l'Opec, e in particolare i paesi del Golfo, riconquistassero la quota di mercato che avevano negli anni settanta?

La possibilità di realizzare il secondo rischio, è in un certo senso monopolio degli Stati Uniti in ragione della loro presenza militare. Se questa presenza non riesce ad esercitare una pressione sugli stati produttori, può perlomeno prevenire altre dominazioni militari nell'area, come è accaduto grazie alla guerra del Golfo del 1991. Conviene questa configurazione ai paesi asiatici? Avrebbero essi una sufficiente influenza per modificarla?

---

(7) T. Bernauer, «Energieversorgung und Sicherheit in Ostasien», *Neue Züricher Zeitung*, 22/23 novembre, 1997, p. 39.

Il terzo e il quarto rischio, l'interruzione delle vie di trasporto, è immaginabile nell'area del Golfo solo se la presenza militare americana venisse ridotta e scoppiasse un conflitto tra gli stati costieri. Gli stati asiatici sono in condizione di fare qualcosa per prevenire tale situazione? Difficile dire se gli stati del Golfo si troveranno nuovamente nelle condizioni di usare le forniture di energia come arma. La possibilità esiste, poiché le forniture di petrolio del Golfo riconquisteranno tra 10-12 anni la stessa quota di mercato che avevano nel 1973. Tuttavia, a lungo termine, i paesi Opec furono di fatto i perdenti del loro stesso gioco politico del 1973-74. Costrinsero gli stati occidentali a rivedere la loro politica energetica, con la conseguenza di ridurre drasticamente la loro dipendenza e di provocare un calo del prezzo del petrolio. Vanno inoltre considerati anche gli effetti della globalizzazione. L'interazione e l'integrazione economica internazionale stanno crescendo rapidamente. Di conseguenza, persino stati con strutture politiche ed economiche completamente diverse (ad esempio Russia e Turchia) diventano sempre più interdipendenti (il passaggio del gas naturale russo attraverso la Turchia ha richiesto investimenti ingentissimi). Questo fenomeno risulta particolarmente visibile nella regione del Mar Caspio, dove il cosiddetto «grande gioco», come avvenne nel XIX secolo, è finito a somma zero perché l'interdipendenza tra i paesi impedisce che il gioco venga giocato. Non vi è dubbio che questo processo, partito dai paesi industrializzati, finirà necessariamente per coinvolgere in misura crescente anche paesi come gli stati del Golfo. Le aree che tentano di proteggersi dagli effetti della globalizzazione cesseranno di essere competitive e rischieranno di venire emarginate. Si dovrebbe fare ogni sforzo possibile affinché i paesi del Golfo si integrino completamente in questa rete globale. È lecito dubitare che siano i paesi asiatici i primi a promuovere questa strategia, poiché molti di loro hanno problemi più pressanti dell'apertura degli stati del Golfo al mercato mondiale.

    Un'alternativa alla presenza militare statunitense, che sia in grado di mantenere un equilibrio militare nella regione del Golfo, è difficilmente immaginabile. Gli stati asiatici non possono sostituirsi alle forze militari Usa nel Golfo. Tuttavia, come hanno giustamente puntualizzato Amy Myers Jaffe e Robert Manning, la Cina potrebbe risentirsi dell'attuale protezione militare americana a quelli che sono suoi fornitori di energia. Questa percezione potrebbe dare luogo ad ogni sorta di evoluzione nelle relazioni tra Cina e Stati Uniti[8].

(8) A. Myers Jaffe e R. A. Manning, «The Myth of the Caspian 'Great Game': The Geopolitics of Energy», *Survival*, vol. 40, n. 4, 1998/99, pp. 112-129.

Neppure, la questione di una interruzione delle vie di trasporto non può comportare una politica attiva in tema di sicurezza da parte dei paesi asiatici fintanto che la presenza degli Stati Uniti la rende superflua. Se gli Stati Uniti vi vedessero un loro interesse, potrebbero proporre un'alleanza asiatica che assicuri la stabilità nella regione del Golfo anche con l'impiego della forza militare, una specie di Osce del Golfo. Tuttavia, è improbabile che una tale proposta possa essere realizzata in un prossimo futuro. È dubbio che gli Stati Uniti siano pronti a condividere il potere militare in quest'area così delicata, e i paesi asiatici non sono né in grado di trovare una linea comune con gli Stati Uniti né seriamente intenzionati a farlo.

Il desiderio di cercare un'alternativa all'attuale struttura di stabilità nella regione del Golfo non è abbastanza forte da superare le realtà degli assetti politici e militari. Malgrado ciò, lo squilibrio tra coloro che dipendono dalle forniture del Golfo e coloro che hanno gli strumenti per mantenere la stabilità nella regione, potrebbe a lungo termine condurre ad un nuovo approccio di cooperazione. La forza della globalizzazione sicuramente lavora in questo senso.

11. Il petrolio dal Golfo: una prospettiva giapponese

di Naofumi Hashimoto[1]

È interessante rilevare come il concetto di «sicurezza» venga percepito dagli esperti quasi esclusivamente con riferimento alle questioni militari. Nella mia percezione, a queste si aggiungono anche le questioni socio-economiche. Inoltre, il fatto che il capitolo di Müller in questo volume sia focalizzato soprattutto sulla sicurezza delle risorse petrolifere, è indicativo del modo in cui normalmente si vedono e s'interpretano le relazioni fra i paesi del Golfo e l'Asia.

Quando si parla di sicurezza nell'area del Golfo, si assume automaticamente che il Golfo sia una regione instabile. Molti specialisti, analizzando la situazione nel Golfo, citano dozzine di potenziali fattori d'instabilità interni ed esterni ai paesi del Golfo. È certamente vero che negli ultimi vent'anni si sono combattute nella regione due guerre vere e proprie e che non esistono garanzie che escludano la possibilità di futuri nuovi conflitti. Ma è forse il Golfo la sola regione instabile?

Può la regione del Golfo essere considerata meno stabile di altre aree, come ad esempio dell'Asia? Prima dell'estate 1997, la mia risposta sarebbe stata «sì». Oggi siamo nel 1999 e abbiamo assistito alla «crisi asiatica» e ancora non vediamo segnali definitivi che ne indichino la fine. Occorrerà del tempo per verificarlo, ma essa potrebbe portare ad una instabilità politica generale in alcuni paesi asiatici. Sta di fatto che oltre alle turbolenze economiche si possono facilmente citare alcuni fattori politici e militari destabilizzanti, come la proliferazione di missili nucleari e a lunga gittata nel sud-est asiatico. La mia risposta è perciò che l'Asia è instabile quanto il Golfo, e dirò di più, il Golfo è e rimarrà una regione piuttosto stabile nel contesto mondiale, poiché i paesi del Golfo sono sopravvissuti a numerose crisi, mantenendo il proprio sistema politico e sociale.

(1) Ministero degli Affari Esteri, Tokyo. Le opinioni espresse nel seguente capitolo sono personali e non rispecchiano necessariamente quelle del governo giapponese.

In molti hanno sostenuto che l'Asia è vulnerabile, perché fortemente dipendente dalle risorse energetiche provenienti dall'instabile area del Golfo ed in quanto questa dipendenza è destinata ad aumentare nel XXI secolo. Questa affermazione può essere condivisa? Non significa tutto questo che la dipendenza del Golfo dalle importazioni asiatiche di petrolio stia aumentando? In altre parole, l'Asia ed il Golfo sono interdipendenti e condividono l'interesse di mantenere un clima di reciproca fiducia, dato che il benessere futuro di entrambi è strettamente interconnesso. Questa relazione fra le due aree è destinata a continuare anche nel XXI secolo. Un sano approccio riguardo alle preoccupazioni di entrambe le parti, dunque, dovrà essere quello di una mutua cooperazione basata su un'associazione paritaria. Questo approccio, a lungo termine, avvantaggerà entrambe le parti, in primo luogo per prevenire il verificarsi di scenari poco auspicabili; gli stessi scenari più volte descritti da studiosi ed esperti dell'area, e in secondo luogo per attenuare gli effetti negativi di ogni possibile crisi, se questi scenari dovessero verificarsi.

Come esempio positivo di cooperazione tra i paesi del Golfo ed i paesi asiatici, vorrei citare rapidamente il Programma di cooperazione fra il Giappone e l'Arabia Saudita.

Il Giappone ha scambiato punti di vista con i paesi del Golfo, e principalmente con l'Arabia Saudita, ed ha imparato a conoscerne gli interessi relativamente ad una varietà di aree. Tali interessi non sono limitati alla necessità di sicurezza geopolitica, sebbene questa sia importante, ma coprono una vasta area, dallo sviluppo delle risorse umane all'ambiente, dalla tecnologia medica e scientifica alla cultura ed allo sport, oltre agli interessi tradizionali legati agli investimenti ed alle *joint ventures* nel Golfo.

Sulla base di questi sviluppi con l'Arabia Saudita e gli altri paesi del Golfo, il Giappone ha dato l'avvio al Programma di cooperazione Giappone-Consiglio di Cooperazione del Golfo nel XXI secolo, e al più importante Programma di cooperazione fra Giappone ed Arabia Saudita, che fu proposto, durante la visita ufficiale del Primo ministro Hashimoto nel Regno Unito nel 1997, come progetto da realizzarsi nel XXI secolo. Sulla proposta è stato poi raggiunto un accordo in occasione della visita ufficiale in Giappone del Principe Abdallah Ibn Abd al-Aziz al-Sa'ud, principe ereditario dell'Arabia Saudita, il 21 ottobre 1998. Questo Programma copre le diverse aree di interesse della parte saudita che ho menzionato in precedenza. Alcuni progetti sono già stati realizzati, mentre altri sono attualmente in fase di realizzazione o in fase di preparazione.

Con riferimento alle preoccupazioni relative alla sicurezza geopolitica, il Giappone ha iniziato nel giugno 1998 una consultazione annuale sugli aspetti politici a livello ministeriale, che in parte si riferisce anche al Programma di cooperazione fra Giappone e Arabia Saudita sottoscritto da Sua Altezza Reale, dal Principe ereditario dell'Arabia Saudita Abdullah e dal Primo ministro Obuchi.

Si può affermare con certezza che nessun paese né alcun sistema al mondo di sicurezza regionale può sollevare il Golfo dalle preoccupazioni relative alla propria sicurezza geopolitica. Ciò può essere ottenuto solo grazie ad una cooperazione internazionale. Senza dubbio, i paesi asiatici non sono nella posizione di garantire una sicurezza militare ad alcun'altra regione al di fuori dell'Asia: non sono riusciti a stabilire un sistema di sicurezza collettiva come la Nato o l'Osce nemmeno per garantire la propria sicurezza. A questo riguardo, l'Europa è un passo avanti all'Asia, e l'Asia non raggiungerà l'Europa nell'immediato futuro. Ma l'Europa non è in grado di mantenere o ristabilire la sicurezza nelle altre regioni. Basta pensare al caso della Bosnia o del Kossovo. Gli Stati Uniti potrebbero essere l'unico paese in grado di offrire una sicurezza geopolitica o militare, ma ciò diventa sempre più difficile senza l'appoggio degli altri paesi.

Come conclusione vorrei precisare un punto. Cooperazione bilaterale e consultazioni sono importanti per orientare i rapporti del Golfo, tra il Golfo e il Giappone, tra il Golfo e l'Europa e tra il Golfo e gli Stati Uniti, ma il coordinamento tra queste cooperazioni bilaterali è altrettanto importante, se si tiene conto dei punti che ho menzionato prima, specialmente per fare fronte ai problemi geopolitici. Secondo la mia opinione personale, trarremmo grandi vantaggi dall'organizzazione di un dialogo a quattro (Golfo, Europa, Stati Uniti e Giappone) in modo da coordinare le varie cooperazioni con il Golfo e particolarmente con l'Arabia Saudita.

Sezione IV

Islam, Occidente, Gerusalemme

12. L'Islam, l'Occidente e il ruolo dell'Arabia Saudita

di Abd al-Aziz I. al-Swayl[1]

Questo testo è diviso in due parti principali. La prima parte è dedicata alle relazioni, passate e presenti, tra l'Islam e l'Occidente. Un ambito nel quale non esistono fatti scontati. Le opinioni non sempre sono rigorose dal punto di vista accademico. Quasi sempre esse si situano in una prospettiva islamica (nel peggiore dei casi, fondamentalista), oppure in una occidentale (nel peggiore dei casi, colonialista). Tali punti di vista vengono accettati da una delle due parti e rigettati dall'altra. È raro riscontrare uno studio equilibrato che si ponga in un'ottica accademica. Tale campo, diversamente da altri aspetti dell'incessante ricerca umana di conoscenza, non è immune da ombre di tipo culturale, religioso, razziale e politico, che non solo lo tingono con i loro mutevoli colori, ma cercano anche di definirne i percorsi futuri. Un siffatto ambito di studi sarà probabilmente assediato da queste limitazioni per i decenni a venire.

La seconda parte del testo è circoscritta ai tentativi fatti dall'Arabia Saudita, con ogni mezzo a sua disposizione, per colmare il divario tra le due culture. Ciò che consideriamo centrale è, naturalmente, il fatto di presentare l'Islam come una maniera di vedere la realtà diversa ma degna di rispetto. Riteniamo che si debba fare punto a capo, divenendo capaci di apprezzare le nostre somiglianze e ammirare le nostre differenze.

1. Il dialogo Islam-Occidente

Noi musulmani ci lamentiamo di non essere compresi in Occidente. Questa è la mia convinzione. Credo che questa situazione sia dovuta a fattori che hanno a che fare con i musulmani contemporanei e le pratiche di alcuni di loro. Tuttavia, esistono altri fattori che non hanno

(1) Università Re Sa'ud, Riyadh.

a che fare con i musulmani. Sicuramente lo stesso Islam non ha nulla a che fare con tutto quanto sta succedendo ai giorni nostri.

La posizione dell'Islam nei confronti del dialogo con i credenti, è chiaramente descritta nel seguente versetto coranico: «[o Muhammad] Dì: 'O gente del Libro! Venite ad un accordo equo fra noi e voi'»[2]. L'insistenza dell'Islam sui mezzi pacifici da utilizzare a tal fine, è espressa in maniera chiara nel versetto seguente: «[o Muhammad] Chiama gli uomini alla Via del Signore, con saggi ammonimenti e buoni, e discuti con loro nel modo migliore»[3], ed anche in quello che dice: «ma tu allontana da te il male con il Bene Massimo: Noi meglio di chiunque sappiamo ciò che costoro raccontano»[4], e ancora: «[O Muhammad] Dì: «Crediamo in Dio e in quel che è stato rivelato a noi e in quel che è stato rivelato ad Abramo e a Ismaele e a Isacco e a Giacobbe e alle Tribù, e in ciò che fu dato a Mosè, e a Gesù e ai Profeti dal loro Signore»[5]. La storia rivela che l'Islam è stato diffuso in maniera pacifica grazie ai mercanti molto più frequentemente di quanto non lo sia stato grazie alla spada.

Perciò ritengo che sia utile concentrarci sulle relazioni tra l'Islam e l'Occidente che sono invece difficili. Cercherò dunque di individuare con precisione alcuni esempi di ciò che credo abbia generato tali difficoltà.

Spero che tramite un dialogo costruttivo giungeremo alla conclusione che si tratta solamente di un fraintendimento.

È possibile instaurare un dialogo costruttivo dopo aver isolato gli elementi cruciali ed averli analizzati. È inoltre necessario che le due parti siano ugualmente desiderose di portare alla luce la verità. Il fraintendimento scomparirà, per creare un ampio spazio di stima e rispetto reciproco.

Nel suo libro piuttosto provocatorio, dal titolo *L'Europa e l'Islam*, Bernard Lewis osserva intelligentemente che ...«tra i due termini 'Europa' e 'Islam' c'è, o sembrerebbe esserci, una certa asimmetria. L'uno è un'espressione geografica, il nome di un continente ... l'altro è una religione»[6]. Lo stesso tipo di osservazione mantiene la sua correttezza quanto all'uso di parlare in termini di Islam e di Occidente. Di fatto, questa seconda coppia di termini è ancora più asimmetrica, in quanto essa connette un'entità tangibile, quale una religione praticata

(2) Corano, III, 64.
(3) *Ibid.*, XVI, 125.
(4) *Ibid.*, XXIII, 96.
(5) *Ibid.*, III, 84.
(6) B. Lewis, *Europa e l'Islam*, Laterza, Roma, 1999.

e vissuta, con una determinazione spaziale astratta, che ingloba forzatamente un'ampia gamma di sottogruppi razziali e culturali.

Il vero dilemma è quello di riconciliare le due parti dell'espressione, a partire dal fatto che l'Islam (la prima metà dell'espressione) non si rivolge mai a popolazioni connotate a partire da determinate specificazioni spaziali. Tuttavia, l'Islam riconosce le altre due religioni monoteiste, come è estesamente documentato nel sacro Corano, nella tradizione profetica e nelle pratiche dei musulmani ortodossi.

Il termine islamico (o piuttosto coranico) per indicare i credenti di altre religioni monoteiste è quello di «gente delle Scritture» o «gente del Libro». Alcuni di loro non solo sono accettati a livello verbale e nei fatti, ma sono anche, in certe situazioni, lodati come veri credenti e amici affettuosi dei musulmani: «ma anzi, quando ascoltano quello che è stato rivelato al Messaggero di Dio li vedi versare lacrime copiose dagli occhi, a causa di quella verità che essi conoscono»[7]; e ancora: «troverai che i più cordialmente vicini a coloro che credono sono quelli che dicono. 'Siamo cristiani!' Questo avviene perché fra di loro vi sono preti e monaci ed essi non sono superbi»[8], e infine: «Non tutti però sono uguali: ché fra la gente del Libro ve n'ha di retti»[9].

Un'altra osservazione di Lewis degna di essere presa in considerazione, è la sua concezione secondo cui «...l'Islam e la cristianità hanno vissuto fianco a fianco - sempre come vicini». Anche ciò è fortemente documentato nel sacro Corano, nella tradizione profetica e in quella pratica dei musulmani ortodossi che comincia all'alba dell'Islam e culmina nella «saga dell'Andalusia».

Le due domande che si pongono da sole, a questo punto, sono le seguenti: perché continuiamo a utilizzare l'espressione «Islam e Occidente»? e, ancora, a vantaggio di chi viene fatto ciò?

Sarebbe più ragionevole fare maggiore chiarezza sulla relazione tra Islam e cristianesimo, oppure, volendo, sulla relazione dell'Islam con ciascuna delle due altre religioni. In tal modo ci troveremmo a comparare fenomeni simili, piuttosto che a confondere le mele con le arance. Ma le due domande resistono tenacemente nell'ambito degli studi arabo-islamici e mediorientali.

Purtroppo la maggior parte degli stereotipi occidentali sull'Oriente sono costruiti a partire dall'immaginario offerto dagli orientalisti su questa parte del mondo. Edward Sa'id sintetizza come segue tale immaginario: «L'Oriente era praticamente un'invenzione europea, e fin

---

(7) Corano, V, 83.
(8) *Ibid.*, V, 82.
(9) *Ibid.*, III, 113.

dall'antichità è stato un luogo romanzesco, popolato di esseri esotici, di memorie e paesaggi ossessivi, di esperienze indimenticabili»[10].

Tale immagine si è immediatamente dissolta quando è stata esposta alle regole delle relazioni internazionali. L'Oriente non è solo ciò che costituisce tale quadro immaginario. È molto di più. È un mosaico complicato di popoli, culture, religioni ed entità politiche.

Purtroppo, bisogna ancora dirlo, nel mondo concreto degli interessi, gli stereotipi fantasiosi ed esotici non valgono quasi nulla. Si tratta forse di una delle cause della situazione attuale? Non è forse compito degli studiosi, degli intellettuali, degli specialisti di studi internazionali, volgere l'attenzione a tali fatti e consacrare a tale ambito l'integrità che esso merita?

Gli studi sull'Islam e sui musulmani condotti in seno alle istituzioni occidentali sono sempre stati viziati dall'applicazione di criteri occidentali. Ciò è avvenuto per molteplici ragioni. Nel migliore dei casi, i sostenitori della parte occidentale (spesso indicati come studiosi) comparano le pratiche islamiche con gli ideali occidentali. È anche vero che i sostenitori della parte musulmana hanno comparato l'ideale islamico con la pratica occidentale. Queste false prospettive sono funzione dei seguenti fattori: la profondità e l'importanza delle questioni trattate; la qualità professionale e le risorse dell'informazione; la portata degli interessi coinvolti; il grado di accettazione e di comprensione dell'altro.

A questo punto, è del tutto legittimo porsi le domande seguenti: le discipline legate agli studi arabo-islamici (per non parlare dei *media*), non meritano forse una pausa di valutazione? Non dovremmo forse motivare gli studenti e gli specialisti di tale ambito a conseguire degli approcci e delle metodologie più pratici e realistici, se vogliamo raggiungere una migliore comprensione della religione e della gente?

Un'altra domanda che si impone, riguarda ciò che gli studiosi occidentali ritengono più degno di interesse. La maggior parte degli studi si concentrano su questioni periferiche, invece che sul pensiero dei musulmani ortodossi. Solo una ristretta minoranza di specialisti affronta la storia e le idee degli *ulama* sunniti, quali Ibn Taymiyya, Ibn al-Jawzy e Ibn al-Qayyam, mentre esistono molti studi su Ibn Rushd, Ibn al-Arabi e al-Ghazzali[11]. Con ciò non vogliamo dire che questo se-

---

(10) L'autore si riferisce all'opera di E. Sa'id, *Orientalism*, edito in italiano da Bollati Boringhieri, Torino, 1991(NdC).

(11) I primi tre autori Ibn Taymiyya (m. 1328), Ibn al-Jawzi (m. 1257) e Ibn al-Qayyam (m. 1350) rappresentano, nella visione dell'autore, la tendenza 'ortodossa' e 'giurista' dell'Islam; mentre gli ultimi tre Ibn Rushd (Averroè nella tradizione latina,

condo gruppo di pensatori non meriti di essere studiato. Tuttavia, consacrare l'80% dell'impegno a ciò che rappresenta un 20% periferico va contro un'accettabile distribuzione statistica. In realtà, i musulmani ortodossi costituiscono più dell'80% del totale. Avviene forse questo perché è più attraente studiare correnti di pensiero complesse e filosoficamente sofisticate? L'Islam è un messaggio semplice che non vuole sfidare l'intelletto. In quanto tale, è possibile che esso non rappresenti un soggetto accademicamente interessante. Ha la predominanza dei lavori di filosofia islamica distolto l'attenzione degli studiosi occidentali dall'Islam reale?

In tempi recenti, alcuni studiosi hanno parlato di ciò che essi definiscono come «conflitto di civiltà»[12]. L'Islam, insieme ad altri fattori che non hanno nulla a che fare con esso, è percepito come il nuovo nemico dell'Occidente. Le questioni legate a questa nuova «teoria» sono molto numerose e degne di dibattito. Tuttavia, si tratta di una teoria che è ancora sottoposta a riflessione. Aspetteremo di vedere quanto gli studiosi di relazioni internazionali la prenderanno seriamente e fino a qual punto essa sia dimostrabile.

2. Il dialogo Islam-Occidente e l'Arabia Saudita

L'Arabia Saudita, sia come popolo che come stato, possiede alcune caratteristiche che la rendono un buon candidato a rivestire un ruolo centrale nel processo d'avvicinamento tra Islam e Occidente. Il discorso politico saudita è sempre stato sommesso, ragionevole, legato a obiettivi effettuabili e accessibili. Comparato con altri discorsi, militanti o meno pragmatici, quello saudita si colloca in ottima posizione rispetto alla necessità di offrire un'opzione di cooperazione.

Questo approccio ha destato l'interesse internazionale. Molte nazioni preferirebbero trattare con il Regno d'Arabia Saudita, come rappresentante del mondo islamico, nel momento in cui si trovano a gestire alcune questioni riguardanti i loro cittadini musulmani. Infatti, non è costume dell'Arabia Saudita andare oltre ciò che può aiutare i musulmani che vivono in Occidente ad essere cittadini laboriosi e amanti della pace nei paesi in cui scelgono di vivere.

---

m. 1198), Ibn al-Arabi (m. 1240) e al-Ghazzali (m. 1111) rappresentano la tendenza mistica e filosofica considerata dall'autore come più marginale ed 'eterodossa' (NdC).

(12) L'autore si riferisce al celebre articolo di S. Huntington, «The Clash of Civilizations», *Foreign Affairs*, 1994, New York (Council of Foreign Relations), poi sviluppato in un libro edito in Italia da Garzanti, 1998 (NdC).

In Arabia Saudita riteniamo che una persona non sia realmente un buon musulmano, se non nel caso in cui costituisca una fonte di amore, pace e compartecipazione. Un musulmano non è semplicemente un individuo, bensì dovrebbe essere un esempio vivente di tutto quanto è richiesto da questa grande religione e dal suo stile di vita. È possibile raggiungere tale fine aiutando la persona in questione a conformarsi a tale modello. Ciò presuppone anche degli esseri umani che abbiano il desiderio di conformarvisi. Questo è naturalmente il motivo cruciale per cui il modello saudita ha dimostrato di essere il più congeniale sia alle autorità occidentali, sia alle comunità musulmane moderate che vivono nei paesi occidentali.

L'alleanza tra l'aspirazione saudita e quella islamica è tanto antica quanto l'esistenza del primo stato saudita, collocabile circa trecento anni fa. Tutto ciò ha avuto inizio con il virtuoso accordo tra il lungimirante Imam Muhammad ibn Sa'ud, fondatore del primo stato saudita, e il noto riformatore religioso Muhammad ibn Abd al-Wahhab. I due stati sauditi successivi seguirono lo stesso cammino. Il Re Abd al-Aziz, fondatore dell'attuale Arabia Saudita, ispirò la sua vita e la sua pratica a questa alleanza, e dopo di lui i suoi figli seguirono e seguono tuttora lo stesso percorso.

Il Regno d'Arabia Saudita celebra quest'anno il suo centennale (1999). Si tratta di un momento storico opportuno per fermarsi e guardarsi indietro onde compiere una valutazione dell'impegno saudita nell'incoraggiare le relazioni tra Islam e Occidente, illustrando il vero Islam e tendendo una mano ai musulmani moderati di tutto il mondo.

Tale impegno si sviluppa principalmente secondo cinque aspetti:
- dar prova della morale e della prassi islamiche in ogni scambio diplomatico, commerciale e legale con le altre nazioni, rispettando tutti gli altri e apprezzando le loro credenze e le loro leggi. Il Regno si conforma alle pratiche islamiche nell'insieme degli accordi e delle relazioni internazionali, specialmente nel contesto degli organismi internazionali cui appartiene;
- educare i musulmani che si trovano in Occidente ad essere buoni musulmani per contribuire allo sviluppo e alla prosperità delle società in cui hanno scelto di vivere. Di solito è possibile raggiungere tale fine sia aprendo scuole per giovani musulmani occidentali nei loro paesi, che offrendo loro delle borse di studio per l'Arabia Saudita;
- cooperare con le autorità locali per fornire dei luoghi di culto ai musulmani praticanti. Tali luoghi devono funzionare anche come centri culturali per rendere accessibile l'Islam a chiunque sia in cerca di conoscenza nei confronti di tale religione o dei musulmani;

- scambiare punti di vista mediante la partecipazione a conferenze di alto livello accademico. L'Arabia Saudita crede che nulla sia più produttivo di un dialogo civile che unisca le nazioni e tragga il meglio da ciò che noi tutti abbiamo a disposizione, per giungere ad un mondo pacifico, prospero ed equilibrato;

- per concludere, l'Arabia Saudita si trova ad incorporare l'Islam entro i suoi confini. L'Islam, come è noto, non è praticato unicamente nei luoghi di culto. Esso è un modo di vita globale. Propone le sue soluzioni alle domande dell'uomo e offre le sue vedute su questioni politiche, economiche, sociali, e altro ancora. «Non vi sono bestie sulla terra né uccelli che volino con l'ali nel cielo che non formino delle comunità come voi. Noi non abbiamo trascurato nulla nel Libro. Poi avanti al loro Signore saran tutti raccolti»[13]. Ci piacerebbe credere che l'esperienza saudita dimostri che dal punto di vista pratico l'Islam è fortemente adattabile ad ogni epoca, ad ogni persona, ad ogni luogo. Speriamo che venga prestato ascolto a questo discorso che viene dalla ragione, malgrado il fracasso delle distruzioni e le alte grida che cercano di offuscarlo.

Guardiamo ora più nel dettaglio ciascuno di questi aspetti. Fin dalla sua unificazione e dalla fondazione da parte del defunto Re Abd al-Aziz ibn Sa'ud, il Regno d'Arabia Saudita ha stabilito la propria reputazione in quanto stato islamico. Nel suo incontro, divenuto ormai storico, con il Presidente Roosevelt e con il Primo Ministro Churchill, il fondatore del Regno fu l'emblema del musulmano di ampie vedute. Nel rispetto dei suoi impegni internazionali e gestendo in maniera professionale le sue discussioni con queste figure di alta rilevanza storica, in circostanze che sapeva essere del tutto eccezionali, egli insistette tuttavia per sostare nella preghiera per cinque volte al giorno, secondo intervalli che si combinassero opportunamente con le soste di cui i suoi interlocutori avevano comunque bisogno. Se non altro per fumare, gesto che di fronte ad un sovrano musulmano non è solo di cattivo gusto, ma è anche politicamente non corretto. Il sovrano musulmano rispettò tutti gli accordi, nutrendo un sentimento profondo nei confronti di chi considerava essere un partner rispettoso degli accordi e della pace. Allo stesso tempo, egli non trascurò di conseguire quanto gli derivava dalle sue responsabilità religiose e nazionali. È veramente commovente leggere ciò che ebbe a dire il Presidente Roosevelt dopo questo storico vertice: «Ho imparato molte più cose sul Medio Oriente da Ibn Sa'ud in cinque minuti, di quante non ne avessi imparate nei sedici anni precedenti». Il Re fu molto rattristato quando gli venne co-

(13) Corano, VI, 38.

municata la morte della sua controparte poco dopo l'incontro. Di fatto, egli stava semplicemente rivivendo le tradizioni islamiche tali quali furono rivelate nel sacro Corano e riportate sul Profeta Muhammad.

Il sistema politico internazionale dell'Arabia Saudita, rappresentato dalle ambasciate saudite di tutto il mondo, è sempre stato la pura continuazione di questi primi passi. Un ambasciatore saudita è preparato per rappresentare il modello islamico e ci si attende da lui che tragga ogni suo passo dall'essenza dell'Islam. Le ambasciate saudite sono considerate come una fonte di saggezza e il punto di diffusione della conoscenza islamica. Praticamente ognuna di esse rappresenta la «Dar al-fatwa», ovvero la casa della «risposta»[14], per la maggior parte dei musulmani che si trovano all'estero. Si è giunti a ciò solo dopo una lunga esperienza, in cui ci si è mostrati degni di fiducia e attendibili.

Il sostegno offerto dall'Arabia Saudita alle organizzazioni islamiche regionali e internazionali, è senza pari. Per fare qualche esempio, basta menzionare la Banca Islamica per lo Sviluppo, la Lega Islamica Mondiale e l'Organizzazione Islamica Internazionale di Soccorso. Tali organizzazioni godono del pieno sostegno finanziario da parte dell'Arabia Saudita e sono situate in territorio saudita.

Tutti i re sauditi che si sono succeduti hanno considerato l'educazione dei musulmani come la pietra angolare di ogni sviluppo umano, e ciò a partire dai loro concittadini nel paese fino a comprendere tutti i loro fratelli nel resto del mondo. Esistono molte accademie di notevole importanza a Washington, Londra, Mosca e Bonn. Centinaia di scuole dopolavoro ricevono dei sostegni in quasi tutte le città del mondo in cui sono presenti dei musulmani. Gli istituti islamici in America, Giappone, Indonesia e in altri paesi, sono considerati dagli studiosi come centri di ricerca degni di stima e validi per lo scambio di conoscenze. Centinaia di studenti si diplomano in tali istituti per contribuire allo sviluppo e all'arricchimento della loro società. Un buon numero di insegnamenti accademici e di borse di studio per professori e studiosi viene offerto in centri accademici degni di stima di molti paesi. I diplomati di tali istituzioni stanno facendo la loro parte per colmare il divario culturale esistente tra le due grandi culture. Queste istituzioni sono troppo numerose per essere elencate. Esse hanno rappresentato un grande contributo accademico, culturale e educativo per le loro comunità locali. Esse sono bene accolte e vengono incoraggiate, a volte sostenute dalle autorità locali.

(14) Letteralmente «casa del parere giuridico». La *fatwa* è infatti un parere giuridico su una questione specifica rilasciato da un esperto di diritto musulmano (NdC).

Il Regno ha fondato un'università nella città santa di Medina con l'unico scopo di educare i musulmani che provengono dall'estero. L'insieme degli studenti di tale università è composto da più di sessanta nazionalità, che vanno da quella giapponese, ad est, fino a quelle americane, ad ovest. Si tratta di un'oasi che richiama alla mente i grandi centri di insegnamento islamico dell'apice della civiltà musulmana. Borse di studio vengono attribuite a centinaia di studenti musulmani per frequentare gli altri sette istituti di educazione superiore del Regno. Decine di professori si recano in visita nelle università saudite per insegnarvi e partecipare alla cooperazione nella ricerca accademica con partner sauditi.

Il Regno è desideroso di aprire un centro islamico in ogni capitale che lo accetti e gli dia il benvenuto. Già vi sono centri culturali in molte capitali europee, americane, asiatiche ed africane. Il solo scopo di tali centri è lo scambio di conoscenze con altri credenti che siano interessati a impegnarsi in un dialogo civile. Nessuno di questi centri è mai stato fonte di disagio per le autorità locali. Al contrario, tali centri sono luoghi per plasmare dei musulmani orgogliosi che provino un sentimento di fedeltà nei confronti dei paesi in cui hanno scelto di abitare. Sono centri in cui i musulmani danno il benvenuto a chiunque abbia larghezza di vedute e, accettando i credenti di altre pratiche, scambiano con loro un dialogo che esplora la comprensione tra persone di ogni razza, religione e modo di vita.

Il grande centro islamico di Roma è un esempio vivente di tale filosofia. Di solito viene presa ogni misura possibile per lasciare dirigere i centri ai musulmani locali, in conformità con le leggi e regolamentazioni del posto, e con la totale osservanza della sensibilità religiosa e sociale delle nazioni ospitanti. Tali centri vengono sempre incoraggiati a partecipare ad ogni attività che promuova la comprensione, il rispetto e l'amicizia tra vicini e amici dei musulmani. Le loro porte sono aperte a chiunque cerchi informazioni o voglia semplicemente fermarsi per dare un'occhiata e salutare. Con tale collaudata politica, i centri in questione hanno potuto esistere per decenni e sono stati accolti benevolmente sia dai governi che dalla gente. Anche in questo caso sarebbe impossibile elencarli tutti. Se vivete in una capitale, molto probabilmente conoscete o avete sentito parlare di un centro islamico che vi sia localizzato.

Esiste presso i sauditi il costante convincimento che attraverso lo scambio culturale, le persone possano risolvere le loro differenze e scoprire le proprie somiglianze. Nei quattordici anni passati, il festival di *al-Jenadriyya* ha costituito un punto di riferimento culturale. Questo evento annuale è emerso come uno dei più stimati e rispettati convegni a livello mondiale. In un'atmosfera di completa libertà, i pensatori vengono ascoltati senza essere censurati o interrotti, e si offrono loro uguali possibilità di ascoltare diversi punti di vista. I pensatori, con le loro idee contrastanti, provengono da tutti gli angoli del mondo. Essi vivono, mangiano e socializzano insieme; poi, si riuniscono nella grande sala di conferenze intitolata a Re Faysal per scambiarsi le proprie idee.

Mi ricorderò sempre di alcuni pensatori occidentali di rilievo che si trovano a divergere drasticamente con le opinioni di musulmani e arabi. Tali persone stentano a credere che possano presentare i testi sulle loro ricerche nel cuore di Riyadh. Lo scorso anno, nel 1998, Samuel Huntington[15] si sbalordì quando presentò una comunicazione che egli credeva sarebbe stata, nella migliore delle ipotesi, rifiutata dai comitati di preparazione della conferenza. Naturalmente, la sua comunicazione incontrò un'opposizione delle più ardenti. Ma solo mezz'ora dopo egli sedeva a tavola con gli organizzatori della conferenza, esprimendo loro quanto avesse apprezzato il fatto di avere quest'opportunità di visitare l'Arabia Saudita e di incontrare dei musulmani in prima persona piuttosto che cadere vittima di stereotipi codificati.

John Esposito[16] diceva ai suoi amici sauditi che egli aveva sempre un gran desiderio di trovarsi ad *al-Jenadriyya*, luogo in cui era per lui possibile incontrare il più gran numero di studiosi sotto un unico tetto come da nessuna parte altrove. Anche alcune importanti figure politiche viaggiano verso Riyadh per prendere parte a questo evento culturale a scadenza annuale. Nella conferenza del 1998, che era dedicata alla discussione su Islam e Occidente (di fatto, per il secondo anno di seguito), era presente Carlo d'Inghilterra, principe del Galles. Moltissime persone hanno potuto ascoltare le lodi del principe alla religione islamica e alla raffinata arte musulmana. Tale comprensione e apertura di vedute di figure occidentali del calibro del principe, è certamente accolta benevolmente dai musulmani, assetati di onestà e giustizia. I pensatori arabi dell'intero panorama politico ed intellettuale considerano *al-Jenadriyya* come il loro pellegrinaggio annuale, in cui essi possono esprimere liberamente i propri pensieri. Si tramanda che al-Ghazzali (studioso di giurisprudenza islamica) sussurrò il proprio desiderio di intervenire su ciò che egli considerava come un evidente e indubitabile atto di miscredenza nei confronti di Dio qualche minuto

---

(15) Vedi nota 12.
(16) Studioso di Islam contemporaneo; tra le sue opere più note ricordiamo *The Islamic Threat: Myth or Reality?*, Oxford University Press, New York, 1992; *Voices of Resurgent Islam*, Oxford University Press, New York, 1983 (NdC).

prima di morire di un attacco di cuore. Ciò avveniva nella ricordata grande sala, nello stesso momento in cui il dottor Fahmy Jada'an, un arabo modernista di sinistra, stava presentando una comunicazione sul pensiero modernista.

Una serie di altre conferenze minori si tengono in diverse parti del Regno durante tutto l'anno. Questioni che spaziano dal campo politico a quello religioso, sociale ed economico, vengono affrontate in tali conferenze, che sono frequentate da pensatori sauditi insieme a ospiti provenenti dall'estero. Gli studiosi sauditi vengono inviati per partecipare a congressi internazionali ovunque sia possibile. I diplomati sauditi, che frequentano scuole nelle università occidentali, vengono incoraggiati e sostenuti economicamente per frequentare seminari e congressi e per fare presentazioni nelle loro scuole o al di fuori di queste. Tutti questi impegni hanno reso l'Arabia Saudita un paese gradito e rispettato ovunque essa o le sue rappresentanze siano presenti.

Come abbiamo già detto, storicamente l'Arabia Saudita si fonda unicamente sull'Islam come fonte di ogni aspetto della vita. Non esistono minoranze non musulmane in Arabia Saudita. L'Islam è presente in ogni atto a partire dalla professione di fede, la più essenziale dell'Islam, fino alla bandiera nazionale e ad ogni minimo dettaglio nella vita quotidiana degli individui.

Tutte le leggi, le regole e i sistemi sauditi derivano dall'Islam. La costituzione del Regno è rappresentata dal sacro Corano e la *shari'a* è l'unica legge in vigore sul territorio. Gli sviluppi moderni che esigono istruzioni e regolamentazioni quali le leggi sul traffico, si fondano strettamente su basi islamiche nell'interpretazione degli *ulama*. Le tre leggi di base promulgate recentemente dal Re Fahd, cioè la legge degli atti di governo, quella del Consiglio consultivo e quella degli enti locali, corrispondono esattamente alla rivelazione coranica e alla tradizione profetica. La vita quotidiana e i procedimenti del governo vengono gestiti in conformità con i codici islamici. I due santuari sacri più importanti dell'Islam, quelli della Mecca e di Medina, si trovano nei territori sauditi. Il governo saudita considera come un dovere di provvedere ai pellegrini. Ovviamente, esso ha il compito di mantenere, rendere operativi e sicuri i luoghi sacri.

Il risultato di tutte queste misure e dei fatti qui ricordati, è la condizione di tranquillità e il primato di sicurezza della società saudita, che è eguagliato solo in pochissime altre società. Le statistiche mostrano che, in media, la percentuale di crimini, in particolare di omicidi, è molto bassa.

Per concludere, si spera che questi sforzi incessanti da parte dell'Arabia Saudita, porteranno quei frutti che d'altronde già possiamo vedere ora. Vale la pena notare che tutti i nostri amici in Europa, considerano tali sforzi con uno sguardo colmo di ammirazione, così come i sauditi nutrono un'analoga ammirazione per tutti gli sforzi europei miranti a comprendere e rispettare l'Islam e a proporsi come luogo di accoglienza per quei numerosi musulmani che cercano una vita pacifica e mirano a partecipare allo sviluppo della nuova società in cui si trovano. Questo insieme di elementi, parallelamente alle grandi opportunità che condividiamo a livello economico ed altro, forniscono basi stabili che potremo presentare alla prossima generazione nel secolo che sta per arrivare.

Grazie, possa la pace e la misericordia di Dio l'Onnipotente essere su tutti noi.

13. Islam e Occidente: confronto o scontro?

di Vincenzo Strika[1]

Alla vigilia del XXI secolo non è facile un bilancio delle relazioni tra Islam e Occidente[2]. Alle difficoltà metodologiche riguardo la periodizzazione e i contenuti, si aggiungono altre considerazioni. Innanzitutto, le relazioni furono a lungo soltanto tra Europa e Islam, ma anche all'interno del vecchio continente esse riguardarono il sud che subì l'influenza culturale islamica, laddove nel nord, le relazioni erano esclusivamente commerciali, come dimostrano le monete abbasidi rinvenute dalla penisola scandinava al Baltico. Fino a che punto tali relazioni si identificano con la religione e quali i limiti della storiografia del tempo - poco portata a descrivere i contatti «umani» - al di là delle posizioni ideologiche? Infine la devastante influenza dei *mass media* contemporanei.

Gli studi sull'Islam sono lontani dai risultati di chi - la stragrande maggioranza degli studiosi - ha preferito dedicarsi all'Occidente. Scienze «nuove», come l'antropologia e la sociologia, hanno pochissimi cultori nel mondo islamico che è bene ricordarlo va dall'Indonesia al Nord Africa, a suo tempo coinvolse la Spagna ed è ancor oggi presente nella penisola balcanica. Questi limiti sono riconosciuti anche in Occidente, nel dibattito tra universalismo e relativismo culturale la cui versione attuale sembra essere il contrasto tra «globale» e «locale». I sostenitori della globalizzazione ritengono che l'umanità stia entrando in una sorta di stato supernazionale; altri invece che la nuova epoca è dominata dalla trasposizione di temi e motivi dai centri «forti», nella quale le culture locali rischiano di essere soffocate[3]. Töf-

---

(1) Istituto Universitario Orientale, Napoli.
(2) Della vasta bibliografia al proposito ricordiamo: D.A. Agius, R. Hitchcock (a cura di), *The Arab Influence in Medieval Europe*, Ithaca Press, Reading, 1994; per l'Italia, F. Gabrieli-U. Scerrato, *Gli Arabi in Italia. Cultura contatti e tradizioni*, Garzanti, Milano, 1993.
(3) S. Silbey, «Let Them Eat Cake: Globalisation, Post-Modern Colonialism and the Possibility of Justice», in *Law and Society Review*, 31, n. 2, 1997, pp. 207-235; R. A. Wilson, *Human Rights, Culture and Context: Anthropological Approaches*, Lon-

fler parla deliberatamente di rivolta dei ricchi[4], altri di internazionalizzazione della pace e altri ancora di guerra civile mondiale.

Anche per questi motivi, è meglio collocare il problema in un contesto più vasto, poiché nel divenire della storia le relazioni tra Islam e Occidente altro non sono che lo sviluppo delle relazioni secolari che vanno oltre l'Islam e coinvolgono civiltà alle quali Occidente e mondo islamico hanno abbondantemente attinto. Nella storia. hanno poco spazio idee come quelle di Fukuyama o Huntington[5]. Per confutare la prima, basterà ricordare che di «fine della storia» il passato è pieno, cioè di apparenti trionfi di una determinata ideologia. Quanto allo scontro che ne è la logica sottospecie, esso non è mai esistito, poiché le civiltà non si scontrano, se non come un'etichetta che nasconde l'ambizione dei potenti o ragioni economiche. Che ciò sia avvenuto in forma aggressiva, rientra nei limiti della natura umana, di cui clan, tribù, oggi «stato» sono l'espressione collettiva. In questi stessi limiti, rientra anche l'idea che l'altro sia inferiore. La psicanalisi insegna molto al proposito.

Misurato in numero di anni, il primato culturale spetta all'Oriente la cui influenza giunse alle civiltà danubiane in Occidente sin dalla preistoria. La stessa civiltà greca partì da quanto elaborato in Oriente, dando ad esso lo sviluppo che tutti conoscono. Politicamente il punto d'arrivo fu la campagna di Alessandro, ma al di là delle battaglie il suo immenso impero diede vita all'ellenismo in cui la grecità si fuse con l'Oriente. L'Impero romano, dilatandosi nel Nord Africa e nel Vicino Oriente, lasciò tracce culturali da Hatra in Iraq a Medayn Saleh in Arabia Saudita. Traiano arrivò al Golfo, ma non fu una soggiogazione culturale poiché nel suo apogeo l'Impero romano, specialmente nell'arte, accolse non pochi elementi orientali. Bisogna dare atto alla grande tolleranza romana per la quale i popoli conquistati non erano sottospecie inferiori.

L'avvento del cristianesimo aprì un nuovo periodo. La nuova religione nacque in Oriente e qui ebbe i primi centri culturali, quali Alessandria e Antiochia. L'Armenia fu il primo stato a farne religione ufficiale. C'è da chiedersi quali sarebbero stati gli sviluppi se il cristianesimo fosse rimasto in ambiente semitico. L'interrogativo è d'obbli-

---

don, 1997.

(4) A. Töffler, *Guerre et contre-guerre*, Paris, 1993.

(5) F. Fukuyama, *La fine della storia e l'ultimo uomo*, Rizzoli, Milano, 1992; S. Huntington, «The Clash of Civilisation», in *Foreign Affairs*, 1994, New York (Council of Foreign Relations), poi sviluppato in un libro edito in Italia da Garzanti.

FrancoAngeli

IN OMAGGIO PER LEI
(COMPILANDO QUESTA SCHEDA)

I NOTIZIARI ED I CATALOGHI
PIÙ AGGIORNATI

DAL MANAGEMENT ALLA PSICOLOGIA,
DALLA SOCIOLOGIA ALL'ARCHITETTURA, DALL'INFORMATICA
ALL'ECONOMIA, DALLE DISCIPLINE UMANISTICHE
AI PROBLEMI SOCIALI,
FRANCOANGELI È LA PIÙ GRANDE BIBLIOTECA
SPECIALIZZATA IN ITALIA.
UNA GAMMA DI PROPOSTE PER SODDISFARE LE ESIGENZE
DI AGGIORNAMENTO DEI PROFESSIONISTI E QUELLE
DELLA FORMAZIONE UNIVERSITARIA.

SI', DESIDERO RICEVERE (GRATUITAMENTE E SENZA IMPEGNO) I VOSTRI NOTIZIARI ED I CATALOGHI ATTORNO A QUESTI TEMI:

- 550 ❏ Le guide *Trend* alle nuove abilità professionali (di comunicazione, di memoria...)
- 552 ❏ Le guide *Le Comete* al benessere psicologico e medico (problemi di coppia, di famiglia...)
- 553 ❏ Le guide *Soldi* (per orientarsi nel mondo del denaro, degli investimenti e dei consumi)

MANAGEMENT

- 520 ❏ Amministrazione, finanza e controllo
- 521 ❏ Sistemi informativi, office automation
- 522 ❏ Marketing e direzione commerciale
- 523 ❏ Vendite e direzione vendite
- 524 ❏ Pubblicità e comunicazione
- 525 ❏ Acquisti e approvvigionamenti
- 526 ❏ Direzione della produzione
- 527 ❏ Impiantistica, logistica, manutenzione e studio del lavoro
- 528 ❏ Qualità
- 529 ❏ Direzione del personale
- 530 ❏ Formazione
- 531 ❏ Organizzazione

- 170 ❏ Informatica (linguaggi e programmazione)

- 100 ❏ Architettura, conservazione, restauro
- 101 ❏ Edilizia, abitazione, impiantistica
- 102 ❏ Urbanistica

- 103 ❏ Geografia

- 104 ❏ Ecologia, ambiente

go dopo le scoperte archeologiche della cosiddetta «chiesa della circoncisione». Circostanze storiche portarono invece all'assorbimento della filosofia greca dando un nuovo indirizzo alla sua storia. Non fu però una convivenza pacifica. Giustiniano chiuse la scuola peripatetica di Atene per combattere le «follie degli elleni» e vale la pena di ricordare che i «cervelli» della grecità si trasferirono a Harran e Gundishapur al riparo dell'Impero persiano, e quivi rimasero fino alla conquista musulmana.

Nel VII secolo il fatto nuovo: l'Islam. La terza religione monoteista che si presentò come coronamento delle rivelazioni precedenti concedendo alla gente del Libro, ebrei e cristiani, uno *status* particolare. Gran parte dei profeti del Corano sono comuni al giudaismo e al cristianesimo. Gesù è uno di questi. L'Islam creò uno stato teocratico, come era lo stato ebraico, ma a differenza del giudaismo religione a numero chiuso, aveva pretese universali, come il cristianesimo, caratteri che condizioneranno la storiografia nel Medio Evo e oltre, da entrambe le parti.

Il conflitto ideologico era inevitabile. L'Islam apparve un concorrente, tanto più temibile, in quanto per alcuni portatore di una cultura superiore. È un luogo comune nei *media* occidentali accomunare la diffusione dell'Islam al fanatismo e alla guerra santa. Senza cadere nell'estremo opposto, la nuova religione si presentò con caratteri innovatori che ne giustificano la diffusione al di là dei fatti d'arme. Un ruolo importante ebbero le relazioni commerciali alle quali si deve l'introduzione dell'Islam in Indonesia e in varie parti dell'Africa. Poco noto è che ci furono conversioni spontanee all'Islam anche in Europa, molto prima dell'invasione ottomana. Colonie musulmane abitavano in varie parti d'Europa, anche in Italia. Erano per lo più commercianti che Yaqut segnala nell'area danubiana almeno dal X secolo. Sul piano ideologico basterà ricordare che il califfo era un *primus inter pares,* la grande moschea era luogo di dibattito anche democratico, persino la condizione della donna fu elevata. Non c'è paragone, ad esempio, con il diritto ebraico.

Le relazioni tra le due religioni non erano così spregevoli. Nella conquista di Gerusalemme, il Califfo Omar rispettò la chiesa del Santo Sepolcro e nel periodo ommiade non poche testimonianze parlano di come nella basilica di San Giovanni a Damasco, prima di Walid I (707-715), cristiani e musulmani pregassero nello stesso edificio. A Bisanzio, l'Islam ancora senza dogmi apparve a taluni un'ennesima eresia cristiana. Il periodo ommiade a parte il califfato di Omar II fu di grande tolleranza, poeti e medici di corte erano cristiani e a simbolo della coesistenza pacifica sorse a Gerusalemme la Cupola della Roccia. Fino almeno al califfo Abd al-Malik l'amministrazione rimase quella precedente. Un celebre affresco di Qusayr al-Amra in Giordania, raffigurante i «sei sovrani sconfitti dell'Islam», è accompagnato da iscrizioni in arabo e greco, e ciò che più conta, il *basileus*, l'imperatore persiano, ecc. non hanno niente degli sconfitt,i come nelle analoghe rappresentazioni a Roma e in Persia[6]. Direi che le due religioni erano in una fase di dialogo e i risultati avrebbero potuto essere diversi senza l'erezione di dogmi e l'ampiezza dell'impero musulmano che sembrò fare dell'Islam la cultura e religione vincente, un po' come oggi si ritiene che la *way of life* occidentale sia destinata a travolgere tutto.

L'evoluzione ideologica si farà sentire specialmente nel periodo abbaside, quando Baghdad entrò nell'orbita della cultura persiana e molti caratteri della democrazia originaria saranno sostituiti da una visione teocratica del potere, ancora in gestazione nel periodo ommiade, come dimostrano testi e fonti archeologiche[7]. Nasceva così la *Dar al-Islam*, il territorio islamico e la *Dar al-Harb* il territorio della guerra che attendeva la conquista[8], i limiti dei quali erano costellati da *ribat* e *thughur*.

Anche nel periodo abbaside, tuttavia, malgrado l'elaborazione teoretica dello stato e le conseguenze a danno dei *dhimmi* («protetti» come erano chiamati cristiani e giudei), nel complesso i non musulmani erano trattati con grande tolleranza e il califfo al-Ma'mun era addirittura chiamato *amir al-kafirin,* «principe dei non credenti». È un fatto che le chiese d'Oriente, caldei, copti, maroniti, nestoriani, ecc., sono sopravvissute fino ai nostri giorni. La situazione non era molto diversa altrove. Nell'Egitto fatimita, ai tempi di al-Aziz (975-96) divenne «primo ministro» il cristiano Isa ibn Nestorius. A Granada nell'XI secolo una famiglia di ebrei, i Banu Naghrilla si tramandò la stessa carica. Episodi di intolleranza furono nel complesso piuttosto legati a questo o quell'altro sovrano oppure a situazioni in cui cristiani o ebrei, che necessariamente costituivano una *lobby* all'interno della comunità islamica, minacciavano interessi economici. In ogni caso il ghetto non fu mai introdotto negli stati musulmani. Al contrario, quando nella Controriforma i non cattolici, «mori» ed «ebrei», furono cacciati dalla Spagna, con l'unica alternativa di convertirsi al cristianesimo, molti ebrei emigrarono nell'Impero ottomano. Fu in

---

(6) O. Grabar, «The Painting of the Six Kings at Qusayr Amra», in *Ars Orientalis*, I, 1954.

(7) V. Strika, «Caratteri della Moschea iraqena dalle origini al X sec»., in *Rendiconti*, Accademia Nazionale dei Lincei, 1973.

(8) H. Moinuddin, *The Charter of the Islamic Conference*, Clarendon, London, 1987.

questo periodo che si rafforzò la comunità ebraica a Gerusalemme e nella penisola balcanica.

La frontiera tra i due mondi era un fatto artificiale alimentato dalla storiografia ufficiale di entrambe le parti, particolarmente evidente in Spagna. La *Cronaca* di *Almeida* scritta per il Re Alfonso III (866-911)[9], e altri scritti in latino, esaltano una frontiera ideologica, tra bene e male, Gog e Magog, che sembra ignorare l'altra parte dimenticando la realtà. Analoga la situazione nella penisola balcanica, dopo la conquista di Costantinopoli nel 1453. Il Principe moscovita Ivan III (1462-1505), sposando Sofia, nipote dell'ultimo imperatore bizantino, designò Mosca la «terza Roma», ma le relazioni del mondo ortodosso con l'Impero ottomano subirono un degrado soltanto più tardi, sulla spinta dei movimenti nazionalisti slavi, di fronte ai quali la Porta, ormai sulla difensiva e in preda alla crisi economica, adottò una politica repressiva. Una testimonianza delle relazioni ci è tramandata dalla letteratura popolare. Non bisogna fermarsi al ciclo della battaglia di Kosovo. Esiste infatti una produzione musulmana in slavo, di cui l'esempio più famoso è la *Hasanaginica* tradotta in varie lingue e inclusa nelle *Folklieder* di Herder.

Pareto scrisse che la storia è fatta dai ricchi. Aggiungiamo che la ricchezza di solito produce cultura e quindi civiltà. È un fatto che l'Islam, controllando le vie commerciali con l'Oriente, sia terrestri che marittime, tagliò fuori quel commercio che prima Roma e poi Bisanzio tennero a lungo nelle loro mani. Baghdad era una città di cultura cosmopolita, ma anche di grande ricchezza, con un sistema bancario che aveva un proprio quartiere e una moneta «forte», il *dinar*, che ben presto fu preferito al *nomisma* bizantino. Esemplari sono stati trovati fino alla penisola scandinava e attorno al Baltico. In Europa era cessata la produzione di monete d'oro nel IX secolo e per alcuni secoli fu usato l'argento, fino a quando a Firenze nel XIII secolo, riapparve l'oro importato dal mondo islamico. Ma la corte inglese preferiva conservare monete musulmane ritenute ancora una moneta più affidabile[10]. In oro erano riscattati i musulmani caduti in mano dei pirati di Valenza. La ricchezza dell'«altra sponda» influì sullo sviluppo dell'Europa

(9) E. Flores (a cura di), *Cronaca di Almeida, Espana Sagrada*, Madrid, 1753, pp. 438-444.

(10) P. Grinson, «Muslim Coins in Thirteen Century England, Near Eastern Numismatic, Iconography, Epigraphy and History», *Studies in Honour of G. Miles*, Beirut, 1974, pp. 387-391; M. Bloch, «Le problème de l'or au Moyen Age», in *Annales d'Histoire Economique et Social*, V, 1933, pp. 1-34; R. S. Lopez, «Back to Gold», *Economic History Review*, 2,9, 1956/7, pp. 219-240.

meridionale, la prima parte «dell'Occidente» a crescere economicamente e culturalmente. In Sicilia, occupata definitivamente nel 902, rilanciò la cultura a tal punto che la prima letteratura italiana nacque nel meridione. In Andalusia si registrò uno sviluppo agricolo senza precedenti, grazie ai sistemi introdotti dagli arabi[11]. Non altrettanto avvenne nell'Impero bizantino, la cui debolezza economica contribuì al ristagno della penisola balcanica.

Per capire la funzione dell'Islam, bisogna ricordare che la sua cultura venne a contatto con le maggiori civiltà antiche: Grecia, Roma, Persia, India e Cina. Questo fatto assieme alla prosperità economica agevolò lo sviluppo. La piattaforma culturale era molto ampia, ma essa non impedì all'Islam di mantenere la sua originalità. Nella sua epoca d'oro, gli arabi divisero le scienze in «arabe» e straniere. Nelle prime entrava lo studio del Corano, la poesia, grammatica, ecc., nelle seconde, principalmente, la filosofia e la medicina. Entrarono così nel mondo islamico la filosofia greca, Aristotele e Platone, ma la tragedia, ad esempio, così importante in Aristotele, non ebbe cittadinanza alcuna nel mondo musulmano, e anche l'estetica si sviluppò su linee indipendenti.

Un primo problema è il reale contributo islamico. Per taluni la nuova civiltà non avrebbe avuto altro merito che tramandare quanto inventato altrove[12]. L'osservazione contiene qualcosa di vero, ma ad un'attenta analisi non sfugge lo sviluppo dato dai musulmani. La carta e la bussola, ad esempio, sono invenzioni cinesi, ma gli arabi perfezionarono entrambe. Nessuno poi nega il contributo nella matematica e nell'astronomia. Leonardo Fibonacci, che soggiornò a Tunisi, introdusse in Europa i numeri «arabi». L'algebra, come dice il nome, è un'invenzione araba, come araba è la parola «zero» (dall'arabo *sifr*). L'opera di al-Jazari sulle macchine e la meccanica fece scuola in Occidente fino al Rinascimento[13]. Talune conclusioni dell'astronomo al-Battani erano valide ancora ai tempi di Newton, mentre il celebre compendio medico di al-Razi nel Medio Evo era un testo fondamentale e ancora nel cinquecento ebbe quattro ristampe. Non meno importante il contributo nell'ottica. La soluzione scientifica della prospettiva tridimensionale, così importante nel Rinascimento, fu raggiunta con l'apporto determinante della scienza araba. È interessante notare che gli

---

(11) A. Watson, *Agricultural Innovation in Early Islamic World*, Cambridge University Press, Cambridge, 1983.
(12) J. Needman (a cura di), *Science and Civilisation in China*, I, Cambridge, 1954.
(13) al-Jazari, *The Book of Knowledge of Ingenious Mechanical Devices*, (trad. D.R. Hill), Dordrecht, 1974.

arabi non l'applicarono nell'arte, in quanto il loro «bello» estetico era diverso[14].

L'Oriente islamico divenne un modello anche in altri settori. Ospedali esistevano a Baghdad e altrove a partire dal IX secolo, laddove i primi edifici del genere in Occidente appaiono molto più tardi. Per diventare medico era necessario un esame. Grande cura era posta nell'igiene e nel sistema idrico, il che spiega la relativa rarità di epidemie malgrado le proibitive condizioni climatiche.

In gran parte del Medio Evo il rispetto per l'altra sponda fu grande. Dante collocò Muhammad tra i «seminatori di discordie», definizione che si addice più a un eretico che a un nemico, ma ha parole di stima per Saladino. Brunetto Latino fu alla corte di Alfonso il Saggio e l'influenza del *mi'raj*[15] sulla struttura della Divina Commedia sembra molto probabile[16]. Il tema dell'«amor cortese», la poesia strofica e persino il romanzo picaresco trovano addentellati nell'analoga produzione araba.

Nel quadro delle relazioni tra Islam e cristianesimo, le Crociate meritano un discorso a parte. Per il Vicino Oriente arabo furono un episodio secondario, riassorbito non appena l'area del Levante si ritrovò unificata. Al di là dei fatti d'arme che alimentarono l'epopea popolare in Europa, le crociate furono uno stimolo per l'economia mediterranea[17]. È a questo periodo che risale l'introduzione dei numeri «arabi», della carta, di opere nautiche, metodi agricoli e un'intera serie di termini arabi. Il percorso inverso, come nell'architettura militare fu limitato.

Le parti si invertirono per circostanze storiche, come la conquista mongola di Baghdad nel 1258, che pose fine all'industria tessile per la quale la città andava famosa, ma anche l'insicurezza portata dalle Crociate, dai mongoli e Tamerlano. Per l'Egitto significò povertà - nessuno traffica in zone insicure - necessità militari, crescita della casta

(14) G. Federici Vescovini, *Studi sulla prospettiva medievale*, G. Giappichelli, Torino, 1987; V. Strika, «Note introduttive a un'estetica islamica», in *Rendiconti*, Accademia Nazionale dei Lincei, 5-6, 1973.

(15) Con *mi'raj* l'autore si riferisce alla tradizione di origine coranica (Corano XVII, 1: «Gloria a colui che rapì di notte il Suo servo dal Tempio Santo [della Mecca] al Tempio Ultimo [di Gerusalemme] dai benedetti precinti, per mostrargli dei Nostri segni») che racconta dell'ascensione notturna al cielo del Profeta (NdC).

(16) E. Cerulli, *Il libro della scala*, Città del Vaticano, 1949; idem., *Nuove ricerche sul libro della scala e la conoscenza dell'Islam in Europa*, Città del Vaticano, 1972; P. F. Kennedy, «The Muslim Sources of Dante?», in D.A. Agius e R. Hitchcock, *op.cit*, 1994.

(17) A. S. Atiyah, *Crusade, Commerce and Culture*, Oxford University Press, Oxford, 1962; J. Prower, *Crusaders Institutions*, Oxford University Press, Oxford, 1980.

militare necessaria a fronteggiare l'invasore e mantenere la sicurezza, e il tutto si tradusse in una centralizzazione dell'economia, venne meno cioè quel liberismo «regolato» che è alla base dell'economia islamica, basata sul lavoro e l'iniziativa privata, ma senza troppi vincoli fiscali, come scrisse lbn Khaldun[18], alcuni secoli prima del celebre *On the Wealth of Nations* (1776) di Adam Smith.

A dare il colpo di grazia furono le scoperte geografiche che da una parte, con la circumnavigazione del Capo di Buona Speranza, aprirono ai portoghesi il commercio con le Indie, mentre la Spagna faceva affluire dalle Americhe la ricchezza che ne fece la prima potenza mondiale. Basterà ricordare che di fronte all'oro e all'argento che arrivavano in Spagna, ben poco potevano contrapporre gli ottomani che già alla fine del cinquecento avevano una moneta debole e inflazionata. L'argento della Serbia si andava esaurendo.

La ricchezza si trasferì così verso l'Atlantico, mentre l'Islam entrò nel suo Medio Evo. Ad accentuare la decadenza sarà la rivoluzione industriale che agevolerà la penetrazione commerciale e la gara coloniale. Per tradurre la questione in cifre, basterà ricordare che alla vigilia della rivoluzione industriale il rapporto del reddito *pro capite* tra un paese povero e un paese ricco occidentale era di 1 a 2, oggi in taluni casi è di 1 a 30.

Questa crescita vertiginosa ebbe le sue ovvie conseguenze nella valutazione «dell'altro». Basterà ricordare l'atteggiamento degli archeologi che, quando cominciarono a occuparsi d'Oriente, pensavano unicamente alle civiltà degli Egizi, Sumeri, Assiri e Babilonesi. La figura dell'orientalista nacque in questo contesto antichista. Non deve stupire che la decadenza dei paesi musulmani sia stata attribuita all'Islam, dimenticando che il cristianesimo, nato e sviluppatosi in paesi ricchi, produsse il Medio Evo, laddove l'Islam, sorto in un paese povero, diede vita a una delle maggiori civiltà medievali. A sua volta accusare la Chiesa dell'oscurantismo medievale, è altrettanto ingiusto: in circostanze diverse, nel Rinascimento, i Papi divennero mecenati.

Nel clima razionalista della seconda metà dell'Ottocento non desta stupore che un Carra de Vaux abbia dichiarato «l'Islam è una religione finita»[19], e Kipling parli del «fardello dell'uomo bianco», nell'elevare il Terzo Mondo, termine che, incidentalmente, richiama il «terzo stato» della rivoluzione francese.

(18) A. Alrefai-M. Brun, «Ibn Khaldun: Dynastic Change and the Economic Consequences», in *Arab Studies Quarterly*, 2, 1994, pp. 7-86.
(19) M.R. Buheiri, «Colonial Scholarship and Muslim Revivalism in 1900», in *Arab Studies Quarterly*, 4, 1982, pp. 1-16.

Veniamo così alla polemica sollevata dal palestinese Edward Sa'id sull'orientalismo[20], nei suoi sviluppi più estremisti trasformato in docile servo del colonialismo, il che non ci trova certo consenzienti. Ricordo la polemica tra il generale Graziani e il Nallino a proposito della Libia[21], e le schiette simpatie per l'Islam di Asin Palacios, L. Massignon, M. Guidi e altri. Non si può dimenticare il contributo degli orientalisti alla conoscenza della storia e civiltà musulmana al quale non corrisponde un contributo musulmano alla conoscenza dell'Occidente come invece avvenne indirettamente nel Medio Evo. La reciproca conoscenza parte da queste basi. L'orientalista, però, non è in grado di influire sull'opinione pubblica di un ambiente eurocentrico nel quale i suoi scritti non raggiungono le masse. Solo un evento eccezionale, come la guerra del Golfo, ha rilanciato momentaneamente la produzione islamistica a livello divulgativo.

Il problema sollevato da Edward Sa'id riguarda però un contesto più ampio, nel quale «modernizzare» l'Oriente significa «occidentalizzazione» altrimenti si resta «orientali» cioè inferiori. È quella che molti musulmani chiamano *ghazwa thaqafiyya*, aggressione culturale nella quale confluisce l'opera dei *media*, ma anche pregiudizi e fattori politici come il conflitto arabo-israeliano che stimola una produzione anti-islamica non solo giornalistica.

Il problema è particolarmente vivo in Arabia Saudita, paese così peculiare nella salvaguardia della sua identità. Basti scorrere l'attività dei maggiori centri culturali come la Fondazione Re Faysal, per capire quanto il problema sia vivo. Non si tratta di ripudiare l'Occidente, nessuna tendenza, per quanto fondamentalista possa essere, pensa di riprodurre il passato. Al contrario, l'Occidente è ammirato nei risultati scientifici. Il resto, però, va selezionato. L'Islam non è nuovo a queste sintesi.

La letteratura ha assorbito taluni generi occidentali, come il romanzo e il teatro. Ma non è una resa incondizionata. La poesia rimane, come vuole la tradizione, il genere letterario preferito, non solo in Arabia Saudita[22]. Il dibattito si inserisce sul ruolo dell'intellettuale che, pur facendo propri temi e motivi d'importazione, non può abbandonare le proprie radici[23].

(20) E. Sa'id, *Orientalism*, edito in Italia da Bollati Boringhieri, Torino, 1991.
(21) *Oriente Moderno*, 1930, p. 518.
(22) Abd al-Aziz ibn Abd Allah al-Salim, «Cento anni di attività intellettuale e culturale nel nostro paese» (in arabo), in *Kingdom of Saudi Arabia, 100 Years*, Riyadh, 23-28 January, 1999.
(23) A. Laroui, *Islam et modernité*, La Découverte, Paris, 1987; A. Labdaoui, *Les nouveaux intellectuels arabes*, L'Harmattan, Paris, 1993, ecc.

Nel periodo presente le relazioni tra Islam e Occidente sono condizionate da considerazioni economiche e strategiche. Il rispetto «dell'altro» passa per l'economia. Il Pil della Turchia supera di gran lunga quello di Algeria, Marocco e Egitto messi insieme. Il Portogallo con il suo Pil di 79 miliardi supera l'intero Maghreb, Libia esclusa[24]. Uno scrittore israeliano, parlando di Ghaza scrive che il Terzo Mondo ha dalla sua parte soltanto la quantità[25]. Non potrebbe essere diversamente. La civiltà è un prodotto della ricchezza che produce: scuole, università, centri di ricerca. I paesi arabi spendono insieme un decimo di quanto spendono gli Stati Uniti per la ricerca. In queste condizioni non deve stupire come i paesi musulmani abbiano quattro soli premi Nobel, due, Sadat e Arafat, per la pace.

Le giovani generazioni degli arabisti rappresentano esattamente l'opposto delle tesi di Edward Sa'id, le eccezioni vanno ricercate nei settori più «impegnati» dell'arabistica ebraica, della quale non bisogna comunque dimenticare il contributo. Promettenti anche le relazioni tra Islam e cristianesimo. La rivalutazione di Muhammad è cominciata nell'ottocento con Carlyle. La Chiesa ha mutato atteggiamento nel 1962 con il Concilio Vaticano II, quando è stato istituito un Segretariato per i non cristiani, il cui Presidente, il cardinale Pignedoli, incontrò Re Faysal a Riyadh nel 1974. Nello stesso anno una delegazione musulmana di cui faceva parte il Ministro saudita della Giustizia, Muhammad Harkani, prese parte a un incontro in Vaticano. Il dialogo tra le due religioni continua, anzi, sarebbe in atto una comune rivolta contro il materialismo[26].

Abbiamo ricordato all'inizio, le tesi di Huntington e Fukuyama, ma potrebbe avverarsi invece la teoria del Toynbee per il quale la storia è fatta di *élites*, che quando raggiungono il potere e tendono all'egemonia, contengono già i semi della decadenza. È quanto accaduto all'Islam nell'epoca d'oro, alla Cina con i Ming nel 1368. Potrebbe accadere ancora nel XXI secolo. L'importante è che la storia non diventi un elenco di battaglie, ma qualcosa di più importante e non si avveri quanto scrisse Tolstoy «prima si sono arricchiti poi hanno fatto le leggi per mantenere le proprie ricchezze».

---

(24) V. Strika, «Il 'partenariato mediterraneo' e i suoi problemi», in *Quaderni Studi Arabi*, 16, 1998.

(25) B. Beit-Hallahme, *The Israeli Connection. Who Israel Arms and why*, Tauris, London, 1988, p. 240.

(26) G. Kepel, *The Revenge of Gods: The Resurgence of Islam, Christianity and Judaism in The Modern World*, Pennsylvania University Press, 1994.

14. Arabia Saudita e Santa Sede sulla questione di Gerusalemme

di Adil al-Abd al-Karim[1]

Gli studiosi e gli osservatori internazionali sembrano d'accordo nel ritenere che il processo di pace in Medio Oriente abbia intrapreso in questi ultimi anni un percorso critico. Nell'ultimo decennio del XX secolo, hanno avuto luogo una serie di accordi e di intese tra palestinesi e israeliani. Tali accordi sono destinati a risolvere il problema palestinese e giungere ad una pace generale e giusta nell'area in questione.

Lo scopo di questo capitolo è di discutere e analizzare il processo di pace in Medio Oriente in rapporto alla questione di Gerusalemme, stabilendo alcuni paralleli e comparazioni tra la posizione saudita e quella della Santa Sede rispetto a tale questione.

1. L'importanza di Gerusalemme per i musulmani

Prima di addentrarci nella discussione politica e territoriale su Gerusalemme, è importante mostrare quale sia la rilevanza di tale città sia per gli arabi che per i musulmani. Gerusalemme è nota agli arabi come al-Quds, che tradotto significa «la Sacra». Ogni musulmano riconosce questo termine come nome di Gerusalemme. In un secondo momento la gloria della città fu accresciuta attribuendole il nome di al-Quds al-Sharif, il secondo termine significando «il luogo onorato». Oggi più di un miliardo di musulmani in tutto il mondo credono nella santità di Gerusalemme, e lo stesso vale per cristiani ed ebrei. Come parte della dottrina islamica, si insegna a credere nella santità di tutti i santuari, sia cristiani che ebraici. Per essere un vero musulmano, si deve credere al cristianesimo e al giudaismo, così come a tutti i profeti di tali religioni e al carattere sacro dei loro santuari.

Per i musulmani esistono tre santuari sacri. Uno è la Grande Moschea alla Mecca, l'altro è la moschea del Profeta a Medina, entrambi

---

(1) Università Re Sa'ud, Riyadh.

in Arabia Saudita. Il terzo santuario si trova a Gerusalemme. Nel primo periodo dell'Islam, la direzione della preghiera era verso Gerusalemme. Successivamente, la Mecca prese il posto di Gerusalemme come punto di orientamento verso cui i musulmani devono rivolgersi durante le loro preghiere quotidiane.

Gerusalemme ha un valore particolarmente sacro per i musulmani, e ciò a causa del viaggio notturno compiuto dal Profeta Muhammad dalla Mecca fino alla Roccia di Abramo a Gerusalemme[2]. Da qui egli diede inizio alla sua ascesa verso il paradiso per ricevere la rivelazione finale di Dio. La santità di Gerusalemme è stata rafforzata per secoli dalla presenza di milioni di pellegrini siriani e palestinesi, che, impossibilitati a compiere il pellegrinaggio (*hajj*) alla Mecca, visitavano in sostituzione la Cupola della Roccia a Gerusalemme. In tal luogo si svolgevano tutte le preghiere e gli altri rituali che si svolgono alla Mecca e a Medina durante il pellegrinaggio.

Conquistata che fu Gerusalemme, i musulmani, seguendo l'esempio di ebrei e cristiani, si impegnarono in attività di carità nei confronti dei poveri. Negli anni, i musulmani seppero ben mescolarsi con le altre componenti della città. Sotto il governo musulmano, Gerusalemme diventò un esempio splendente di tolleranza religiosa e di coesistenza pacifica fra tutte le religioni.

I musulmani furono descritti come quel popolo che porta rispetto alle religioni rivelate e che, allo stesso tempo, non mostra animosità nei confronti di nessuno. In breve, possiamo dire che per i musulmani, Gerusalemme è una delle città dei profeti, un simbolo di moralità, civiltà e unità. Questa importanza simbolica di Gerusalemme spiega in gran parte la sensibilità che attornia la questione di Gerusalemme nel processo di pace.

2. Gerusalemme nel processo di pace

Molti osservatori credono che le conseguenze della guerra del Golfo nel 1991, abbiano fornito l'opportunità di risolvere il problema palestinese. Arafat e l'Olp si erano ritrovati isolati dagli stati arabi a causa del sostegno all'invasione irachena del Kuwait. La conferenza di Madrid offrì un quadro per i negoziati di pace, quello sviluppato dal segretario di stato americano James Baker, che era in realtà una sintesi delle precedenti proposte americane, in particolare quelle dell'accordo di Camp David. Tale quadro dava disposizioni per negoziati bilate-

---

(2) Vedi nota del curatore 15 nel capitolo 13.

rali tra Israele e gli stati arabi coinvolti e offriva la base per discussioni multilaterali su questioni regionali quali l'ambiente, l'acqua e il problema dei rifugiati.

Un cambiamento importante si ebbe quando cominciarono i colloqui segreti con Arafat ad Oslo. Per una serie di ragioni, Arafat accettò di lasciar cadere alcune richieste, cosa che lo fece muovere, secondo i criteri israelo-americani, verso un livello accettabile di discussione. In cambio di ciò, Arafat venne riconosciuto, in quanto capo dell'Olp, come la controparte dei negoziati[3]. Da Arafat e dai palestinesi, Oslo fu percepita come l'inizio di una nuova affermazione palestinese nei territori occupati, anche se i termini di quei negoziati erano inadeguati.

Alcuni studiosi sostengono che il documento principale del processo di Oslo (la Dichiarazione sui principi degli accordi sull'autogoverno *ad interim*, del 13 settembre 1993) presenta una sostanziale continuità con la politica israeliana adottata dal governo laburista dopo il 1967. Inoltre, la stessa Dichiarazione sui principi non è che un sofisticato affinamento legale delle proposte di Begin a Camp David[4]. Anche se la Dichiarazione sui principi è basata sulla risoluzione 242 delle Nazioni Unite, essa viene interpretata in maniera differente dai palestinesi e dagli israeliani. Essa stabilisce chiaramente l'autonomia di specifiche amministrazioni per i palestinesi, senza però riconoscere ad essi la sovranità sulle stesse aree. Gli accordi di Oslo hanno rafforzato anche il diritto di Israele a conservare il controllo sia sulle relazioni estere e la sicurezza esterna che sul mantenimento della responsabilità «per ciò che concerne la sicurezza generale degli israeliani allo scopo di salvaguardare la loro sicurezza interna e l'ordine pubblico» (articolo VII della Dichiarazione sui principi). Ciò significa che Israele si riserva il diritto di entrare con le proprie forze nelle aree autonome palestinesi allorquando ciò sia reso necessario dal mantenimento della sicurezza interna degli israeliani.

Un altro aspetto legale importante della Dichiarazione sui principi consiste nel fatto che Arafat ha accettato di arrivare ad una prima intesa su Gaza e Gerico e di rinviare alle discussioni sullo stato finale la questione di Gerusalemme, degli insediamenti, delle frontiere, dei rifugiati, e altri problemi. Fin dalla firma dell'accordo su Gaza e Gerico del 13 settembre 1993, gli osservatori rilevavano l'ambiguità e la vaghezza dell'accordo. Le questioni fondamentali che rappresentano la

---

(3) N. Aruri, *The Obstraction of Peace: The U.S., Israel and Palestinians*, Common Courage Press, Monroe, Mane, 1995, pp. 169-216.

(4) E.C. Hagoplan, «Is the Peace Process a Process for Peace? A Retrospective Analysis of Oslo», in *Arab Studies Quarterly*, estate 1997, pp. 11-13.

sostanza dell'esistenza dei palestinesi sono state interamente lasciate fuori. Il rinvio costituisce un riflesso dello squilibrio di potere che caratterizza il contesto regionale.

L'accordo, dunque, tratta in maniera marginale dello stato di Gerusalemme e rimanda ogni questione alle trattative sullo stato finale. L'accordo su Gaza e Gerico afferma che «i negoziati sullo stato finale copriranno le questioni rimanenti, che includono Gerusalemme, i rifugiati, gli insediamenti, i dispositivi di sicurezza, le frontiere, le relazioni e la cooperazione con altri vicini, e altre questioni di interesse comune»[5]. È evidente che l'inclusione esplicita di Gerusalemme all'interno dei negoziati sullo stato finale, contraddice l'affermazione fatta da entrambi i principali partiti politici israeliani, e cioè che la città di Gerusalemme, est ed ovest, sia la capitale unificata ed eterna dello stato di Israele. Invece ecco che, Gerusalemme est e i sobborghi annessi vengono posti sul tavolo delle trattative, sebbene, in un certo modo, separatamente rispetto al resto della Cisgiordania.

È ovvio che la Dichiarazione sui principi si situa al di fuori dei limiti del diritto internazionale e lo contraddice, a causa dell'affermazione della legittimità degli aspetti più importanti dell'occupazione israeliana. Allo stesso tempo, essa in forza di una decisione politica ha sostituito il diritto internazionale come l'unica struttura entro cui affrontare il conflitto arabo-israeliano. Per esempio, si è contravvenuto totalmente alle esistenti risoluzioni del Consiglio di Sicurezza su Gerusalemme. La posizione del diritto internazionale su Gerusalemme est è estremamente chiara, come testimoniano sia i testi delle risoluzioni del Consiglio di Sicurezza sulla questione (comprese le risoluzioni 252, 267, 271, 298, 276 e 478) che il riferimento esplicito alla metà occupata di Gerusalemme nelle risoluzioni contro gli insediamenti ebraici. L'unico reale aggancio dell'accordo al diritto internazionale si trova in un riferimento iniziale alla risoluzione 242 del Consiglio di Sicurezza delle Nazioni Unite, il cui adempimento è deliberatamente rimandato alle trattative sullo stato finale e la cui interpretazione è ancora oggetto di dibattito.

È dunque ovvio che la questione di Gerusalemme è stata collocata all'ultimo posto dell'ordine del giorno dei vari accordi. È comprensibile che la difficoltà e la delicatezza della questione di Gerusalemme abbiano portato a lasciarla ai negoziati sullo stato finale. Tuttavia, sappiamo tutti, israeliani e palestinesi in primo luogo, come la pace e la coesistenza in Terra Santa e nel Medio Oriente non hanno nessun futu-

---

(5) L. Drake, «Between the Lines: A Textual Analysis of the Gaza-Jerico Agreement», in *Arab Studies Quarterly*, n. 4, autunno 1994, pp. 6-7.

ro se non si trova una risposta alla questione di Gerusalemme. Sottoscrivo le parole di Papa Giovanni Paolo II, che nella sua lettera apostolica del 20 aprile 1994, ha scritto: «sono convinto che il fallimento del tentativo di trovare una soluzione adeguata alla questione di Gerusalemme e il rassegnato rinvio del problema, non faccia altro che rinviare la tanto desiderata soluzione pacifica e giusta della crisi dell'intero Medio Oriente».

3. L'Arabia Saudita e la questione di Gerusalemme

Il problema palestinese è stato sempre al centro delle preoccupazioni dell'Arabia Saudita e ha costituito una delle questioni fondamentali della sua politica estera. Il Re Abd al-Aziz, fondatore e unificatore del moderno stato saudita, ha dedicato risorse diplomatiche, economiche e militari considerevoli al sostegno della causa palestinese. Nei suoi contatti con i primi ministri occidentali e britannici, il sovrano mise in guardia gli uomini di stato quanto al grave pericolo che era insito nel sostegno alla costituzione di uno stato ebraico in Palestina. Entro tale contesto, il Re Abd al-Aziz espresse il suo caloroso impegno a preservare l'identità araba e islamica di Gerusalemme. Su tale impegno hanno di nuovo messo fortemente l'accento i suoi figli, Sa'ud, Faysal, Khaled, e l'attuale custode delle due moschee sacre[6], il Re Fahd.

Fin dall'annessione di Gerusalemme est da parte degli israeliani nel 1967, la posizione saudita è stata sempre coerente con l'impegno del Regno a fianco della causa araba e islamica, le risoluzioni delle Nazioni Unite su Gerusalemme e i principi generali del diritto internazionale. Il governo saudita ha sempre appoggiato le risoluzioni delle Nazioni Unite contro l'occupazione israeliana del territorio palestinese, ivi compresa la parte est di Gerusalemme. A tale proposito, l'Arabia Saudita ha rivestito un ruolo cruciale nell'approvazione della risoluzione 2253 del 4/7/1967 all'Assemblea generale delle Nazioni Unite, che condannava l'occupazione israeliana ed esigeva da parte di Israele la cessazione delle sue politiche volte a mutare la composizione demografica di Gerusalemme. Inoltre, nel 1967 l'Arabia Saudita ha ampiamente contribuito a far approvare le risoluzioni 233, 234, 235, 236, 237 e 240 del Consiglio di Sicurezza, che condannavano l'annessione israeliana dei territori arabi.

---

(6) «Custode delle due Mosche sacre» (Mecca e Medina) è uno degli appellativi di cui si fregia la dinastia saudita (NdC).

A questo punto è opportuno analizzare la posizione saudita nei confronti della risoluzione 242 del Consiglio di sicurezza, quella che è stata considerata come la base di tutte le successive proposte per porre fine al conflitto arabo-israeliano. Tale risoluzione si proponeva la definizione di una formula volta ad una pace giusta e duratura nel Medio Oriente. Secondo i suoi termini, il raggiungimento di una pace giusta e duratura in Medio Oriente potrebbe essere ottenuto entro un quadro guidato dai principi seguenti: (1) il ritiro delle forze armate israeliane dai territori occupati nell'ultimo conflitto; (2) la fine di ogni rivendicazione o stato di belligeranza, il rispetto e il riconoscimento della sovranità, dell'integrità territoriale e dell'indipendenza politica di ogni stato dell'area e del diritto dei loro abitanti a vivere in pace entro confini sicuri e riconosciuti, liberi da minacce o atti di forza.

La risoluzione affermava inoltre la necessità di: (1) garantire la libertà di navigazione attraverso le rotte internazionali dell'area; (2) raggiungere una giusta soluzione del problema dei rifugiati; (3) garantire l'inviolabilità territoriale e l'indipendenza politica di tutti gli stati dell'area tramite misure che comprendessero l'istituzione di zone demilitarizzate[7].

L'Arabia Saudita ha fatto parte di quei membri delle Nazioni Unite che hanno sostenuto la risoluzione domandandone l'applicazione.

La posizione saudita riguardo alla risoluzione 242 fu ribadita da quello che venne chiamato «il piano Fahd», reso noto in occasione del vertice arabo di Fez del 1981. Tale piano di pace conteneva diversi punti significativi. Il più importante era la richiesta di stabilire uno stato palestinese sovrano con Gerusalemme per capitale. Grazie alla sua coerenza con le risoluzioni delle Nazioni Unite, «il piano Fahd» venne accolto positivamente dalla comunità internazionale. Fino ad oggi l'Arabia Saudita non ha mai abbandonato il suo impegno volto a raggiungere una soluzione pacifica della questione palestinese nello spirito della risoluzione 242 del Consiglio di sicurezza.

Nel 1991 l'Arabia Saudita ha partecipato alla conferenza di Madrid, fatto questo che indica l'impegno saudita per una soluzione pacifica della questione palestinese. Inoltre, l'Arabia Saudita ha sostenuto la dichiarazione di principi espressa dall'Olp e da Israele a Washington D.C. nel 1993. In tale contesto, gli alti funzionari sauditi hanno sempre messo l'accento sulla centralità di Gerusalemme nel processo di pace. Nel suo discorso di fronte all'Assemblea generale del 4 ottobre 1994, il Principe al-Faysal, Ministro degli Esteri saudita, ha detto in maniera estremamente chiara che la realizzazione di ogni piano di

---

(7) H. Cattan, *The Palestine Question*, Croom Helm, London, 1988, p. 112.

pace per il conflitto arabo-israeliano, deve prendere in considerazione la questione di Gerusalemme e tutte le risoluzioni delle Nazioni Unite che fanno riferimento ad essa.

Come manifestazione della posizione saudita sulla questione di Gerusalemme, il Principe ereditario Abd Allah ha recentemente ribadito l'importanza cruciale di Gerusalemme nel quadro del più ampio contesto del processo di pace. Durante il suo giro mondiale, il Principe ereditario ha continuamente insistito sulla necessità che la questione di Gerusalemme fosse inclusa nell'agenda di tutti gli incontri da tenere con gli uomini di stato di ogni paese visitato. Infatti, egli ha posto come condizione per rilasciare dei comunicati stampa congiunti con gli americani, l'inclusione in essi di un'affermazione congiunta tra sauditi e americani su Gerusalemme.

4. La Santa Sede e la questione di Gerusalemme

Gerusalemme è sempre stata al cento delle preoccupazioni della Santa Sede ed ha costituito una delle priorità basilari della sua azione. A tal proposito, l'interesse è stato chiaramente espresso negli interventi di diversi papi e in altri documenti della Santa Sede, volti a evitare che la città santa si trasformi in un campo di battaglia e ad assicurare inoltre che essa non diventi un caso internazionale di palese ingiustizia. Di fatto, la Santa Sede aderisce alla posizione maggioritaria della comunità internazionale, come espressa nelle relative risoluzioni delle Nazioni Unite. Di conseguenza, la Santa Sede considera Gerusalemme est come illegalmente occupata. In realtà, la Santa Sede mette l'accento sul proprio diritto e dovere di entrare nelle questioni di conflitto territoriale tra nazioni e di ricordare alle parti in conflitto l'obbligo di risolvere le controversie in maniera pacifica, secondo principi di giustizia e equità, entro il quadro legale internazionale. In termini inequivocabili, la Santa Sede ha ribadito il proprio impegno per preservare la posizione unica, dal punto di vista religioso, storico e legale, della città santa.

Secondo il punto di vista della Santa Sede, Gerusalemme è un tesoro dell'intera umanità, ogni rivendicazione esclusiva, sia essa religiosa o politica, è contraria alla logica stessa della città; ogni cittadino di Gerusalemme ed ogni persona che visiti Gerusalemme, dovrebbe abbracciare il messaggio di dialogo, coesistenza e rispetto che la città stessa evoca. Rivendicazioni esclusive non possono essere appoggiate da criteri numerici o storici; le caratteristiche storiche e materiali della città, così come quelle religiose e culturali, devono essere preservate, e forse sarebbe oggi necessario parlare di come recuperare e salvaguardare quelle che ancora esistono. Per di più, la Santa Sede ha messo l'accento sulla necessità di un dialogo pacifico tra israeliani e palestinesi come mezzo per risolvere le loro dispute territoriali e politiche in uno spirito di fratellanza e di rispetto della dignità umana. Pur riconoscendo l'importanza delle controversie territoriali più ampie tra israeliani e palestinesi, la Santa Sede ha espresso un interesse particolare nei confronti dello *status* della città santa. Secondo la Santa Sede, al di là dell'esito finale del processo di pace, bisogna occuparsi con estrema attenzione di Gerusalemme, dei suoi abitanti e dei suoi luoghi sacri. In molte sue dichiarazioni, quella di Gerusalemme è stata sempre considerata come una questione che va risolta con la partecipazione di tutte le parti interessate e non limitandosi al coinvolgimento di israeliani e palestinesi.

5. Osservazioni conclusive

A partire dalla discussione precedente, sembra che le posizioni dell'Arabia Saudita e quelle della Santa Sede riguardo alla città santa mostrino una sorprendente affinità. Tali affinità possono essere individuate nei seguenti punti basilari:
- sia l'Arabia Saudita che la Santa Sede hanno posto l'accento sul fatto che alcuni caratteri religiosi e storici di Gerusalemme, portano ad ampliare la questione al di là dei ristretti interessi territoriali e nazionali di israeliani e palestinesi;
- entrambe le parti accentuano l'importanza di trovare una soluzione giusta e pacifica alla questione di Gerusalemme. Esse ribadiscono che tale soluzione dovrebbe essere basata sulle relative risoluzioni delle Nazioni Unite e sui principi internazionali di legge e di giustizia;
- in rapporto all'identità di Gerusalemme, l'Arabia Saudita e la Santa Sede, hanno perorato la preservazione di uno *status* internazionale particolare ed unico per la città santa, e si sono opposte ad ogni politica che mirasse a cambiare le caratteristiche demografiche, storiche e religiose di questa;
- infine, entrambe le parti hanno sostenuto la necessità di rispettare i diritti degli appartenenti alle tre religioni monoteiste, i loro rituali religiosi e la possibilità di visitare liberamente e senza ostacoli i luoghi sacri.

15. *Gerusalemme*

di Rodolfo Ragionieri[1]

Il conflitto su Gerusalemme è una questione difficilmente trattabile, che coinvolge non soltanto le relazioni israelo-palestinesi, ma anche quelle dello stato di Israele e del giudaismo come religione con tutti gli stati arabi e musulmani, e di questi e di quello con la cristianità. Vi si possono trovare inestricabilmente connessi problemi concreti come confini, costruzioni e abitazioni, e aspetti religiosi e ideologici, percezioni, emozioni e pregiudizi. Comunque, le due posizioni ufficiali (ampiamente condivise nelle due comunità nazionali israeliana e palestinese) sono state fino a questo momento (autunno 1999) mutuamente incompatibili e sembrano escludere qualsiasi possibile compromesso: i palestinesi vogliono che Gerusalemme sia la capitale del loro stato, mentre gli israeliani condividono e sostengono a larghissima maggioranza la posizione ufficiale di tutti i governi, per cui Gerusalemme unificata è l'eterna capitale dello stato ebraico. Proprio a causa dell'estrema difficoltà di trovare una soluzione che non sia invece causa di ulteriore conflitto si è deciso, nel quadro del processo diplomatico cosiddetto di Oslo, di porre la discussione di questo problema nell'ultima fase delle trattative.

1. Intrico e paradossi

La città vecchia di Gerusalemme, contenuta nella cerchia muraria il cui aspetto attuale è quello datole da Solimano il Magnifico nel 1536, contiene i Luoghi Santi delle tre religioni monoteistiche[2]: Haram al-Sharif, ha-Kotel, il Santo Sepolcro e la Via Dolorosa. Il Haram è l'area dove sorge la moschea al-Aqsa e la Cupola della Roccia (Qub-

---

(1) Università di Firenze e Presidente del Forum per i problemi della pace e della guerra, Firenze.
(2) Per una sintesi eccellente e sulla storia di Gerusalemme, cfr. K. Arstrong, *Jerusalem. One City, Three Faiths*, Alfred Knopf, New York 1996.

bat al-Sakhra). L'area di questo santuario è nota nella tradizione giudaico-cristiana come Monte del Tempio (Har ha-Beit). Il primo tempio fu costruito da Salomone e distrutto dal re babilonese Nebukudurri-usur II (il biblico Nebuchadrezzar e il verdiano Nabucco); il secondo tempio fu costruito dopo il ritorno dalla cattività babilonese e totalmente rifatto da Erode il Grande, ma fu distrutto dai romani del 70 d.C. Il Muro del pianto, o Muro occidentale, o semplicemente il Muro (ha-Kotel), essendo il resto delle strutture che sorreggevano la parte occidentale del secondo tempio, è ora il muro che sostiene una parte del Haram. Da questa contiguità sono nati problemi di «sovranità», cioè se fosse divisibile il controllo del complesso delle moschee e del muro stesso. Gli scontri tra palestinesi e coloni ebrei del 1929 iniziarono proprio a causa di problemi relativi al controllo di quest'area. La Via Dolorosa (secondo una tradizione discutibile corrispondente alla Via Crucis) parte dalla Porta dei Leoni, che si apre sul lato est delle mura, di fronte al Monte degli Ulivi, e arriva al Santo Sepolcro, attraverso i quartieri musulmano e cristiano della città. Fuori delle mura della città vecchia, il Monte degli Olivi è sacro alle tradizioni giudaica e cristiana, anche se parti diverse della collina sono importanti per le due religioni.

Questa contiguità di luoghi, evidente anche da una distratta occhiata ad una pianta della città, ma viva e indimenticabile esperienza per chi l'abbia visitata non distrattamente, si accompagna a rapporti non sempre pacifici e spesso paradossali tra le tre fedi monoteistiche, ma anche al loro interno. Vorrei segnalare due tra i molti paradossi che si possono infatti ritrovare nella storia di Gerusalemme, nel suo rapporto con le tre fedi monoteistiche. In primo luogo, nelle fasi iniziali dello sviluppo del giudaismo, ma, successivamente, anche del cristianesimo e dell'Islam, Gerusalemme non giocò il ruolo fondamentale che avrebbe assunto in seguito. Le prime fasi del giudaismo dopo la rivelazione a Mosè, secondo il racconto che ne viene dato nella Torah, ebbero luogo nel deserto del Sinai e nelle terre ad est del fiume Giordano. Gerusalemme è citata soltanto incidentalmente nella Torah[3], e anche la *Encyclopaedia of Judaism* riconosce che l'importanza della città nel giudaismo è dovuta a una decisione politica di Re David[4]. Per esempio, la connessione di Hebron con le storie dei patriarchi data a tempi molto più antichi dell'importanza assunta da Gerusalemme nella sto-

---

(3) È citata in connessione con Melkisedek, Re di Salem, che è identificata con Gerusalemme (Genesi, 14, 18-20). Melkisedek è citato anche in Salmi, 110, 4.
(4) Cfr. G. Wigoder (a cura di), *Encyclopaedia of Judaism*, The Jerusalem Publishing House, Jerusalem 1989, pp. 381-383.

ria del popolo ebraico. La stessa importanza assunta dal Muro nella tradizione ebraica non è sempre esistita. La devozione per l'unica struttura superstite del Tempio sembra datare al XVI secolo.

Anche se gli eventi salienti della vita di Gesù ebbero luogo in Galilea e in Giudea, nei primi secoli le comunità cristiane non si preoccuparono troppo della Gerusalemme terrestre. Dopo la repressione della rivolta di Bar Kochba (135 dC), gli ebrei di religione cristiana furono espulsi da Aelia Capitolina, come tutti gli ebrei. I cristiani gentili, che potevano continuare a risiedere nella città, erano però più interessati alla Gerusalemme celeste che ai luoghi della passione, morte e resurrezione di Gesù, e il numero dei pellegrini non era troppo alto. Il grande cambiamento avvenne durante il regno di Costantino (306-337), durante il quale Elena, madre dell'imperatore, organizzò gli scavi al colle del Golgota, sul quale fu poi edificata la basilica dell'Anastasis.

Dal punto di vista storico, considerazioni analoghe possono essere fatte riguardo all'Islam. Non è chiaro quando sia stata compiuta l'identificazione tra «il Tempio Ultimo», come traduce il Bausani l'espressione *al-masjid al-aqsa* della sura XVII del Corano, con Gerusalemme, chiamata dagli arabi Iliya prima della conquista, e Bayt al-Maqdis in seguito. Alcuni storici sono portati a pensare che gli Umayyadi abbiano probabilmente cercato di attribuire un significato religioso a Gerusalemme in opposizione alla Mecca, che era il centro dell'opposizione sciita alla dinastia regnante.

Il secondo paradosso è costituito dal fatto che nella storia di Gerusalemme possiamo trovare, in ciascuna delle tre fedi, tendenze sia alla tolleranza che all'esclusività. La conquista di Re David della cittadella dei gebusei non fu caratterizzata dalla violenza e dallo sterminio della popolazione preesistente, come invece avvenne due secoli prima dopo la presa di Gerico e di altre città cananee da parte di Giosuè. Al contrario, ci fu una fusione tra il popolo di Israele e la componente gebusea, il che viene accennato dal testo biblico per mezzo del matrimonio di David con Betsabea e delle origini non troppo chiare del profeta Natan. Dopo il ritorno degli ebrei dalla cattività babilonese, invece, furono create regole di separazione e di esclusione molto rigorose, che furono coeve alla istituzionalizzazione e canonizzazione definitiva della religione giudaica. La cristianità, di cui la città santa aveva testimoniato l'originale predicazione di fraternità, ha mostrato negli stessi luoghi i suoi aspetti forse peggiori, con il massacro che ebbe luogo dopo che la città fu espugnata da parte dei crociati il 15 luglio 1099. Anche le dominazioni islamiche e arabe hanno mostrato facce diverse, dalla classica tolleranza di Umar ibn al-Khattab e del Saladino al comportamento feroce e folle del califfo fatimide al-Hakim. Inoltre, la decisione con cui i vari dominatori musulmani hanno voluto nel tempo riaffermare il proprio controllo della città è risultata spesso rafforzata dopo periodi di conflitto per il controllo della città. Ciò è stato vero sia per la riconquista dopo la dominazione dei crociati che nel periodo successivo alla guerra del 1948. Uno dei periodi meno tolleranti di controllo mussulmano nella città vecchia è stato quello giordano (1948-1967), il che conferma quanto abbiamo detto poco sopra: le sinagoghe nel quartiere ebraico furono date alla fiamme e rase al suolo, tombe ebraiche nel cimitero del Monte degli Ulivi furono profanate, e agli ebrei fu negato l'accesso ai Luoghi Santi. Inoltre, non fu permessa la costruzione di chiese cristiane, e furono poste limitazioni per l'acquisto di case o di terreni da parte di cristiani[5]. Da questo punto di vista il comportamento israeliano, anche se tutt'altro che esente da pecche e parzialità, è stato relativamente migliore, dato che l'accesso ai Luoghi Santi è in via di principio libero. I comportamenti discutibili dei governi israeliani, di cui si accennerà sotto, riguardano soprattutto la profonda alterazione del tessuto urbanistico, sociale e demografico della popolazione. Un esempio di questo comportamento che ha portato una ferita profonda nel cuore della città vecchia è stato la distruzione del quartiere magrebino che si trovava a ridosso del Muro. Se tale misura può ricordare da un punto di vista puramente urbanistico gli sventramenti effettuati in molte città europee negli ultimi due secoli[6], il significato politico di eliminazione di una presenza palestinese tra il quartiere ebraico e il Muro, e le modalità di attuazione (espulsione degli abitanti con poche ore di preavviso) costituirono un fatto connotato dalla volontà di alterare la caratterizzazione della città.

Per quanto riguarda il controllo del Haram, la polizia israeliana controlla la sicurezza degli accessi e il controllo e la gestione sono lasciati al Waqf[7]. I problemi riguardano scavi archeologici sotto il complesso, che potrebbero minarne la stabilità, e difficoltà per il Waqf di ottenere permessi per lavori di restauro. Inoltre polizia ed esercito sono intervenuti, a volte anche pesantemente, all'interno del complesso, come l'8 di ottobre del 1990, quando diciassette palestinesi furono uccisi e circa centocinquanta feriti. I palestinesi incontrano spesso difficoltà per andare a Gerusalemme dalla Cisgiordania e da Gaza a causa

---

(5) Si veda a questo riguardo M.J. Breger, *op. cit.*

(6) Si pensi per esempio alla distruzione dei borghi di S. Pietro a Roma o alla distruzione di alcune parti del centro di Firenze, «da secolare squallore a nuova vita restituito», come recita la lapide.

(7) Il waqf (plur. awqaf) è una fondazione islamica a scopo di beneficenza o per il mantenimento di istituzioni religiose o culturali (NdC).

della mancanza di permessi o della chiusura dei Territori. Questo secondo paradosso è dunque presente all'interno del comportamento israeliano attuale. Gli aspetti delineati qui sopra sono importanti perché ricompaiono periodicamente nella polemica e nella politica della città e sulla città.

2. Gerusalemme, problema politico o religioso?

Nell'ultimo secolo il conflitto arabo-israeliano ha trasformato Gerusalemme in un problema religioso e nazionale allo stesso tempo. I paesi europei, in cui la stragrande maggioranza della popolazione è cristiana o di origine cristiana, sembrano aver rinunciato al controllo politico della Terra Santa. Questo non è avvenuto certo a causa di una superiorità intrinseca degli europei, ma piuttosto per il fallimento delle Crociate e il tramonto del colonialismo. Inoltre i cristiani locali, palestinesi, armeni, e altro, essendo una minoranza, non possono aspirare al controllo territoriale, e tendono piuttosto a porre una questione nazionale (come i cristiani palestinesi) o di libertà di accesso al culto e di sviluppo delle strutture. Il problema, per esempio, per la Chiesa cattolica, non è certo di stabilire qualche forma di sovranità o di extra-territorialità, ma piuttosto un accordo negoziato sullo *status* della città vecchia e dei Luoghi Santi delle tre religioni. L'accordo firmato dal governo israeliano e dal Vaticano il 30 dicembre 1993 ha avuto una grande importanza storica e simbolica, ma non ha risolto il problema fondamentale di cui si parlava sopra[8].

Al contrario, l'Islam e il giudaismo, legati politicamente alle due nazioni in conflitto, nutrono ambizioni di sovranità assoluta nei confronti dei rispettivi Luoghi Santi. A questo riguardo ci sono due problemi. Il primo è di tipo fisico e geografico, perché i luoghi sacri alle due religioni sono così uniti fisicamente che è difficile separarli. Il secondo è di natura concettuale: la confusione tra religione e spiritualità da una parte e concetti politici moderni dall'altra causa molti problemi difficili da risolvere. Come ha scritto Sari Nusseibeh, professore di filosofia e membro di una famiglia palestinese storicamente significativa, ha notato che la politicizzazione della questione di Gerusalemme ha recato danno sia alla sua dimensione religiosa che alle possibili soluzioni di compromesso[9].

(8) Cfr. S. Ferrari e F. Margiotta Broglio (1994), «Laicità, libertà di culto e carattere sacro dei Luoghi Santi nel processo di pace tra Israele e Olp», in L. Martini (a cura di), *Mare di guerra, mare di religioni. Il caso mediterraneo*, Ecp, Firenze 1994, pp. 57-79.
(9) Cfr. S. Nusseibeh, «La Gerusalemme dell'Islam», in *Testimonianze*, n. 387.

Un punto di partenza negativo per qualsiasi soluzione del problema Gerusalemme è dunque la pretesa fatta propria da tutte le parti, specialmente le comunità musulmana ed ebraica una contro l'altra, che la città appartiene principalmente, se non totalmente a una delle fedi monoteistiche. Per esempio, da parte ebraica si fa notare che il nome di Gerusalemme appare 821 volte nella bibbia ebraica, e mai nel Corano. Inoltre, il ruolo assolutamente unico della città nella tradizione ebraica non può essere paragonato alla sua importanza in altre religioni e culture[10]. Rispetto a queste considerazioni bisogna notare che Gerusalemme è considerata da alcuni musulmani addirittura il secondo (e non il terzo) luogo santo dell'Islam, in quanto il luogo dove si verificò il *mi'raj*, ovvero l'ascensione notturna al cielo del Profeta, può essere considerato più importante, nella tradizione sufi, del luogo di residenza terrena e di sepoltura, ovvero Medina. Dunque, mentre la prima asserzione (la scarsa rilevanza di Gerusalemme nella rivelazione originaria dell'Islam) può essere considerata non corretta, in quanto trascura il riferimento al viaggio notturno del Profeta nella sura XVII del Corano, e i riferimenti alla città nei *hadith*, invece il secondo argomento è incontestabile: la città è, allo stato attuale delle cose, tutt'uno e simbolo dell'esistenza di uno stato ebraico (anche se i primi sionisti tendevano a evitarla, se non a disprezzarla, perché simbolo dell'ebraismo tradizionale). La rilevanza teologica del tempio e delle sue distruzioni e ricostruzioni non hanno analogie comparabili in altre religioni.

D'altra parte si hanno posizioni diverse rispetto al Monte del Tempio nel giudaismo. La visione tradizionale è che nessun ebreo dovrebbe entrare nell'area corrispondente al tempio perché potrebbe camminare sul *Sancta sanctorum*, e le condizioni di purezza per poter fare questo sono soggette a dibattito. Inoltre, mentre alcuni gruppi fondamentalisti dichiarano apertamente di voler distruggere le moschee e di voler costruire il terzo tempio, la tradizione ortodossa pone delle condizioni molto precise e severe per la ricostruzione del tempio. Alcuni autori, come Mosè Maimonide, affermano che la ricostruzione del Tempio non sarà opera umana, ma scenderà dal Cielo nei tempi messianici.

L'argomento musulmano di tipo esclusivo è che la presenza ebraica a Gerusalemme è stata relativamente breve, e che una città araba e prevalentemente musulmana ha caratterizzaro gli ultimi tredici secoli, con l'eccezione del periodo crociato 1099-1188[11]. Le versioni nazio-

(10) Cfr. S. Riskin, «Jerusalem Forever», in *Jerusalem Post*, International Edition, n. 1813, p. 23.
(11) Si veda A. Bukhari, «Jerusalem in History. An Arab, Islamic Perspective», in *Jerusalem Times*, vol. 2, n. 82, pp. 8-9.

nalistiche sottolineano inoltre l'origine cananea (spesso identificata come «palestinese») della città, ma l'identificazione di tutta la storia della città come città araba è nel migliore dei casi esagerata e implica una definizione assai dubbia e vasta del termine «arabo». Altrettanto forzata è naturalmente la versione israeliana, che tende a presentare la città come soltanto o prevalentemente ebraica[12]. Questo è stato evidente nei festeggiamenti per i tremila anni di Gerusalemme, che però, in quanto Urusalem è di origine anteriore alla conquista e ristrutturazione da parte di Re David. Questa è del resto la versione della storia della città in sostanza presentata dal museo storico allestito nella cosidetta Torre di David presso la Porta di Giaffa.

Tutto questo deve mettere in evidenza un elemento prima di tutto, e cioè che il problema di Gerusalemme non esisterebbe quando la città cessasse di essere un simbolo religioso e nazionale allo stesso tempo. Gerusalemme è stata scelta dai palestinesi come loro capitale anche a causa del suo carattere simbolico (non è sempre stata la città più importante dal punto di vista amministrativo, lo è diventata solo durante il mandato britannico). Questo significa anche che chiunque cerchi di sminuire il problema della città, come avevano fatto i primi sionisti (tra loro anche il profeta del sionismo culturale Ahad ha-Am), o alcuni nazionalisti palestinesi laici, non dimostra tanto la sua laicità quanto la sua scarsa rappresentatività.

D'altra parte la politica israeliana a Gerusalemme, come è ben noto, non si è limitata a rivendicazioni o campagne culturali. La politica urbanistica è consistita in un massiccio piano che ha sconvolto l'immagine tradizionale, costruendo nuovi quartieri (nelle direzioni dei quattro punti cardinali), che hanno connesso la città occidentale all'Università di Monte Scopus, aggirando e isolando a nord la città araba, e hanno costituito un fatto compiuto che è allo stesso tempo politicamente inaccettabile, soprattutto per i palestinesi, ma di cui è anche impossibile non tenere conto. È inoltre interessante notare due fatti. In primo luogo la proporzione di palestinesi entro il territorio della grande Gerusalemme non è diminuita negli ultimi trenta anni, anzi è leggermente aumentata, nonostante la politica israeliana che non incoraggia certo la permanenza palestinese nella città. In secondo luogo la città potrebbe avere una potenziale maggioranza non sionista, data da palestinesi e da ebrei ultra-ortodossi, la cui presenza e il cui po-

---

(12) Chi voglia un saggio di estremismo in questo senso può consultare il sito degli Ateret Kohanim, un gruppo fondamentalista ebraico il cui scopo è di rafforzare quanto possibile la presenza ebraica nella città vecchia.

tere stanno inducendo la parte di popolazione ebraica più secolarizzata ad abitare altrove.

3. Una soluzione inventiva per un problema insolubile

Si tratta dunque di risolvere con gli strumenti del diritto un problema che oltrepassa l'ambito sia del diritto che, strettamente parlando, della sola politica. Nell'escogitare soluzioni la fantasia giuridica ha trovato uno spazio in cui potersi esprimere. Si possono classificare le soluzioni proposte in nove diversi tipi.

Status quo. Questa è la «soluzione» appoggiata da una parte dello spettro politico israeliano, e dall'amministrazione attuale della città. La sola possibile variazione è costituita da qualche forma di cooperazione tecnica per i Luoghi Santi.

Sovranità unica con devoluzione amministrativa. Questa è la proposta di Teddy Kollek, sindaco laburista della città per decenni[13]. La sua proposta prevede di mantenere la sovranità israeliana sulla città nei confini attuali. Molte funzioni sarebbero trasferite a suddivisioni amministrative del tipo dei *boroughs*, qualcosa di più dei nostri quartieri. Questa devoluzione garantirebbe ai palestinesi di Gerusalemme un buon grado di autonomia amministrativa. Sia il Likud che i palestinesi sono contrari a questa proposta.

Soluzione Vaticano. In questo caso Gerusalemme sarebbe la capitale di due stati. Il Parlamento palestinese, gli edifici del governo, e, separatamente, il Haram sarebbero delle *enclave* come il Vaticano a Roma. Una possibile variante di questa soluzione è chiamare al-Quds un sobborgo di Gerusalemme, porvi le istituzioni palestinesi, e mantenere la soluzione Vaticano per le moschee.

Sovranità congiunta (o compartecipata). La sovranità sarebbe congiunta, israelo-palestinese. Sarebbe necessario il massimo di consenso e di cooperazione, e la città costituirebbe inoltre un punto libero di passaggio tra due paesi differenti, con implicazioni importanti relativamente alla sicurezza[14].

Sovranità internazionale (Onu). La prima proposta deriva dal piano di spartizione del 1947, che propose un'area di Gerusalemme, vasta e in-

---

(13) Cfr. T. Kollek, «Sharing a United City», in *Foreign Affairs*, vol. 67 (1998), n. 1, pp. 156-168; L. Cremonesi, «Jérusalem, une et indivisible. Entretien avec Teddy Kollek», in *Politique Internationale*, n. 59, pp. 25-32.
(14) Cfr. J. V. Whitbeck, «Jerusalem: The Condominium Solution», in *Jerusalem Times*, vol. 3, n. 110, pp. 8-9.

ternazionalizzata, che comprendeva anche Betlemme. Qualsiasi tipo di controllo internazionale, la soluzione preferita da molte istanze cristiane, è stato dichiarato inaccettabile da Israele.

Gerusalemme unita sotto due sovranità distinte. In questa proposta la città non sarebbe divisa, e la sua unità sarebbe garantita da un'amministrazione comunale ombrello, mentre i vari quartieri avrebbero elezioni e amministrazioni separate, secondo il modello di Londra o Parigi. La parte occidentale sarebbe sotto sovranità israeliana, la parte orientale fuori della città vecchia sotto sovranità palestinese. La sovranità sulla città vecchia sarebbe divisa: palestinese nel quartiere cristiano e musulmano, israeliana nel quartiere ebraico (la proposta non specifica la sorte del quartiere armeno)[15].

Sovranità dispersa (scattered). Questa proposta ingegnosa ideata da Gershon Baskin combina elementi delle soluzioni caratterizzate da sovranità divisa e da sovranità dispersa. Il quadro generale sarebbe individuato da una Carta di Gerusalemme. Questa Carta dovrebbe garantire che ambedue gli stati hanno la loro capitale nella città e dare il quadro generale di tutti i problemi, come sicurezza e Luoghi Santi. La città sarebbe divisa in quartieri, palestinesi e isreliani, che formerebbero poi due amministrazioni comunali. Alcune questioni generali sarebbero trattate da commissioni congiunte. Le relazioni tra queste commissioni e i quartieri sarebbero determinate da un principio di sussidiarietà. La sovranità sarebbe attribuita secondo i quartieri[16].

Allargare e spartire. In questo caso la città sarebbe allargata, per rendere più facile una spartizione. Per esempio; Hanna Siniora e Moshe Amirav hanno proposto di allargare la città in tutte le direzioni, da 118 a 500 km2 fino a comprendere Ramallah, Betlemme, Ma'aleh Adunim (un insediamento a est, sulla strada per il Mar Morto) e Mevassaret Zion. La città sarebbe composta di diciotto amministrazioni, nove israeliane e nove palestinesi. L'area sarebbe amministrata da un consiglio metropolitano, con rappresentanti da tutte le amministrazioni e un rappresentante israeliano e uno palestinese con diritto di veto. La città sarebbe spartita (per quanto riguarda sovranità e amministrazione), ma aperta e non divisa[17].

(15) Cfr. M. Heller e S. Nusseibeh, *Israele e Palestina. Il piano per la pace tra due stati sovrani*, Valerio Levi, Roma 1992, pp. 141-152.
(16) Cfr. G. Baskin, *Jerusalem of Peace. Sovereignty and Territory in Jerusalem's Future*, Israel/Palestine Center for Research and Information, Gerusalemme 1994.
(17) Cfr. C. Albin, M. Amirav, H. Siniora, «Jérusalem: une ville, deux capitales?», in *Politique Internationale*, n. 59, pp. 17-23.

Status quo ante 1967. In questo caso i confini sarebbero riportati dove erano prima della guerra dei Sei Giorni, con l'ovvia differenza che al posto della Giordania ci sarebbe lo stato palestinese. Questa soluzione sarebbe ispirata da un'interpretazione rigida delle risoluzioni del Consiglio di sicurezza e delle posizioni tradizionali palestinesi (sia dell'Olp che di Hamas). Questa soluzione potrebbe naturalmente prevedere una soluzione chiusa e una aperta, ovvero con città fisicamente divisa oppure con una sostanziale libertà di passaggio. Nessuno vorrebbe tornare però a una città divisa fisicamente. Inoltre questa soluzione va oltre ogni limite di accettabilità per Israele, in quanto lo stato ebraico dovrebbe abbandonare il controllo del Muro, del quartiere ebraico nella città vecchia e del cimitero sulle pendici occidentali del Monte degli Olivi.

È anche possibile combinare in vario modo queste proposte, per esempio avere una sovranità compartecipata in una parte della città, per esempio quella contenente i Luoghi Santi, e spartire dei quartieri meno significativi, come proposto alcuni anni fa dall'ambasciatore giordano alle Nazioni Unite[18].

Da questa breve rassegna è evidente che la comunità accademica e intellettuale ha fatto i suoi sforzi per avanzare proposte originali e creative per risolvere il problema di Gerusalemme. A questo punto il problema è lasciato nelle mani dei politici e dei diplomatici, e delle rispettive opinioni pubbliche, che in un problema così carico di significati simbolici non possono, come abbiamo visto, essere trascurate. L'unico accordo generale consiste, almeno così sembra, nel fatto che nessuno vuole una città che sia nuovamente divisa da filo spinato e campi minati. Anche coloro che sostengono un ritorno ai confini del 1967 non vogliono un ritorno alle condizioni del 1967.

La posizione israeliana è sempre stata caratterizzata, come abbiamo visto, dal dichiarare Gerusalemme capitale eterna e indivisibile di Israele. Ci sono state a questo riguardo sfumature diverse, in quanto alcune dichiarazioni di Rabin e successivamente di Peres sembravano lasciar aperto lo spazio ad alcune soluzioni tra quelle considerate sopra. D'altronde la dichiarazione programmatica del governo Barak sembra essere più precisa e lasciare uno spazio di trattativa abbastanza ristretto, in quanto vi si legge che «la grande Gerusalemme, la capitale eterna di Israele, rimarrà unita e integra sotto la sovranità di Israele». L'opinione pubblica palestinese, d'altronde, come risulta anche da numerosi sondaggi, non potrebbe tollerare un accordo di pace in cui Ge-

---

(18) Cfr. A. Abu Odeh, «Two Capitals in an Undivided Jerusalem», in *Foreign Affairs*, vol. 71 (1992), n. 1, pp. 183-188.

rusalemme non sia capitale dello stato e in cui l'area del Haram non fosse sotto controllo palestinese.

Dal punto di vista di principio, la soluzione migliore sarebbe costituita dalla deterritorializzazione del problema, ovvero dalla deconnessione tra aspetti religiosi e aspetti di controllo territoriale. In tal caso l'aspetto essenziale non sarebbe costituito dal controllo dei Luoghi Santi, ma dal loro uso. Si arriverebbe cioè a una logica di tipo funzionale. Questa soluzione corrisponderebbe a tutte quelle proposte che in quest'area della città mirano a una sovranità compartecipata. La collaborazione nella sicurezza tra polizia palestinese ed esercito o polizia israeliana ha dimostrato come la cooperazione a livello tecnico abbia potuto funzionare anche in periodi politicamente turbolenti, e abbia potuto mitigare l'effetto conflittuale di atti politici provocatori come la decisione di aprire il cosiddetto tunnel asmoneo sotto le moschee.

D'altra parte sembra difficile che uno stato di recente formazione (in termini storici) come Israele, e uno stato in formazione si accordino in modo decisamente innovativo su di una questione fondamentale come la sovranità. Di conseguenza, dato che una certa innovazione è necessaria, questa sarà probabilmente limitata.

Il punto di partenza, al di là delle dichiarazioni di principio, non può essere costituito che dallo stato delle trattative tra israeliani e palestinesi. È fin troppo facile accanirsi contro le debolezze del processo di Oslo, ma non è attualmente possibile uscire dalle linee individuate da questo processo diplomatico. D'altra parte, la rinuncia della Giordania ai suoi diritti sulla Cisgiordania, dichiarata da Re Hussein nel luglio 1988, è stata solo parzialmente controbilanciata dal riconoscimento di interessi giordani nella gestione del complesso delle moschee.

È innegabile che la gestione dei Luoghi Santi vada oltre gli interessi nazionali israeliani e palestinesi, ma questo interesse generale si può realisticamente affermare soltanto per mezzo di impegni assunti *erga omnes* nei trattati, oltre, naturalmente, a rispettare il già citato ruolo speciale della Giordania, riconosciuto nella Dichiarazione di Washington e ribadito nel trattato di pace. Ogni coinvolgimento di altri attori renderebbe impossibile una trattativa che già sembra di ardua soluzione.

Trattando la questione dal punto di vista della sua soluzione, è anche necessario ammettere alcune verità che sono certamente spiacevoli per la maggior parte degli osservatori, e che riguardano non solo Gerusalemme, ma anche la soluzione complessiva del problema e il confine tra Israele e il futuro stato palestinese. Bisogna cioè sapere, come sanno bene anche i palestinesi, che i confini non saranno, nell'accordo definitivo, quelli che hanno diviso dal 1949 al 1967 il Regno hashimita di Giordania e lo stato di Israele. Sulla «legalità» di questa soluzione si può e si deve naturalmente discutere, ma non si aiutano certo i palestinesi della Cisgiordania e di Gaza, e neppure quelli della diaspora, a negare ciò che tutti sanno.

Altro problema delicato dal punto di vista del diritto, una volta che la Giordania ha rinunciato ai suoi diritti, è chi sia intitolato a trattare su questi territori. La cosa è valida non solo per Gerusalemme, ma per tutti i territori palestinesi occupati da Israele nel 1967. La questione è particolarmente delicata: se due soggetti di diritto internazionali, quali sono Israele e l'Autorità Nazionale Palestinese, si accordano su un contenzioso bilaterale mantenendo gli obblighi *erga omnes* (in questo caso per esempio il libero accesso ai Luoghi Santi delle tre religioni), allora la risoluzione del Consiglio di Sicurezza sul contenzioso viene a cadere. Se dunque si può dire che comportamenti specifici di Israele sono stati contrari al diritto, più difficile è affermare che i due soggetti in trattativa violino i principi del diritto. In tal caso si dovrebbe specificare più precisamente quali siano gli obblighi *erga omnes* da garantire. Ciò non toglie che ciascuno abbia il diritto di esprimere un giudizio politico su tutto ciò che sta accadendo.

Fatte queste precisazioni, possiamo passare a prendere in considerazione quali soluzione siano effettivamente praticabili. Un punto di partenza realistico può essere costituito dal cosiddetto piano Beilin-Abu Mazen, le cui linee fondamentali furono concordate poco prima delle elezioni che videro il successo di misura di Benyamin Netanyahu e il conseguente blocco del processo di pace. Questo accordo prevedeva una sorta di extraterritorialità per le moschee, libertà di accesso per il Santo Sepolcro (ma sovranità israeliana), e la sede delle istituzioni palestinesi ad Abu Dis, un sobborgo orientale di Gerusalemme. In questo quadro la questione degli insediamenti a Ras al-Amud e a Jabal Abu Ghanaym/Har Homa era e continua ad essere particolarmente delicata perché insieme chiuderebbero virtualmente la cintura ebraica intorno alla Gerusalemme araba, il primo a est in direzione proprio di Abu Dis, e il secondo in direzione sud verso Betlemme. Sembra che questa bozza sia la base sulla quale vengono condotte le attuali trattative. Se questo sia compatibile con le dichiarazioni programmatiche del governo Barak, è un problema di possibili ambiguità del testo.

Ciò che non è chiaro e deve essere determinato è costituito dalla sorte dei quartieri arabi come Shaykh Jarrah, Wadi al-Juz e Silwan, e soprattutto dallo *status* della popolazione di questi quartieri. Anche qui dal punto di vista di principio la cosa sarebbe estremamente chiara: diritto internazionale e una certa dose di buon senso e di giustizia porterebbero a sostenere l'ipotesi di un referendum tra i residenti, il che porterebbe a un plebiscito per la sovranità palestinese. È abbastanza improbabile che le cose si svolgano in questo modo. Ci sarà, piuttosto, una trattativa estenuante tra le due parti sul cui esito è difficile fare previsioni. Non è però pensabile che la popolazione araba che assai probabilmente rimarrà entro territori che saranno assegnati alla sovranità israeliana permanga in condizioni di incertezza legale quali quelle attuali. D'altra parte una soluzione accettabile a tutte le parti, e soprattutto a tutti gli abitanti della città, palestinesi ed ebrei, è necessaria per una pace in Medio Oriente che, come sempre si usa dire nelle dichiarazioni ufficiali di organizzazioni e stati arabi, sia giusta, completa, universale.

Sezione V

Commercio, investimenti, petrolio

16. I rapporti commerciali tra Arabia Saudita e Unione Europea

di Abd al-Rahman al-A'ali[1]

Oltre ai legami politici e storici che uniscono l'Arabia Saudita e i paesi membri dell'Unione Europea (UE), i rapporti commerciali rappresentano l'aspetto di gran lunga predominante. Gli scambi tra questi due partner sono infatti una realtà da diverse generazioni.

A partire dagli anni settanta, queste relazioni si sono rafforzate grazie al massiccio processo di industrializzazione intrapreso dall'Arabia Saudita. Questo ha richiesto ingenti importazioni di ogni genere, sia di beni di consumo che di prodotti intermedi e beni strumentali, le cui provenienze tradizionali sono stati gli Stati Uniti, il Giappone e l'Europa.

Oggi, il legame tra l'economia saudita e la comunità mondiale è evidente. In un certo senso si potrebbe affermare che l'economia dell'Arabia Saudita è più internazionalizzata di quanto sia ad esempio quella degli Stati Uniti o del Giappone, giacché le sue esportazioni rappresentano oltre un terzo del suo Pil. Tuttavia questo dato è fuorviante, poiché l'88% delle esportazioni riguarda petrolio greggio o raffinato, prodotto soggetto ad ampie oscillazioni di prezzi e quantitativi. Dunque, la diversificazione economica e l'industrializzazione rimangono un passaggio obbligato per il nostro benessere economico a lungo termine.

Naturalmente l'Arabia Saudita si rivolge ai suoi maggiori partner commerciali per l'assistenza necessaria a conseguire questo obiettivo. In tale prospettiva, questo capitolo traccia la mappa delle relazioni commerciali tra l'Arabia Saudita e uno dei suoi maggiori partner commerciali, l'Unione Europea. Inoltre, viene approfondita la situazione degli investimenti diretti europei in Arabia Saudita, suggerendo alcune ipotesi riguardo la portata di questi investimenti e come essi possano essere messi in relazione con il volume generale del commercio. Il capitolo si conclude con la discussione di alcuni aspetti riguardanti

(1) Università Re Sa'ud, Vice-rettore dell'Istituto di Ricerca e Consulenza, Riyadh.

scambi ed investimenti, così come essi vengono percepiti nell'ambiente imprenditoriale saudita.

1. Scambi commerciali tra UE e Arabia Saudita

Per anni gli Stati Uniti e il Giappone hanno rappresentato i maggiori mercati di esportazione dell'Arabia Saudita. Nel 1997, il Giappone ha importato prodotti sauditi per un valore di 10,9 miliardi di dollari, mentre le importazioni degli Stati Uniti hanno raggiunto un valore di 9,4 miliardi. Considerata come gruppo, l'Europa è anch'essa un mercato importante per l'Arabia Saudita. Nel 1997, le sue importazioni complessive sono ammontate a 11 miliardi di dollari. All'interno dell'Europa, negli ultimi due anni la Francia si è collocata al primo posto con importazioni per un valore di 2,6 miliardi di dollari nel 1996 e di 2,4 miliardi nel 1997. Nel 1997, i Paesi Bassi hanno importato 2 miliardi di dollari di petrolio saudita, seguiti dall'Italia (1,9 miliardi), dal Regno Unito (1,5 miliardi) e dalla Spagna (1,2 miliardi). Complessivamente, la quota delle esportazioni saudite verso l'Europa è in calo dal 1993: in quell'anno era del 22,9%, ed è scesa al 18% nel 1997.

Per quanto riguarda le importazioni saudite dall'Europa, queste ammontano a circa 10 miliardi di dollari all'anno: un valore che dal 1991 supera la somma delle importazioni dagli Stati Uniti e dal Giappone, ad eccezione del 1992. La quota relativa delle importazioni saudite dall'Europa è tuttavia in declino dal 1991, raggiungendo nel 1997 il 33,6%.

La tabella 1 illustra la bilancia commerciale tra Arabia Saudita e Unione Europea. È opportuno non saltare immediatamente alla conclusione che l'Arabia Saudita abbia con l'UE un bilancio positivo. Di fatto, prima del 1994 il bilancio con l'UE era negativo. Il bilancio positivo di 1.433 milioni del 1997 si riferisce unicamente allo scambio di beni: se si tiene conto dello scambio di servizi, l'UE ha un bilancio positivo nei confronti dell'Arabia Saudita. L'Arabia Saudita è in effetti un grosso importatore netto di servizi. Nel 1997 ha importato 25,5 miliardi di dollari in servizi e ne ha esportati solo 4,5 miliardi[2].

Gli scambi tra UE e Arabia Saudita manifestano un difetto di fondo, in quanto le importazioni saudite dall'UE sono diversificate e rientrano in tutte le tre grandi categorie di prodotto - beni di consumo, prodotti intermedi e beni strumentali - mentre le esportazioni saudite verso l'Europa riguardano prevalentemente beni intermedi (99,6%

---

(2) *International Financial Statistics*, gennaio 1999.

delle esportazioni saudite verso l'UE). In altre parole, circa il 94,7% delle esportazioni saudite verso l'UE sono esportazioni di petrolio greggio o parzialmente raffinato.

2. Investimenti in Arabia Saudita

Per quanto riguarda gli investimenti, le relazioni tra Arabia Saudita e gli stati membri dell'UE risalgono a diversi secoli fa. Venendo a tempi più recenti, numerosi investitori europei sin dai primi anni di questo secolo hanno stabilito le loro attività in Arabia Saudita. Questo si è verificato, in particolare, nel settore bancario.

Nondimeno, gli investimenti diretti di provenienza europea sono piuttosto modesti. Come si può notare, tutti gli investimenti stranieri in Arabia Saudita avvengono sotto forma di *joint ventures*. Tuttavia, la legislazione saudita che regola gli investimenti di capitali esteri non esclude l'impresa con il 100% di capitale straniero. Esiste già un piccolo numero di *joint ventures* industriali o di servizi di proprietà completamente straniera. Un investitore, tra gli altri motivi, vuole investire in un paese che offra incentivi. La partecipazione locale, apportando ulteriori vantaggi al partner straniero, agisce come incentivo.

La tabella 2 espone in dettaglio la composizione delle *joint ventures* industriali e la tabella 3 illustra le *joint ventures* nel campo dei servizi. Le tabelle comprendono anche i dati relativi alle *joint ventures* americane e giapponesi.

Nel settore delle *joint ventures* industriali, Regno Unito e Germania detengono il più alto numero di *joint ventures* europee in Arabia Saudita, possedendone rispettivamente 31 e 30. Tuttavia, in termini di capitale investito, il Regno Unito risulta essere di gran lunga il principale investitore europeo (304 milioni di dollari), seguito dall'Italia (260 milioni) e dalla Finlandia (208 milioni).

Gli investitori italiani e finlandesi risultano essere piuttosto cauti in tema di partecipazione al capitale. La quota media di investimento finlandese in una *joint venture* industriale è del 10%, quella italiana del 12%. La quota media degli investimenti sauditi è del 71-72%, mentre il restante 17-18% è in mano a investitori di paesi terzi. D'altra parte, tra i principali investitori europei in *joint ventures* industriali, olandesi e inglesi risultano essere i più aggressivi, con partecipazioni che vanno in media dal 36% al 46% del capitale. I tedeschi si pongono nel mezzo, con una media di partecipazione al capitale del 26%.

La dimensione finanziaria media delle *joint ventures* industriali con partecipazione europea è di 44,19 milioni di dollari e la partecipazione finanziaria media dei partner europei è di 8,66 milioni, ovvero il 19,6% del capitale. D'altro canto, la dimensione finanziaria media delle *joint ventures* con partecipazione degli Stati Uniti raggiunge i 186,9 milioni di dollari, con una media di investimento dei partner americani di 89,18 milioni, ovvero il 47,7% del capitale.

La dimensione finanziaria media delle *joint ventures* industriali con partecipazione giapponese è di 556,9 milioni di dollari e la media degli investimenti giapponesi è di 274,9 milioni, ovvero il 49,4% del capitale. Questo valore così alto è dovuto al numero molto limitato di *joint ventures* giapponesi nel settore industriale (8 in tutto), insieme al fatto che alcuni investimenti hanno riguardato progetti colossali dell'industria peltrolchimica.

Per quel che riguarda le *joint ventures* di servizi in Arabia Saudita, queste risultano essere di piccole dimensioni in termini di investimenti, ma numerose se paragonate alle *joint ventures* industriali. I cinque partner principali nel settore delle *joint ventures* di servizi sono: Regno Unito (con 82 *joint ventures*), Germania (44), Francia (43), Italia (21) e Olanda (20). Tra i partner UE in *joint ventures* di servizi, l'Olanda si pone al primo posto con un valore complessivo di investimenti intorno al quarto di miliardo di dollari. La Francia è al secondo posto con investimenti di circa 170 milioni di dollari, seguita dal Regno Unito (45 milioni). La dimensione finanziaria media delle *joint ventures* di servizi con partecipazione UE è di 5,24 milioni di dollari e la media degli investimenti dei partner europei è di 2,2 milioni, ovvero il 42 % del capitale. Una dimensione finanziaria che non si discosta molto da quella delle *joint ventures* di servizi con partecipazione americana, 5,5 milioni di dollari, dove la media di investimento Usa è di 1,74 milioni, ovvero il 29 % del capitale. Va inoltre considerato che la dimensione finanziaria media delle *joint ventures* di servizi con partecipazione giapponese (25 *joint ventures*) è di 10 milioni di dollari, con una media di investimento giapponese di 0,9 milioni, ovvero 9,6% del capitale.

Il numero complessivo delle *joint ventures* di servizi europee (237) è nettamente superiore alla somma delle *joint ventures* americane e giapponesi (in totale 193). Anche il capitale europeo investito in *joint ventures* di servizi (521 milioni di dollari) è superiore al capitale investito complessivamente da americani e giapponesi (316 milioni).

Il numero complessivo delle *joint ventures* europee, sia industriali che di servizi (377), è nettamente superiore a quello delle *joint ventures* americane e giapponesi sommate insieme (288). Tuttavia, la somma degli investimenti europei nei due tipi di *joint venture* (1,372 milioni di dollari), è di molto inferiore ai capitali investiti dai partner statunitensi (2,221 milioni) o giapponesi (8,051 milioni).

La correlazione tra gli investimenti europei in *joint ventures* e il valore delle importazioni saudite dall'Europa può servire a far luce sul modello di *joint venture* europea. La stessa analisi verrà applicata agli investimenti Usa e giapponesi. La tabella 4 illustra i risultati dell'intensità degli investimenti nelle *joint ventures*, ottenuti dividendo la somma delle quote di capitale europeo investito in ogni tipo di *joint venture* in Arabia Saudita per la media delle importazioni annue dal paese membro dell'UE.

Gli otto maggiori esportatori europei verso l'Arabia Saudita presentano investimenti in *joint venture* minimi se paragonati alla media delle importazioni annue relativa agli ultimi 3 anni, ad eccezione dell'Olanda la cui intensità di investimenti raggiunge il 62,2%. Il rapporto degli altri quattro maggiori esportatori è il seguente: Regno Unito 13,3%, Germania 8 %, Italia 20,8% e Francia 19,1%. L'indice degli investimenti complessivi europei in *joint venture* in Arabia Saudita è pari al 18%.

Questi rapporti sono molto bassi, se paragonati all'intensità giapponese (111%) e statunitense (131%). Il rapporto giapponese, sebbene possa sembrare ragionevole, è tuttavia considerato basso negli ambienti economici sauditi. L'Arabia Saudita per contro accoglie con favore gli investimenti stranieri sotto forma di *joint ventures*, come dimostra la revisione del Codice per gli investimenti di capitali stranieri il cui annuncio è atteso fra breve.

3. Aspetti del mercato e degli investimenti

Questa sezione esamina brevemente alcune preoccupazioni saudite riguardo alle relazioni con l'Unione Europea. Ne elenchiamo alcune:
1) mancanza di progresso nei negoziati per un'area di libero mercato tra UE e il Consiglio di Cooperazione del Golfo (Ccg);
2) bassi investimenti UE in Arabia Saudita;
3) frequenti accuse di sovvenzioni/*dumping* sollevate dall'UE a carico di compagnie saudite e Ccg;
4) tassazione sul petrolio e «carbon tax»;
5) adesione dell'Arabia Saudita all'Organizzazione Mondiale per il Commercio (Omc).

Nel 1988, l'UE e i paesi del Golfo si accordarono per la creazione di un'area di libero scambio tra i due blocchi economici. Da allora i negoziati hanno prodotto molte parole, ma nessun progresso reale. In realtà, il Ccg ha un passivo commerciale con l'UE. Nel 1996, il deficit si aggirava intorno ai 16 miliardi di dollari[3]. E se si considera anche il commercio di servizi, il deficit aumenta ancora. Sorge un dubbio riguardo alla sincerità della volontà europea di creare realmente un'area di libero scambio con i paesi del Golfo, dubbio già espresso da un funzionario della Arab-British Chamber of Commerce and Industry di Londra[4].

Gli ambienti economici sauditi hanno la sensazione che l'UE sia un investitore passivo, interessato unicamente a vendere i suoi prodotti in Arabia Saudita[5]. Gli investimenti europei nelle *joint ventures* industriali e di servizi in Arabia Saudita sembrano dar ragione a questa tesi, così come evidenziato dall'indice di intensità di investimento nelle *joint ventures*. Gli investimenti europei in Arabia Saudita ammontano a 1,7 miliardi di dollari, mentre gli investimenti Ccg nell'UE sono stimati attorno ai 150 miliardi[6]. Difatti, gli investimenti UE in Arabia Saudita sono pari al 78% degli investimenti giapponesi e ad appena il 21,6% degli investimenti degli Stati Uniti. Incentivi sauditi agli investimenti esistono già da molti anni, e la proposta revisione del Codice per gli investimenti di capitali stranieri è pensata nell'ottica della trasparenza ed affronta le questioni burocratiche vedendole dal punto di vista degli investitori.

Un'altra preoccupazione degli ambienti economici sauditi riguarda le frequenti accuse di *dumping* mosse contro le compagnie saudite o Ccg. I due casi presi in esame possono ben spiegare il sentimento degli uomini d'affari sauditi, i quali ritengono che l'UE li stia prendendo di mira.

La Società Alba, produttrice di alluminio del Bahrain, si è vista imporre dalla UE una maggiorazione del 6% sulle tasse doganali e a tutt'oggi la questione non si è ancora risolta. Alba sostiene che questa tassa non viene applicata agli altri produttori di alluminio[7].

Al contrario, il recente procedimento contro la Saudi Yarn & Knitting Technology Factory (Syntech), accusata di esportare a basso costo filati di polypropilene, è stato lasciato cadere dall'UE[8].

Le compagnie saudite e Ccg sperano che tali accuse immotivate non debbano ripetersi, perché inducono a dubitare della volontà dell'UE di rafforzare il suo impegno commerciale con i paesi del Gol-

(3) *Ccg Economic Bulletin*, 1997.
(4) *al-Iqtisadi*, 22-28 novembre 1997.
(5) *al-Ryadh*, 4 febbraio 1999.
(6) *al-Iqtisad al-Khalij*, giugno/luglio 1997.
(7) *al-Iqtisadiyya*, 10 febbraio 1999.
(8) *al-Riyadh*, 26 gennaio 1999.

fo. È bene ricordare, inoltre, che in queste azioni esistono regole dell'Omc che vanno rispettate. Esse guardano all'impegno commerciale come ad una strada a doppio senso da cui debbono trarre beneficio entrambi i partner.

La quarta preoccupazione saudita riguarda le pesanti tasse sul petrolio applicate dall'UE e la proposta «carbon tax». Una banca d'investimento del Golfo ha stimato che la tassa interna di consumo su un barile di petrolio è di circa 60 dollari[9]. Di certo queste tasse comprimono i consumi, riducono il benessere dei consumatori europei e intaccano la competitività europea. In aggiunta, la proposta di una «carbon tax» è un'altra interferenza nel flusso del libero mercato che a lungo termine avrà effetti negativi sulla crescita economica europea e sulle spese dei consumatori. Allo stesso tempo, gli esperti ritengono che questa tassa avrà effetti negativi sui redditi dai derivati del petrolio degli stati del Golfo e quindi, a lungo termine, sull'espansione degli investimenti nell'industria petrolifera e le sue ramificazioni.

Un'altra importante questione per l'Arabia Saudita è l'accessione all'Omc. L'ammissione dell'Arabia Saudita è di vitale interesse non solo per l'Arabia Saudita, ma anche per tutti i suoi partner commerciali. Di fatto, l'Arabia Saudita è la più grande economia di mercato ancora esclusa dall'Omc. L'UE è sicuramente uno dei maggiori partner commerciali dell'Arabia Saudita, e gli uomini d'affari sauditi si aspettano che gli ambienti economici europei sostengano l'accessione dell'Arabia Saudita nell'Omc, in quanto nazione in via di sviluppo e che dunque necessita di una certa flessibilità per raggiungere il livello di perfezione richiesto per ottemperare a tutte le regole Omc.

(9) *al-Iqtisad al-Khalij*, ottobre/novembre 1995.

Tab. 1- *Bilancia commerciale Arabia Saudita-UE (in milioni di dollari)*

	1991	1992	1993	1994	1995	1996	1997
Export saudita	10.259	11.063	9.719	9.626	9.979	10.447	11.066
Import saudita	10.687	11.977	10.038	8.097	9.783	9.581	9.633
Bilancia commerciale	-428	-913	-319	1.529	196	866	1.433

Fonte: Rapporto Fmi del 1998, Dipartimento di Statistica e Ministero della Pianificazione, Arabia Saudita.

Tab. 2 - *Joint ventures industriali dell'Arabia Saudita con UE, Usa e Giappone (situazione al 20 ottobre 1998, classificazione in base al valore degli investimenti)*

	Numero di Joint ventures	Investimento UE (milioni di dollari)	Quote (%) Arabia Saudita	UE
Regno Unito	31	304,6	60	36
Italia	13	259,9	71	12
Finlandia	4	208,3	72	10
Germania	30	120,5	72	26
Olanda	15	73,7	53	46
Francia	14	70,9	67	29
Lussemburgo	2	64,5	53	47
Danimarca	4	31,9	35	47
Svezia	8	29,3	59	41
Austria	5	20,4	45	14
Belgio	8	20,0	68	30
Spagna	3	3,9	71	12
Portogallo	1	2,8	30	70
Irlanda	1	2,2	51	49
Grecia	1	1,6	50	50
Totale UE	140	1.214,571		20
Usa	87	7.758,451	51	48
Giappone	8	2.199,551	51	49

Fonte: Estratto da «Joint ventures industriali e non-industriali», Ministero dell'Industria e Elettricità, Arabia Saudita.
Nota: La somma delle quote saudite e UE può risultare inferiore al 100% per la presenza di paesi terzi.

Tab. 3 - *Joint ventures nel settore dei servizi fra l'Arabia Saudita, l'UE, gli Usa e il Giappone (situazione al 20 ottobre 1998, classificazione in base al valore degli investimenti)*

	Numero di Joint ventures	Investimenti UE (milioni di dollari)	Quota(%) Arabia Saudita	UE
Olanda	20	248,2	53	46
Francia	43	170,1	67	33
Regno Unito	82	45,3	46	52
Germania	44	33,6	37	62
Italia	21	7,1	55	45
Spagna	2	6,8	51	49
Finlandia	7	2,7	67	33
Svezia	5	1,8	56	41
Lussemburgo	2	1,4	40	60
Belgio	3	1,2	50	50
Austria	1	1,1	0	100
Danimarca	3	0,7	63	37
Portogallo	1	0,7	50	50
Irlanda	2	0,5	50	50
Grecia	1	0,1	51	5
Totale UE	237	521,3	58	42
Usa	168	292,1	70	29
Giappone	25	23,9	84	10

Fonte: vedi tabella 2
Nota: *ibidem*

Tab. 4 - *Intensità degli investimenti in joint ventures per partner UE (milioni di dollari, classificazione sull'ammontare delle importazioni)*

Paese	Investimenti partner UE	Media annuale importazioni	Intensità investimenti joint ventures	commento
	(1)	(2)	(1/3)	
Regno Unito	350	2.625	13,3	molto basso
Germania	154	1.929	8,0	molto basso
Italia	267	1.285	20,8	molto basso
Francia	241	1.261	19,1	molto basso
Olanda	322	518	62,2	medio
Belgio-Lussemburgo	87	512	17,0	molto basso
Spagna	11	390	2,8	molto basso
Svezia	31	349	8,9	molto basso
Danimarca	33	255	13,0	-
Irlanda	3	174	1,7	-
Austria	21	139	15,1	-
Finlandia	211	116	182,4	-
Grecia	2	87	2,3	-
Portogallo	3	28	10,7	-
Totale UE		9.666	18,0	molto basso
Giappone	211	1.988	111,7	alto
Usa	8.051	6.109	131,8	alto

Fonte: Vedi tabelle precedenti.
Note:
(1) Totale degli investimenti del partner UE in *joint ventures* industriali e non industriali in Arabia Saudita. Tale valore può differire leggermente dalla somma dei due tipi di investimento per arrotondamento delle cifre.
(2) Media annuale delle importazioni saudite dal partner UE riferita al 1995-1997.
(3) L'Intensità degli Investimenti in *joint ventures* è data dal totale degli investimenti del partner UE come percentuale delle importazioni annuali saudite.

17. UE e Ccg: una prospettiva europea

di Bichara Khader[1]

1. Quadro generale

Quando il Dialogo euro-arabo (Dea) venne varato, successivamente alla guerra arabo-israeliana dell'ottobre 1973 e alla prima crisi del petrolio dello stesso anno, il Consiglio di Cooperazione del Golfo (Ccg) non era ancora stato fondato. Ma in quanto membri del gruppo arabo, gli stati del Golfo svolsero un ruolo attivo in questo primo esperimento di diplomazia multilaterale euro-araba. Come tutti gli altri paesi arabi, gli stati del Golfo miravano, attraverso il Dea, ad assicurarsi il sostegno della Comunità Europea nel conflitto arabo-israeliano.

I paesi europei, invece, intendevano tale dialogo come mezzo per garantirsi un rifornimento regolare di petrolio[2] ad un «prezzo ragionevole», l'apertura dei mercati arabi alle esportazioni europee e la riconversione del *surplus* arabo di petrodollari in investimenti nei sistemi finanziari europei[3].

Negli anni settanta né gli Usa né l'Unione Sovietica vedevano di buon occhio questo coinvolgimento dell'Europa nei confronti del mondo arabo, regione che le due potenze mondiali consideravano come il loro «terreno di caccia», almeno a partire dalla crisi di Suez e dal ritiro della Gran Bretagna dagli stati del Golfo, in seguito all'indipendenza del Kuwait (9 giugno 1961) e alla creazione degli Emirati Arabi Uniti (Eau) nel 1971.

Al di là dell'opposizione delle due superpotenze, la Comunità Europea doveva affrontare la questione della partecipazione dell'Olp al dialogo. Il compromesso di Dublino (11 febbraio 1975) riuscì ad aggirare il problema della partecipazione dell'Olp coniando la formula del negoziato tra «gruppi» piuttosto che tra stati e permettendo così ai pa-

(1) Università di Lovanio, Direttore del Cermac.
(2) G. Bahgat, «Gulf Security and Western Policy», in *International Spectator*, 3, 1996, pp. 39-49.
(3) Per maggiori dettagli vedi B. Khader, *Europa e il mondo arabo: le ragioni del dialogo*, l'Harmattan-Italia, Torino, 1996.

lestinesi di partecipare stando dentro il «gruppo arabo», senza riconoscere l'Olp come rappresentanza unica dei palestinesi. Non appena tale compromesso sbloccò la situazione a livello organizzativo, il Dea fu subito scosso da una piccola tempesta in seguito alla firma del trattato commerciale tra la Comunità Europea e Israele dell'11 maggio 1975. Per gli arabi ciò rappresentava una «ricompensa per l'occupazione», poiché offriva la possibilità ad Israele di rompere il proprio isolamento internazionale. Ma non si trattò che di una vana protesta: la Comunità Europea sottolineò che tale accordo rientrava nella sua nuova «politica mediterranea globale» e che non aveva alcuna intenzione di dissociarsi da Israele.

Un anno dopo si tenne a Lussemburgo il primo incontro della Commissione generale del Dea (maggio 1976), seguita da altri tre incontri a Tunisi (febbraio 1977), Bruxelles (ottobre 1977) e Damasco (dicembre 1978). Ma in questo ultimo incontro il clima fu teso e cupo, poiché esso ebbe luogo dopo la visita di Sadat a Gerusalemme (novembre 1977) e gli accordi di Camp David (settembre 1978), che avevano sbriciolato il consenso arabo, mettendo così a repentaglio la prosecuzione del dialogo collettivo dei paesi arabi con la Comunità Europea.

Gli stessi europei erano divisi tra chi salutava il gesto di Sadat come «una svolta storica» nel conflitto arabo-israeliano e chi riteneva che il Trattato israelo-egiziano (marzo 1979) avrebbe solamente dovuto essere un trampolino di lancio per una soluzione più ampia, a cui tutte le parti coinvolte, inclusi i rappresentanti del popolo palestinese, avrebbero dovuto prendere parte. Per la prima volta, durante la sua visita negli stati del Golfo nel marzo 1980, Giscard d'Estaing parlò del «diritto dei palestinesi all'autodeterminazione» come elemento che implicava la partecipazione dell'Olp.

Tre mesi dopo (giugno 1980), la Dichiarazione di Venezia ribadì con chiarezza la posizione francese, che divenne poi quella della politica europea.

Durante i primi cinque anni del Dea, i paesi del Golfo esercitarono tutta la loro influenza per rafforzare la posizione araba e sostenere le loro richieste di una pace giusta e duratura in Medio Oriente come precondizione per il decollo economico e la stabilità politica.

Ma l'inaugurazione del Dea coincise con lo scoppio della guerra civile in Libano, seguita dalla defezione egiziana e la risultante disintegrazione del sistema arabo, che cominciò ad andare alla deriva, privo sia di capitano che di timone.

Il Dea, bloccato dal Trattato israelo-egiziano, entrò in un lungo periodo di ibernazione tra il 1981 e il 1989 poco dopo la Dichiarazione di Venezia. Riattivato dal presidente Mitterrand nel dicembre 1989, il

Dea non riuscì a sopravvivere al duro colpo dell'invasione irachena del Kuwait nel 1991.

È necessario avere presenti tutti questi elementi poiché è durante il periodo della battuta d'arresto causata dal Trattato tra Egitto e Israele, che viene istituito il Consiglio di Cooperazione del Golfo (Ccg) e inizia il riavvicinamento tra l'Europa e i paesi del Golfo.

2. Il Consiglio di Cooperazione del Golfo

Verso la fine degli anni settanta e l'inizio degli anni ottanta, la regione del Golfo e la penisola arabica sono divenuti teatro di crescenti tensioni: (1) la caduta dello Scià in Iran in seguito alla rivoluzione iraniana guidata da Khomeiny (gennaio 1979); (2) la firma del «trattato di amicizia» tra lo Yemen del Sud e l'Unione Sovietica (ottobre 1979), che costituì una sfida aperta per l'Arabia Saudita; (3) l'irrigidimento delle relazioni diplomatiche tra gli stati del Golfo (escluso l'Oman) e l'Egitto dopo il 1979, che ne aumentò il senso di vulnerabilità; (4) l'attacco alla Grande Moschea della Mecca tra il 20 novembre e il 3 dicembre 1979; (5) l'intervento sovietico in Afganistan nel dicembre 1979; (6) lo scoppio della prima guerra del Golfo tra Iran e Iraq nel settembre 1980.

Tutti questi eventi con le loro ramificazioni, hanno prodotto un enorme senso di ansia negli stati del Golfo[4]. È in questo contesto turbolento che il 25 maggio 1981, all'Intercontinental Hotel di Abu Dhabi, ebbe luogo il primo vertice degli emirati e delle monarchie del Golfo, che decisero, il 26 maggio, di istituire il Ccg.

Inizialmente i sei stati del Golfo si sforzarono di far apparire il Ccg più come un raggruppamento economico regionale che come un'alleanza per la sicurezza, per evitare le critiche arabe o reazioni negative da parte dell'Iran. Ma era evidente che la «rivoluzione islamica iraniana» e la guerra Iran-Iraq, rafforzava timori di sovversioni e contagi, provvedendo così un impulso a riunirsi[5].

Nel 1981, gli stati del Golfo produssero qualcosa come 14,5 milioni di barili di petrolio al giorno (cioè il 23,5% della produzione mondiale totale e più del 52% del totale della produzione dell'Opec), ed esportarono 13,4 milioni di b/g ad un prezzo medio di 32 dollari il barile.

(4) Vedi N. Novik e J. Starr (a cura di), *Challenges in the Middle East: Regional Dynamics and Western Security*, Praeger, New York, 1981.

(5) Vedi B. T. Pridham (a cura di), *The Arab Gulf and the Arab World*, Center for Gulf Studies, University of Exter, Croom Helm, 1988.

3. L'Europa e il Consiglio di Cooperazione del Golfo

Dopo lo stallo del Dialogo euro-arabo, la Comunità Europea percepì l'imperativo di stabilire dei legami formali con gli stati arabi del Golfo. La creazione del Ccg offrì l'opportunità per un simile riavvicinamento, in vista dell'intensa interazione economica tra le due parti. L'interesse che la Comunità scorgeva in tale regione, era ovviamente quello di assicurarsi l'accesso al petrolio e non rischiare che le forniture cadessero in mani ostili. Nel 1981 il 70% delle importazioni della Cee dagli stati della Lega araba, riguardava gli stati arabi del Golfo, ciò che rese la regione del Golfo d'importanza cruciale per l'Europa. Non c'è da meravigliarsi del fatto che, nel periodo successivo agli sconvolgimenti del 1979, i ministri europei tentassero in maniera assai rapida di aprire canali di dialogo con i paesi del Golfo al fine di evitare che nei loro rispettivi paesi si verificassero fratture in seguito ad aumenti incontrollabili dei prezzi del petrolio o alla fluttuazione delle forniture[6]. In un suo discorso degli inizi del 1980, il Ministro degli Esteri tedesco, Genscher, è stato il principale sostenitore dell'apertura di tale dialogo. A livello della Comunità Europea si ritenne che il momento fosse maturo per andare oltre gli accordi individuali tra singoli stati membri della Comunità e stati del Golfo, e per realizzare relazioni strette con i paesi del Golfo «attraverso accordi coordinati a livello comunitario». Si percepiva che solamente un simile accordo multilaterale avrebbe potuto evitare un'inutile competizione all'interno degli stati membri della Comunità Europea.

In realtà, l'ultima fase degli anni settanta vide una gara senza precedenti tra i paesi europei per concludere accordi bilaterali di scambio fra merci e petrolio con i singoli paesi del Golfo. Ogni paese europeo tentava di riciclare i propri esborsi di denaro incrementando le proprie esportazioni tramite negoziazioni dirette. Nel 1979, le esportazioni della Comunità verso gli stati arabi del Golfo costituirono quasi il 47% delle esportazioni Cee verso il mondo arabo, e all'interno di esse il 21,8% del totale riguardava la sola Arabia Saudita.

All'attrazione esercitata dagli stati del Golfo in quanto produttori di petrolio e potenziali mercati per le esportazioni, bisogna aggiungere la loro disponibilità di larghi *surplus* di capitale in cerca di investimenti sicuri. I paesi europei erano interessati ad attrarre a lungo termine tali capitali al fine di compensare i loro deficit.

---

(6) Vedi H. Jawad, *Euro-arab Relations, a Study in Collective Diplomacy*, Ithaca Press, Reading, 1992, p. 167.

Per tutte queste ragioni la Comunità Europea mostrava un vivo interesse, soprattutto all'inizio degli anni ottanta, per la conclusione di un accordo con gli stati del Golfo che assicurasse il pieno accesso alle forniture di petrolio e ai mercati del Golfo, e che instaurasse delle procedure per un sicuro riciclaggio dei sovraredditi petroliferi.

4. Il lungo cammino verso l'accordo di cooperazione del 1988

Dal 1982 fino alla firma dell'Accordo di cooperazione del 1988, il quadro economico degli stati del Golfo cambia drammaticamente. Nel 1982, e soprattutto nel 1985, le conseguenze dello *shock* causato dalla diminuzione del prezzo del petrolio, dimezzarono le entrate relative. Le spese del governo vennero ridotte. I diversi governi furono costretti ad esaurire i fondi esteri per finanziare il deficit. Tutti gli stati del Golfo vissero una dolorosa transizione da una situazione di *surplus* della bilancia dei pagamenti e dei bilanci dello stato ad una di deficit.

I paesi del Ccg registrarono un deficit della bilancia commerciale di circa 4,3 miliardi di dollari nel 1985, ed un grave declino dei *surplus* di più di 66,5 miliardi di dollari nel 1981. Il totale delle importazioni del Ccg dalla Cee subì un declino del 23% nel periodo 1983-1985. L'Arabia Saudita, di gran lunga il maggior mercato di consumo nella regione, registrò una caduta del 40% delle sue importazioni dai principali partner commerciali[7].

Ciò nonostante si stima che, ancora alla fine del 1985, «le riserve ufficiali del Golfo investite all'estero arrivassero ad un totale di 300 miliardi di dollari»[8], di cui il 40% era investito in Europa, in depositi bancari, in azioni e in beni immobili.

Quando venne proposto il dialogo tra la Cee e il Golfo, agli inizi degli anni ottanta, gli stati del Golfo erano all'apice della loro potenza economica. Il Ministro degli Esteri tedesco, Genscher, fu il primo a perorare l'idea di un'apertura al dialogo con gli stati del Golfo, durante un incontro a Bruxelles del 15 gennaio 1980. Il 5 febbraio 1980 il Consiglio europeo dei ministri approvò la proposta tedesca e domandò alla Commissione di verificare quali fossero «le possibilità di dar seguito all'iniziativa della Comunità Europea» nei confronti degli stati del Golfo e dell'Iraq.

(7) Per un'analisi economica delle economie del Golfo negli anni ottanta, v. H. Azzam, *The Gulf Economies in Transition*, MacMillan, London, 1988.
(8) B. Khader, *Arab Money in the West*, Rapporto alla Lega Araba, Tunisi 1986.

Dopo discussioni preliminari dei rappresentanti della Commissione con gli stati del Golfo, il Consiglio europeo decise nel settembre del 1980 di fare una pausa nel dialogo. I francesi erano riluttanti, perché credevano che, essendoci già un quadro per realizzare il dialogo costituito dal Dea, non ci fosse la necessità di un duplicato[9], mentre gli stessi stati del Golfo, l'Iraq, il Kuwait e l'Arabia Saudita sostenevano che il dialogo tra la Cee e il Golfo era guidato dal petrolio e non da una visione strategica che racchiudesse le questioni a breve e lungo termine così come le dimensioni economica e politica. Essi confermarono pure che avrebbero preferito sviluppare le loro relazioni tramite il Dea.

L'iniziativa del più specifico dialogo con il Golfo venne dunque provvisoriamente differita. Ma poco dopo l'istituzione del Ccg, nel settembre 1981, il Consiglio europeo decise di iniziare delle discussioni preliminari con il segretariato del Ccg per esaminare le prospettive di cooperazione. Scambi di visite ebbero luogo tra il Segretario generale del Ccg, Bishara, che visitò le capitali europee nel giugno 1982, e i rappresentanti europei, che si recarono in Arabia Saudita nel marzo 1983. Le discussioni preliminari furono seguite da una serie di altri incontri aventi il fine di verificare le possibilità di negoziazioni formali su un accordo di cooperazione tra le due regioni.

Il primo incontro a livello ministeriale avvenne il 14 ottobre 1985 a Lussemburgo. Nel comunicato congiunto, i rappresentanti della Cee e del Golfo affermarono la loro volontà di proseguire il dialogo, che avrebbe dovuto «essere complementare» al Dea e al Ccg.

Il Parlamento europeo assegnò all'on. Costanzo il compito di redigere un rapporto sulle relazioni Cee-Golfo. Il rapporto fu discusso il 19 e 20 febbraio 1987. Il Parlamento adottò in quell'occasione una risoluzione sulle relazioni economiche e commerciali fra la Cee e il Ccg. Tale adozione risultò difficile, poiché la questione delle esportazioni petrolchimiche del Golfo aveva praticamente bloccato il dibattito.

Con il viatico del Parlamento, un secondo incontro ministeriale ebbe luogo a Bruxelles il 23 giugno 1987. Un anno dopo, il 15 giugno, l'accordo di cooperazione fu firmato da Genscher (Presidente del Consiglio) e Cheysson (membro della Commissione) per la parte europea, e da Sua Altezza il Principe Abd al-Aziz Sa'ud al-Faysal (Ministro degli Esteri dell'Arabia Saudita) e Abd Allah Bishara (Segretario del Ccg).

L'accordo istituì una relazione contrattuale tra la Cee e i paesi del Golfo. Esso copriva un ampio spettro di questioni: la cooperazione economica, l'agricoltura e la pesca, l'industria, l'energia, la scienza, la

(9) H. Jawad, *op. cit.*, p. 185.

tecnologia, l'investimento, l'ambiente e il commercio. Ma l'accordo non risolse la questione principale che era stata il punto cruciale del contenzioso in tutti i contatti tra la Cee e il Ccg, e cioè le esportazioni dei prodotti petrolchimici del Golfo[10].
Resta una questione aperta: cosa indusse gli stati del Golfo a far cadere le loro riserve riguardo ad un accordo specifico con la Cee? Riteniamo che gli stati del Golfo giunsero a rendersi conto che il crollo drammatico dei prezzi del petrolio e il rallentamento delle loro economie, offriva loro nuovi incentivi per raggiungere un accordo interregionale con l'Europa, e che essendo un'unità più piccola rispetto alla Lega araba, il Ccg avrebbe avuto maggiori possibilità di dare un'immagine unitaria e di rafforzare il suo potere di negoziazione. Sfortunatamente, l'invasione del Kuwait, gli eventi catastrofici conseguiti per liberarlo e, nel 1998, il nuovo crollo del prezzo del petrolio, avrebbero usurato la capacità del Ccg di negoziare partendo da una posizione di forza.

5. Le relazioni tra l'UE e il Golfo nel periodo 1988-1998: una panoramica dei comunicati del Consiglio comune

A livello istituzionale, l'accordo del 1988 tra la Cee e il Golfo, provvide all'istituzione di un Consiglio comune che avrebbe dovuto incontrarsi, con scadenza annuale, per seguire la sua realizzazione. Negli ultimi anni si sono avuti otto incontri ministeriali[11], i cui comunicati congiunti riflettono perfettamente gli interessi principali della Cee e del Golfo.
Il primo comunicato del marzo 1990 consacra spazio al conflitto arabo-israeliano, alla situazione tragica del Libano, allo stallo dei rapporti tra Iran e Iraq, e insiste sulla «natura complementare» dell'accordo di cooperazione Cee-Golfo, che non può essere «un sostituto del Dialogo euro-arabo». Le questioni energetiche e la spinosa questione petrolchimica sono messe da parte senza essere nemmeno menzionate.
Il secondo comunicato congiunto segue la seconda guerra del Golfo e la liberazione del Kuwait.
Quattro paragrafi su sedici sono dedicati all'invasione irachena, alla catastrofe ecologica nel Golfo, alla condizione della popolazione civile «nell'Iraq settentrionale e meridionale» e al «ristabilimento del-

(10) Vedi B. Khader, *L'Europe et les pays arabes du Golfe: des partenaires distants*, Quorum-Publisud, Paris, 1994.
(11) 1) Mascat, 17 marzo 1990; 2) Lussemburgo, 17 maggio 1991; 3) Kuwait, 16 maggio 1992; 4) Bruxelles, 16 maggio 1993; 5) Riyad, 8 maggio 1994; 6) Lussemburgo, 22 aprile 1996; 7) Doha, 17 febbraio 1997; 8) Lussemburgo, 27 ottobre 1998.

la legge internazionale violata dall'Iraq». Ma i ministri considerano che «anche il conflitto arabo-israeliano e la questione palestinese sono cause originarie dell'instabilità della regione». Un accenno speciale viene fatto alla «futura cooperazione» tra il Ccg, la Siria e l'Egitto, e al «ruolo importante» che l'Iran potrebbe svolgere per la stabilità futura della regione.

Per quanto riguarda gli aspetti economici, il comunicato mette l'accento sull'importanza di un «ambiente adeguato per incoraggiare e proteggere l'investimento» e sulla necessità di aumentare gli sforzi verso la cooperazione interregionale.

I 21 paragrafi del terzo comunicato (Kuwait, 16 maggio 1992) appaiono più sostanziali di quelli dei due comunicati precedenti. Dopo aver espresso la propria soddisfazione per il ristabilimento della pace e della stabilità nel Golfo, i ministri ritornano sull'importanza della cooperazione nell'ambito energetico, della protezione ambientale, della crescita industriale, e in altri ambiti quali quello degli investimenti, delle *joint ventures*, della scienza e della tecnologia, dello sviluppo degli standard e delle risorse umane. Per la prima volta viene affrontato il problema dell'emissione di CO_2 e il Ccg mette «in questione l'efficacia della tassa (energia/carbone) proposta per controllare tali emissioni, [precisando] che nella Comunità Europea il petrolio è già sovratassato».

La questione delle emissioni di CO_2 viene alla ribalta nel quarto comunicato, quello del maggio 1993 a Bruxelles. La parte europea si sforza per assicurare gli stati del Golfo che la tassa energia/carbone «non avrebbe un effetto discriminatorio nei confronti del petrolio e che la sua introduzione sarebbe condizionata dall'introduzione di misure analoghe negli altri paesi dell'Ocse».

Per la prima volta viene sollevata la questione del «libero scambio». I ministri danno il benvenuto alla ripresa dei negoziati su questo punto. I paragrafi restanti del comunicato trattano di questioni politiche quali l'impegno per «l'unità, l'integrità territoriale e la sovranità dell'Iraq», le «sofferenze dell'intera popolazione irachena, di cui il regime iracheno è interamente responsabile», la disputa tra Iran ed Eau riguardo alle isole, la convenzione di non-proliferazione delle armi chimiche, il processo di pace in Medio Oriente, gli insediamenti israeliani e il deterioramento della situazione nei territori occupati. I ministri inoltre affermano di nuovo la loro ferma determinazione a continuare «a contribuire alla stabilità e allo sviluppo sostenibile del mondo arabo, inclusa la regione del Maghreb».

Il riferimento specifico alla regione del Maghreb è comprensibile, dal momento che l'Unione Europea ha discusso dei suoi rapporti col

Maghreb nel Consiglio europeo di Lisbona di qualche mese prima. Un'altra regione cattura l'attenzione dei ministri: la Bosnia Erzegovina, dove gli «attacchi brutali su Srebrenica» hanno provocato una forte preoccupazione tra i musulmani e nei paesi del Golfo.

Nel comunicato di Riyadh (8 maggio 1994) si prende nota del rapporto della commissione *ad hoc* sulle questioni energetiche e ambientali, decisa dal Consiglio comune. Inoltre, i ministri accolgono favorevolmente una proposta per un programma triennale di cooperazione fra l'Organizzazione di Standardizzazione e Metrologia del Ccg e le corrispettive organizzazioni europee ed esprimono la loro soddisfazione per il programma biennale di addestramento degli agenti doganali del Ccg.

Per la prima volta si dibatte la questione dei diritti umani. I ministri del Ccg, pur notando l'esistenza di sistemi di valori diversi, «si uniscono ai ministri della CE nel ribadire il loro impegno costante nella promozione dei diritti umani». Per quanto riguarda le questioni politiche, i ministri osservano con estrema attenzione la continuata sfida dell'Iraq alle risoluzioni del Consiglio di Sicurezza delle Nazioni Unite, riconoscono il diritto ai singoli stati di acquisire i mezzi per «l'autodifesa», riaffermano la loro forte opposizione ad «ogni forma di terrorismo» oltre che ad «ogni attività di sovversione in paesi terzi», rendono omaggio al coraggio «dei leader palestinesi e israeliani che hanno firmato la storica Dichiarazione di principi di Washington il 13 settembre 1993», sottolineano l'importanza del raggiungimento di un progresso sostanziale negli altri negoziati bilaterali di pace, «in modo particolare sul fronte siriano», mostrano preoccupazione per lo scoppio delle ostilità nello Yemen, e infine danno il benvenuto all'accordo sulla costituzione di una federazione croato-musulmana.

Nell'anno 1995 nessun Consiglio comune è stato convocato.

6. L'incontro di Granada: un primo bilancio della cooperazione tra CE e Ccg

Dopo cinque incontri del Consiglio comune, i risultati concreti derivanti dall'accordo di cooperazione si rivelano lenti. Essi si limitano agli aspetti seguenti:
1) l'organizzazione di una serie d'incontri del gruppo di lavoro sull'energia, un simposio energetico di Cee-Ccg tenutosi a Mascat nell'aprile 1994, e il rapporto congiunto del gruppo CE-Ccg *ad hoc* sulle questioni connesse dell'energia e dell'ambiente;

2) le conferenze industriali CE-Ccg di Granada (1990), Doha (1992) e Mascat (1995);
3) la cooperazione nell'ambito degli standard doganali;
4) le negoziazioni sul libero scambio, che tuttavia sono disturbate dalle questioni della tassa energia/carbone, o «carbon tax», e delle esportazioni di prodotti petrolchimici.

Così, anche se l'accordo di cooperazione tra Comunità Europea e Ccg era decollato, era ovvio che esso non avrebbe volato alto. Questa è la ragione per la quale l'incontro del Consiglio comune ministeriale programmato per il 1995 fu posticipato e sostituito da un primo incontro della *troika* ministeriale UE-Ccg, tenutosi a Granada il 20 luglio 1995, per valutare i risultati passati e dare un nuovo impulso alla cooperazione, attraverso le raccomandazioni seguenti: 1) rafforzare il dialogo politico; 2) proporre soluzioni per sbloccare le negoziazioni in corso sul libero scambio; 3) promuovere la conoscenza e la comprensione reciproca.

Queste raccomandazioni furono approvate dall'incontro dei ministri degli Esteri europei e del Ccg tenutosi a New York il 29 settembre 1995.

Meno di due mesi dopo, la Commissione preparò una comunicazione per il Consiglio dei ministri europei che riesaminava le raccomandazioni di Granada e preparava il loro successivo completamento. Rilasciata il 22 novembre 1995 (solo cinque giorni prima della Conferenza euro-mediterranea di Barcellona), la comunicazione fu intitolata «al miglioramento delle relazioni tra l'Unione Europea e i paesi del Ccg».

La comunicazione ricordava l'importanza del Ccg per l'Unione Europea, e viceversa. In effetti, alla fine del 1994, il Ccg costituiva il quinto mercato delle esportazioni europee dopo gli Usa, il Giappone, l'Europa centrale e orientale, e i paesi dell'Asean (Associazione delle nazioni del sud-est asiatico).

Il totale del commercio bilaterale UE-Ccg raggiungeva più di 30 miliardi di ecu. Le esportazioni dell'UE ammontavano a 19,3 miliardi di ecu e il *surplus* commerciale dell'UE risultava di 7,9 miliardi di ecu. Dal momento che il petrolio continuava a rappresentare il 45% del consumo energetico dell'UE, i paesi del Ccg costituivano la fonte principale delle importazioni di petrolio dell'UE (2,7%), parte che era destinata ad aumentare nel futuro viste le vaste riserve accertate dei paesi del Golfo.

Per i paesi del Golfo l'UE era, nel 1994, il secondo mercato in ordine di importanza, da cui dipendevano il 15% delle esportazioni del Ccg. L'UE assorbiva anche una fetta importante delle esportazioni del

Ccg di prodotti raffinati dal petrolio, prodotti petrolchimici e alluminio. I paesi membri dell'UE rappresentavano anche il secondo investitore straniero, dopo gli Usa, nei paesi del Ccg, e la seconda destinazione degli investimenti esteri del Ccg.

Dopo aver ribadito l'interdipendenza tra l'UE e il Ccg, la comunicazione della Commissione passa in rivista le raccomandazioni di Granada.

A livello politico, essa raccomanda un «dialogo politico regolare, al livello degli alti funzionari, rafforzato», sulle questioni della sicurezza, la prosecuzione del processo di pace in Medio Oriente, la politica euro-mediterranea. La Commissione è convinta che un dialogo politico rafforzato offrirebbe alle due parti la possibilità di discutere questioni di democrazia, diritti umani e prevenzione del terrorismo e, nell'insieme, di aumentare la comprensione reciproca.

A livello economico, la Commissione propone il miglioramento della strutturazione dell'interdipendenza energetica UE-Ccg tramite il rafforzamento d'investimenti incrociati in attività di raffinazione e altre lavorazioni *downstream*. Volgendosi a considerare le future relazioni commerciali, la Commissione ammette che un accordo di libero scambio è nel migliore interesse di entrambe le parti: esso offrirebbe, in seguito ai futuri sviluppi, un accesso non protetto da tariffe ai prodotti industriali dei paesi del Ccg, su un mercato ampio e geograficamente vicino di circa 500 milioni di abitanti. Allo stesso tempo l'Europa beneficerebbe del libero accesso ai paesi del Golfo, mentre oggi gli esportatori dell'UE pagano tariffe doganali del Ccg che sono in media più alte che quelle dell'UE.

Le tariffe doganali sui prodotti petrolchimici non costituirebbero più un nodo del contenzioso, dal momento che l'Uruguay Round provvede già alla loro riduzione graduata.

A livello culturale e scientifico, le proposte della Commissione non si discostano dal sentiero già percorso. L'UE infatti resta la parte che manda segnali: crede che l'adozione degli standard internazionali relativi ai diritti umani sia essenziale alla stabilità sociale e politica di lungo termine, sebbene accetti di fare degli sforzi per migliorare la sua visione e il suo giudizio su come l'Islam tradizionale possa fare posto ad una concezione moderna dei diritti umani.

La Commissione incoraggia una cooperazione «decentralizzata» che possa permettere un maggiore coinvolgimento della società civile, e sostiene l'esigenza di una maggiore collaborazione dei paesi del Ccg alla «Euro-Arab Management School» di Granada e allo «Institute for Prospective Technological Studies» di Siviglia.

Infine, la Commissione suggerisce l'apertura di una sua delegazione a Riyadh, accreditata presso il Ccg per promuovere tutti i programmi di cooperazione rafforzata.

Come si può constatare da questo breve sommario, la comunicazione della Commissione sembra la sorella gemella della Dichiarazione di Barcellona del 28 novembre 1995, con i suoi tre pilastri e con la sola differenza che le questioni legate all'energia dominano il pilastro economico del dialogo UE-Ccg.

7. Il Consiglio comune tra il 1996 e il 1998

Il sesto Consiglio comune UE-Ccg, programmato nel 1995, ebbe luogo a Lussemburgo il 22 aprile 1996. A giudicare dalla lunghezza del comunicato finale, si potrebbe presumere che esso abbia affrontato un'ampia gamma di questioni. È vero infatti che alcune questioni, che nel passato erano state appena sfiorate, sono qui oggetto di un esame attento. Così, per quanto riguarda il commercio, i ministri della Comunità Europea e del Ccg esprimono la loro soddisfazione riguardo al fatto che le negoziazioni sul libero scambio stiano procedendo in maniera soddisfacente. Le due parti riconoscono il ruolo positivo degli investimenti esteri diretti e sottolineano l'importanza della riforma del quadro legislativo. Essi danno il benvenuto non solo alla cooperazione «decentralizzata», ma anche all'introduzione nel Ccg di alcuni strumenti della Comunità Europea quali il Bre (Bureau de Rapprochement des Entreprises) e il Bc-net (Business Cooperation Network), per incoraggiare l'accesso all'informazione industriale.

Riguardo alle questioni politiche, è il processo di pace che attrae l'attenzione del Consiglio comune, così come la questione irachena e la situazione nella Bosnia-Erzegovina.

Il settimo Consiglio comune si è tenuto a Doha (17 febbraio 1997). Non vi è alcun punto nuovo degno di nota, fatta eccezione per alcuni accenni alla proposta di uno studio sulle prospettive delle future importazioni dell'UE di gas naturale dal Golfo, a un seminario congiunto tra la Euro-Arab Management School di Granada e l'Università del Golfo del Bahrain, e l'introduzione di studi europei nelle università del Golfo e di corsi di studio sul Golfo nelle università europee.

Per quanto riguarda le questioni politiche, il comunicato ribadisce il punto di vista tradizionale del Consiglio comune sull'Iraq, sul processo di pace, sulla lotta contro il terrorismo e sull'istituzione di una zona libera da armi di distruzione di massa nel Medio Oriente, compresa la regione del Golfo.

L'ultimo Consiglio comune è stato convocato a Lussemburgo (27 ottobre 1998). I 42 paragrafi del comunicato congiunto sono solo una «variazione sul tema». Il comunicato annuncia che «le negoziazioni per il libero scambio dovrebbero giungere rapidamente ad una conclusione», che è stato terminato uno studio «sugli investimenti diretti» nei paesi del Ccg[12], che alcuni esperti europei, che si trovano sul posto da lungo tempo, hanno preso servizio a Riyadh dove lavorano con l'Organizzazione di Stardardizzazione e Metrologia del Ccg, e che si tengono varie conferenze in particolare sulle tecnologie connesse al petrolio e al gas. Per quanto riguarda la cooperazione negli affari, il Consiglio comune prende nota della riuscita organizzazione del primo «EC-Ccg Enterprise Event», che ha avuto luogo a Riyadh nel 1997, e riafferma il suo sostegno alla Euro-Arab Management School di Granada. Un cenno particolare è fatto alla cooperazione nell'ambito dei *media*.

Per quanto riguarda altre questioni, i ministri hanno mostrato preoccupazione per i mancati progressi nel quadro degli sforzi per risolvere la disputa tra gli Emirati Arabi Uniti e l'Iran sulla questione delle isole di Abu Musa e Tunb. Uno spazio maggiore è consacrato alla questione delle armi di distruzione di massa e al rifiuto iracheno di conformarsi ai provvedimenti delle pertinenti risoluzioni delle Nazioni Unite. Cosa abbastanza curiosa, questo è il primo comunicato che non fa menzione del processo di pace arabo-israeliano, né della drammatica situazione dei palestinesi nei territori occupati, né della prosecuzione degli insediamenti di coloni a Gerusalemme est e nella Cisgiordania.

8. Il riflusso delle economie del Ccg

Dieci anni dopo la firma del primo accordo di cooperazione con la Comunità Europea, il quadro economico del Golfo appare cupo. Le stime indicano che nel 1998, il Pil aggregato in termini reali dei paesi del Ccg, in quanto gruppo, ha registrato un tasso di crescita negativo dello 0,2%.

Questo crollo economico è strettamente connesso con la caduta a picco dei prezzi e dei redditi derivati dal petrolio. Il prezzo medio di un barile di petrolio è stimato a 12,44 dollari nel 1998, cioè 6,24 dollari più basso del suo livello di 18,68 nel 1997, ciò che rappresenta un

---

(12) C. Chance, *Study for the European Commission on Direct Investments in the Countries of the Arabian Gulf Cooperation Council*, 1998.

drammatico declino del 33,4%. Tenendo conto dell'inflazione, il petrolio si trovava nel 1998 attorno a quello che era il suo livello precedente al primo grande rialzo dei prezzi del petrolio nel 1973-1974.

Come risultato del ribaltamento dello *shock* petrolifero, il deficit di bilancio, calcolato come percentuale del Pil, è aumentato in maniera significativa in tutti i paesi del Ccg. Quasi tutti i paesi hanno dovuto fare tagli sulle spese, fino a portarle a livelli notevolmente più bassi di quelli programmati, al fine di mantenere il deficit budgetario a livelli gestibili.

Questo penosa caduta economica, ha avuto ripercussioni negative sul valore delle esportazioni della regione nel 1998, mentre il volume delle importazioni è rimasto stabile oppure ha avuto un leggero declino. L'avanzo totale delle bilance dei pagamenti dei paesi del Ccg si è contratto notevolmente. Se prendiamo solamente il caso dell'Arabia Saudita, si valuta che le esportazioni totali hanno registrato una flessione dai quasi 57 miliardi di dollari del 1997 ai 38,8 miliardi di dollari nel 1998.

Quali sono le conseguenze di questa situazione sulle relazioni UE-Ccg? Trovandosi di fronte a bassi livelli di crescita economica e ad aspettative di ribasso dei prezzi e dei redditi negli anni a venire, i paesi del Ccg accelereranno il percorso delle riforme economiche, riforme che includono la creazione di un settore privato vitale per offrire nuove opportunità agli investitori privati locali e stranieri. Tutti i paesi del Ccg si impegneranno in *joint ventures* con compagnie e imprese straniere, e andranno in cerca all'estero di finanziamenti, esperti tecnici e *know-how* di mercato. Ci si può aspettare un'eliminazione graduale delle barriere commerciali e un'omogeneizzazione del sistema tariffario nei diversi paesi del Ccg. Ciò agirà come principale incentivo per attirare nuovi investimenti. Inoltre l'estensione della borsa valori e «l'istituzione di una borsa valori regionale, permetterà alla regione di sviluppare l'uso di strumenti finanziari più sofisticati, che a loro volta dovrebbero incoraggiare il flusso di denaro verso il Ccg»[13].

Ancora, ci si potrebbe aspettare un rapido completamento degli accordi di unificazione economica del Ccg che si tradurrebbe nei fatti in un singolo mercato, incrementando così la capacità d'attrazione del Ccg in quanto destinazione di nuovi investimenti.

Tutti questi cambiamenti non possono essere ritardati. I paesi del Ccg stanno diventando sempre più coscienti del fatto che l'estrazione e l'esportazione del petrolio equivalgono alla vendita di un patrimonio, che un'economia basata su risorse ad esaurimento non può, sulla

---

(13) C. Chance, *op. cit.*, p. 45.

lunga durata, resistere ai venti impetuosi della globalizzazione, e che, per affrontare le questioni del bilancio e dell'equità, non possono permettersi di non tassare i propri cittadini[14].

Alla luce di questi potenziali sviluppi, i paesi dell'UE non possono indugiare e dovrebbero, senza esitazione, cogliere quest'opportunità per impegnarsi in *joint ventures* con i paesi del Golfo. Le istituzioni dell'UE devono promuovere il programma di aiuti agli investimenti nel settore privato e fornire servizi di consulenza agli operatori economici dell'UE desiderosi di investire nel Golfo.

Le economie di mercato sviluppate restano i principali partner commerciali dei paesi del Golfo. Tutti sanno che i paesi del Ccg sono considerati come «mercati di rilievo per le merci» delle economie di mercato sviluppate. Le loro importazioni oscillano su una media di 70 miliardi di dollari negli ultimi tre anni. E questi paesi hanno il vantaggio di essere in grado di finanziare le proprie importazioni a partire dai loro redditi da esportazione più che dalla contrazione di nuovi debiti. A partire dal 1996 circa il 50% delle esportazioni del Golfo si sono dirette verso le economie di mercato sviluppate. Le esportazioni dei paesi dell'UE sono diminuite dal 17,9% nel 1996 fino al 16,2% nel 1997, scendendo così ad occupare il terzo posto come partner commerciale dopo i paesi asiatici (rispettivamente il 34,3% e il 34%) e il Giappone (22% e 23,4%). Ma se l'UE era il primo importatore del Golfo con il 35% nel 1996 (rispetto al 28,5% dei paesi asiatici), essa condivide il primo posto con i paesi asiatici nel 1997 (con un 30,5%). Ciò significa che se non si imprimerà alle relazioni tra UE e Ccg l'impeto di un accordo di libero scambio reciprocamente benefico, l'UE sarà superata, in un futuro non lontano, dai paesi asiatici e dal Giappone.

(14) Vedi H. Askari, M. Bazzari e W. Tyler, «Policies and Economic Potential in the Countries of the Gcc», in N. Shafik (a cura di), *Economic Challenges Facing Middle Eastern and North African Countries*, MacMillan Press, London, 1998.

18. UE e Ccg: una prospettiva saudita

di Salih A. al-Mani[1]

Le relazioni tra il Consiglio di Cooperazione del Golfo (Ccg) e l'Unione Europea possono essere studiate attraverso tre dimensioni: quella politica, quella della sicurezza e quella economica. Se da un lato le due parti hanno quasi sempre condiviso le stesse prospettive riguardo alla sicurezza del Golfo, dall'altro non sempre hanno avuto opinioni o politiche affini per quanto concerne le questioni commerciali ed economiche. Tenterò qui di concentrare la mia attenzione sulle negoziazioni commerciali e sulle relazioni economiche tra le due parti dalla metà degli anni ottanta fino ad oggi.

1. La base del dialogo

I quindici paesi dell'Unione Europea e i sei paesi del Golfo hanno interessi politici ed economici che sono prosperati durante gli ultimi trent'anni. A partire dalla rivoluzione del petrolio negli anni settanta, gli stati del Golfo sono diventati uno dei luoghi di mercato principali per beni di consumo e servizi. Oggi il Ccg rappresenta per le merci europee il quarto mercato principale, dopo gli Usa, il Giappone e altri paesi dell'Europa centrale e orientale. All'interno degli stati arabi del Golfo, circa 400 compagnie europee sono impegnate in varie attività che vanno dalla produzione lattiera, al trattamento dell'acqua e alla manutenzione degli aeroplani. Inoltre, 200.000 tra imprenditori, ingegneri e lavoratori qualificati risiedono nelle città del Golfo.

Fin dal suo avvio nel 1981, il Ccg ha cercato molto attivamente di essere un'isola di stabilità contro l'agitazione e le minacce di un intervento straniero. Esso ha cercato di galvanizzare le politiche dei suoi stati membri ed ha continuato a sviluppare i settori non petroliferi delle loro economie. I due pilastri dello sviluppo economico autosostenuto e dell'interazione in termini di libero mercato con il mondo esterno

(1) Università Re Sa'ud, Riyadh.

sono divenuti l'etica di questa nuova coalizione. Mentre altri gruppi analoghi hanno scelto di rinchiudersi in un'unione doganale o di erigere una barriera commerciale, il Ccg si è dato da fare per aprire i propri mercati e per cercare politiche di reciprocità con i suoi partner commerciali.

Essendo una derivazione di legami economici e politici di lunga durata con l'Occidente, le politiche del Ccg sono state motivate sia da fattori economici che politici. La conferma della giustezza della strategia del Ccg giunse nel 1990, quando gli Stati Uniti e gli alleati europei radunarono un esercito di più di mezzo milione di soldati per liberare il Kuwait e perlustrare le rotte del Golfo per assicurare un flusso ininterrotto di petrolio attraverso lo stretto di Hormuz in direzione dei consumatori occidentali.

L'Europa occidentale è sempre stata cosciente della sua dipendenza e dei suoi legami rispetto agli stati del Golfo. Dopotutto, qualcosa come il 20% delle forniture di petrolio europee deriva dagli impianti di gas e di petrolio del Golfo. Per gli stati del Golfo, l'Europa ha sempre rappresentato un importante vicino, che importa circa il 67% dei loro prodotti petrolchimici. I mercati del Golfo assorbono anche circa il 36% del totale delle esportazioni dell'Unione Europea verso i mercati del Terzo Mondo.

Se per gli interessi politici e per quelli relativi alla sicurezza esiste una generale convergenza tra stati europei e stati arabi del Golfo, le loro divergenze quanto all'accesso ai mercati potrebbero invece ampliarsi. Nel 1983 la Comunità Europea ha istituito un insieme di tariffe doganali sulle importazioni dei prodotti petrolchimici del Golfo. Tali tariffe furono improvvisamente elevate da zero al 13,5%, in un momento in cui stava venendo a maturazione la maggior parte degli investimenti del Ccg nella produzione petrolchimica e nella raffinazione dopo molti anni di pianificazione e lavori. I paesi del Golfo, in particolare l'Arabia Saudita e il Kuwait, percepirono questa mossa protezionista da parte della Comunità Europea come un tentativo di nuocere all'industria petrolchimica appena sviluppata, in cui avevano investito più di 20 miliardi di dollari e speravano avrebbe condotto le loro economie nel XXI secolo. La Commissione europea, da parte sua, dichiarò inoltre che i paesi del Ccg non avrebbero più potuto usufruire del sistema di preferenze generalizzate della Comunità. Anche all'interno di tale categoria, i prodotti petrolchimici dei due stati avevano già superato il tetto stabilito per alcune di queste importazioni.

Imponendo i propri dazi, gli europei intendevano esercitare pressioni sulle multinazionali chimiche giapponesi e americane, che avevano pesantemente investito nei settori petrolchimici degli stati produttori di petrolio, mentre contemporaneamente tentavano di dare respiro alle loro industrie chimiche nel mezzo della recessione del periodo 1980-1983. Gli stati del Golfo reagirono invitando le multinazionali europee a partecipare a nuovi investimenti nel settore petrolchimico. Emersero così le differenze economiche tra le due parti, nonostante la congruenza degli obiettivi politici e organizzativi.

Il Ccg si era organizzato prendendo come modello quello dell'integrazione economica e politica europea. Esso cercava di creare una piccola unione doganale tra i sei stati membri, e cominciò ad organizzare incontri periodici tra ministri degli Esteri e capi di stato secondo il modello a rotazione del sistema di cooperazione politica europeo. Come la Commissione, il segretariato del Ccg cercava di aver voce in capitolo nei forum di negoziazione internazionale.

La crisi economica del 1983 offrì alle due istituzioni, a Bruxelles e a Riyadh, una buona opportunità di espandere il loro ruolo verso l'esterno. Già a partire dal 1980 la Commissione aveva previsto la possibilità di una cooperazione bilaterale e di accordi commerciali che avrebbero esteso l'ambito della diplomazia associativa della Comunità alla penisola arabica. In quel momento solamente il Bahrain e lo Yemen del Nord appoggiarono l'iniziativa. Lo Yemen del Nord inaugurò delle trattative e nel 1984 concluse il primo accordo tra la Comunità Europea e uno stato arabo della penisola arabica. In quella fase l'Arabia Saudita e l'Oman erano troppo coinvolti in pressanti questioni regionali e nel tentativo di costituire il Ccg per prestare attenzione alla proposta.

Tuttavia, di fatto una rete di accordi bilaterali e di commissioni congiunte con diversi paesi europei già funzionava tra i paesi coinvolti, riportando esiti positivi riguardo a molti aspetti del commercio, degli investimenti e della cooperazione tecnica. Nel 1980 la Commissione fu la prima a lanciare l'appello per un accordo multilaterale formale con i produttori di petrolio del Golfo, con il proposito di avere almeno una parola sui futuri cambiamenti dei prezzi e delle forniture di petrolio.

Occorre anche ricordare che altre forme di collaborazione multilaterale tra organismi di sviluppo nelle due regioni si erano andate formando a partire dalla metà degli anni settanta, tramite il cofinanziamento dei progetti di sviluppo in Africa e in Asia.

Tuttavia, gli inizi della prima guerra del Golfo nel 1980 sembrarono congelare per un certo periodo i progetti della Commissione. Dal momento che la maggior parte dei paesi europei nella prima fase della guerra si mantenne neutrale, un basso profilo della Commissione nella regione ne era ovvia conseguenza. L'assenza di bisogni pressanti e reali da entrambe le parti, fu di ostacolo all'apertura delle negoziazioni. Nel periodo 1981-1983, altri paesi europei come la Danimarca e l'Irlanda, ritennero opportuno forgiare nuovi legami bilaterali con alcuni dei produttori di petrolio del Golfo. Ma solo nel 1984 una crisi di rilievo nelle relazioni tra le due parti avrebbe reso imperativo l'accordo commerciale tra i due blocchi.

2. L'imposizione delle tariffe doganali della CE e la risposta del Ccg

Nel giugno 1983 la decisione della CE di portare le sue tariffe nei confronti del petrolchimico saudita e kuwaitiano al 13,5%, creò molto risentimento nei due paesi colpiti. La Sabic (Saudi Arabian Basic Industrial Corporation) era stata appena parzialmente privatizzata. Il 30% delle sue azioni erano state vendute al pubblico mentre il governo conservava il restante 70%. Di conseguenza, ci fu una rumorosa richiesta nella stampa, in altre circostanze compiacente, di un'adeguata risposta al protezionismo europeo. Molti articoli di giornale sostenevano che solo un aumento corrispondente dei dazi sulle importazioni dall'Europa, avrebbe potuto convincere la Comunità a revocare i suoi aumenti tariffari. Anche in seno al governo, i ministri coinvolti nella supervisione degli affari industriali, e la stessa Sabic, furono molto espliciti nel criticare la decisione della Commissione. Altre burocrazie statali furono più contenute nelle loro critiche, e suggerirono varie alternative che andavano dalle trattative con gli europei per un accordo economico e politico multilaterale, fino alla possibilità di un accesso al Gatt (General Agreement on Tariff and Trade), di cui all'epoca solo il Kuwait era membro a pieno titolo. Una terza alternativa era di riorientare il commercio petrolchimico verso altri mercati dell'Asia orientale. I paesi del Ccg scelsero di intraprendere un approccio multidimensionale, comprendente sia elementi di riorientamento del commercio che trattative con i partner commerciali. Dopo una consultazione con l'ex direttore generale del Gatt, la maggior parte degli stati del Golfo divennero osservatori presso questa istituzione. Oggi la maggioranza dei produttori del Golfo applica di fatto le regole del Gatt alle proprie importazioni[2].

(2) Per una comparazione tra i benefici che i paesi sottosviluppati traggono dagli accordi bilaterali con la Comunità Europea e quelli che derivano loro dall'accesso al Gatt e ad altre organizzazioni internazionali multilaterali, vedi M. Hilf et al., *The European Community and Gatt*, Antwerp, The Netherlands: Klower, Deventer, 1986, e L. B.

Tutto considerato, la diplomazia saudita aveva forti ragioni per promuovere i suoi prodotti chimici appena sviluppati e trovar loro nuovi sbocchi. Infatti, i prodotti chimici del Golfo sono reputati di qualità più elevata e prezzo più conveniente degli analoghi prodotti europei, dal momento che sono prodotti con riserve di gas piuttosto che dalla scissione della nafta, tecnica ancora in uso nella maggior parte delle industrie europee. Inoltre, i costi di trasporto sono favorevoli ai produttori sauditi e kuwaitiani. A ciò va aggiunto che alcune ditte saudite e del Qatar erano desiderose di varare accordi commerciali con certi produttori asiatici. Solo dopo che i sauditi e i kuwaitiani cominciarono a farsi conoscere sui mercati asiatici, gli europei si convinsero della necessità di aprire un dialogo con gli stati del Golfo.

Il segretariato del Ccg e il suo principale negoziatore, il defunto Mamaun Kurdi, riuscirono ad ottenere che il Parlamento europeo sostenesse un accordo con il Ccg. Kurdi e una delegazione del segretariato del Ccg, si recarono due volte in visita alla sede del Parlamento, nell'estate e nell'inverno 1986. Le discussioni con i membri del Comitato per le relazioni economiche esterne del Parlamento europeo e il rapporto che fu redatto dal Comitato, noto come «Rapporto Costanzo», andarono notevolmente vicini alla richiesta del Ccg di un trattamento di «nazione più favorita» per le loro esportazioni verso l'Europa[3]. Il Rapporto chiedeva alla Commissione di cominciare le trattative per stabilire rapporti di cooperazione e un accordo commerciale di ampia portata tra le due parti, menzionando inoltre come possibile esito la stipula di un accordo di libero scambio. Il Rapporto sosteneva ampiamente anche la richiesta del Ccg di diversificare le proprie esportazioni e di aprire i mercati europei ai prodotti industriali del Golfo.

Tuttavia, il Rapporto parlava anche di libertà religiosa per gli espatriati, ciò che in alcuni ambienti arabi veniva percepito come l'equivalente di un'apertura del Golfo al lavoro delle missioni cattoliche, uno dei fini storici delle chiese europee[4]. Quest'ultima proposta non fu ben accolta dal segretariato del Ccg, ma non fu mai accennata né dibattuta pubblicamente. Il Rapporto richiedeva anche l'uso dell'Ecu per stabilire il prezzo del petrolio grezzo.

Mennes e J. Kol (eds.), *European Trade Policies and the Developing World*, Croom Helm, Londra, 1988.

(3) Vedi European Parliament, Committee on External Economic Relations, *Report on Economic and Trade Relations between the Eec and the Gulf States*, 12 gennaio 1987.

(4) *Ibid.*, p. 10.

Le discussioni preliminari tra le due parti cominciarono il 14 ottobre 1985, con una visita a Bruxelles dello Sceicco Sabah al-Ahmad al-Jabir, Ministro degli Esteri kuwaitiano e Presidente del Consiglio dei ministri del Ccg, e l'ex Segretario generale del Ccg, Abd Allah Bishara. Essi si incontrarono con il signor Poos, che all'epoca era Presidente del Consiglio dei ministri della Comunità Europea, e con Claude Cheysson, Commissario per gli affari mediterranei. Il risultato dell'incontro fu un accordo per aprire formalmente le discussioni onde arrivare alla conclusione di un accordo globale, che nel gergo della Comunità Europea si riferiva ad un accordo di ampia portata che prendesse in conto questioni politiche, commerciali ed economiche entro una struttura istituzionale bilaterale. Alcuni dei rappresentanti europei, tuttavia, si opposero ben presto all'idea di concedere ai membri del Ccg un accordo di libero scambio.

Negli sviluppi che portarono alla prima fase dell'accordo, la parte araba chiese l'istituzione di un'area di libero scambio che, collegando l'Europa e il Golfo, avrebbe gradualmente liberalizzato il commercio tra le due regioni entro cinque o sette anni. I negoziatori che rappresentavano il Ccg domandarono un accordo di libero scambio analogo a quello firmato tra la Comunità Europea e Israele. La dimensione del commercio, gli investimenti e le opportunità di lavoro resero del tutto ragionevole tale richiesta. Gli stati membri della Comunità Europea si divisero attorno alla questione. La Germania e la Gran Bretagna furono favorevoli alla proposta della Commissione che chiedeva una cooperazione economica e politica di carattere generale, basata sulla clausola della «nazione più favorita» e simile all'accordo con l'Asean (Associazione delle Nazioni del Sud-Est Asiatico). La Francia e la Grecia appoggiarono la richiesta del Ccg di un trattato di libero scambio. Ciò creò uno stallo nei negoziati intracomunitari all'interno del Consiglio dei ministri degli Esteri della Comunità.

Il Consiglio discusse per due volte la questione, nell'autunno 1987, il 4 e il 19 ottobre. In entrambi i casi, non riuscì a raggiungere la necessaria maggioranza assoluta e dovette votare per riportare la questione al Comitato dei Rappresentanti Permanenti per ulteriori delibere con la Commissione. Infine, il Commissario Cheysson propose che si concludesse un accordo a due stadi con gli stati del Ccg. La prima parte avrebbe dovuto occuparsi della cooperazione economica e politica generale e istituire un consiglio bilaterale, che avrebbe dovuto incontrarsi annualmente per discutere di questioni relative alla cooperazione politica ed economica. Rinviando la discussione sul patto commerciale, la Commissione aveva sperato di smussare la tensione che esisteva quanto ai problemi commerciali tra i due blocchi. Ma a questo punto, l'Italia e l'Olanda posero la questione della necessità di un secondo stadio dell'accordo. Alcuni altri membri si rifiutarono ostinatamente di chiamare il secondo stadio «accordo di libero scambio».

Per risolvere l'*impasse*, nell'incontro del Consiglio dei ministri della CE a Bruxelles il 23 novembre 1987, fu necessario l'intervento personale del Principe Sa'ud al-Faysal, ministro degli Esteri saudita e Presidente del Consiglio dei ministri del Ccg. Il Ccg propose di accettare un accordo commerciale che avrebbe portato all'abolizione delle barriere tariffarie tra i due blocchi entro un certo periodo di tempo, evitando di utilizzare l'espressione «libero scambio», dal momento che «ciò sembrerebbe essere un tabù per alcuni stati membri e per l'industria europei»[5]. Nel frattempo gli Stati Uniti avevano lasciato cadere la loro precedente opposizione nei confronti di un accordo di libero scambio tra il Ccg e la Comunità, dal momento che essi stessi avevano firmato un accordo del genere con Israele e che il montare delle tensioni politiche nel Golfo suggeriva di coltivare il sostegno dell'Europa occidentale per appoggiare la politica statunitense nella regione. Così, nel 1987 il terreno fu finalmente pronto per discutere i dettagli del primo accordo.

3. I dettagli dell'accordo del 1988

Il 15 giugno 1988 tre ministri degli esteri del Ccg firmarono uno storico accordo di cooperazione con le loro controparti della Comunità Europea. L'accordo, che conteneva 26 articoli, fu ratificato nel dicembre 1988 dal nono vertice dei capi di stato del Ccg e dal Consiglio europeo. Il più importante tra tutti gli articoli era l'undicesimo, che domandava la prosecuzione delle negoziazioni tra le due parti[6]. Anche se nel comunicato stampa, che seguì l'incontro congiunto del 20 giugno tra le due parti, la Comunità faceva riferimento ad un'area di libero scambio, essa non volle includere l'espressione esatta nel testo effettivo dell'accordo.

L'accordo domandava anche l'estensione del trattamento della «nazione più favorita» alle esportazioni reciproche, oltre che l'istituzione di legami politici ed economici tra le due parti, così come la cooperazione nel trasferimento di tecnologia, nell'agricoltura, nella pesca e nell'istruzione. L'articolo 6 chiedeva la condivisione delle informazioni sulle politiche energetiche e di commercializaione. La

(5) *European Report*, 24 novembre 1987.
(6) Vedi il testo integrale dell'accordo in *al-Sharq al-Awsat*, 23 dicembre 1988, p. 7.

raccolta di informazioni sui livelli previsti della produzione di petrolio degli stati del Ccg è stato un obiettivo di lungo termine della Commissione a partire dalla prima crisi energetica del 1974. Con un riferimento indiretto all'embargo arabo del 1973 sulle petroliere dirette in Olanda, l'articolo 19 proibisce ogni discriminazione volta contro qualsiasi stato membro della Comunità Europea o del Ccg. L'articolo 11 accordò ad ognuno lo *status* di «nazione più favorita» e congelò alla situazione esistente il regime legale del commercio tra le due parti.

La decisione del Consiglio dei ministri della Comunità, nel dicembre 1988, di dimezzare nel 1989 il tetto massimo del sistema di preferenze generalizzate e di abolire totalmente la quota stabilita per l'Arabia Saudita a partire dal 1990 può essere interpretata come una possibile breccia nell'accordo.

Gli articoli dal 16 al 21 puntualizzavano le funzioni del Consiglio comune che sarebbe stato fondato e si sarebbe riunito annualmente per esaminare i modi e i mezzi per far progredire il mutuo commercio e funzionare da possibile forum per risolvere futuri disaccordi e incomprensioni. L'accordo attribuisce al Consiglio il potere di regolamentare alcune vertenze commerciali e abbozza le procedure per la costituzione di comitati arbitrali congiunti senza che ne risultino violate le norme nazionali.

4. Il secondo stadio del negoziato

Il primo accordo, per la cui negoziazione furono impiegati quasi due anni e mezzo, congelò l'imposizione di nuovi dazi sul commercio interregionale. La Commissione europea aveva sempre avuto l'idea che il settore petrolchimico fosse uno dei settori «sensibili» nella Comunità, bisognoso di protezione. Secondo alcune gruppi di pressione, ne aveva tuttora bisogno. La posizione iniziale del segretariato del Ccg sosteneva che fosse necessario aprire un mercato strutturalmente integrato e che ogni protezione avrebbe preso la forma di un intervento temporaneo piuttosto che di una regola. Per un certo periodo sembra che il Ccg abbia ritardato la prevista unione doganale per mirare ad un futuro mercato libero-scambista con la Comunità.

Una politica diretta a istituire un'area di libero scambio tra gli stati del Golfo e l'Europa, nel breve e medio periodo, aiuterebbe il settore petrolifero e petrolchimico del Golfo, influenzando soprattutto le industrie nascenti come quelle del cemento, dell'alluminio e il settore agricolo (che nel Golfo è sovvenzionato). Le future prospettive di utilizzazione delle vaste riserve di gas naturale (le riserve accertate del

Golfo sono per quantità al terzo posto a livello mondiale) per la fusione di alluminio e di metallo sembrano promettenti. Il secondo accordo deve concentrarsi su tale aspetto, oltre che sul deterioramento della bilancia dei pagamenti del Ccg con la Comunità Europea. In considerazione della già ricordata obiezione di alcuni stati membri della UE nei confronti di un libero scambio ad ampio raggio, sembra che il segretariato del Ccg stia abbozzando una proposta di ripiego che per il momento dovrebbe individuare una lista di possibili beni e servizi, inclusi ovviamente i prodotti petrolchimici, che sarebbero importati nella Comunità per un periodo di cinque anni senza dazi. Quei beni che non sono normalmente tassati alla frontiera, come le importazioni di prodotti raffinati del petrolio o il petrolio grezzo, continuerebbero ad essere trattati secondo i livelli attuali.

Comunque, la *lobby* dell'industria chimica in Europa (European Council of Chemical Manufactures Federations), nonostante i profitti da record degli ultimi due anni, ha continuato ad opporsi ad ogni diminuzione delle tariffe doganali sui prodotti del Golfo. Essa ha domandato inoltre l'esclusione di alcuni stati del Ccg, come l'Arabia Saudita, dalla lista del sistema di preferenze generalizzate della Comunità. Alla riunione del Consiglio dei ministri della Comunità del 22 novembre 1988, la delegazione olandese mise sul tavolo una proposta intesa a tal fine. Una ridefinizione successiva della proposta, che chiedeva di dimezzare la quota saudita delle importazioni preferenziali per alcuni prodotti petrolchimici nel 1989 e l'esclusione totale di tale quota a partire dal 1990, fu approvata dal Consiglio verso la fine di dicembre[7].

Esistono dunque due tendenze in competizione quanto all'approccio della UE verso la regione del Golfo. La prima è promossa dalla Commissione e tenta di espandere gli accordi contrattuali con il Ccg. La seconda, che è guidata dall'industria chimica ed è potente sia a livello nazionale che entro il Consiglio dei ministri della UE, cerca di rafforzare e far avanzare le misure protezionistiche esistenti. L'esito dei negoziati e dei compromessi in seno alla stessa UE si combina in modo da produrre, a volte, delle politiche che sono contrarie alla lettera del primo accordo. Le iniziali aspettative di un accordo di libero scambio ad ampio raggio sono forse state troppo ottimistiche. Ciò a cui alla fine i due gruppi sono di fatto giunti potrebbe essere un accordo simile a quello con l'Asean.

(7) *Oil and Gas Journal*, 2 gennaio, 1989.

5. Il dialogo negli anni novanta

La prima metà degli anni novanta ha visto un aumento di tensione nelle relazioni economiche tra la UE e il Ccg, in modo particolare a proposito dell'aumento delle tariffe sulle importazioni di petrolio. La Commissione Europea fece la proposta di imporre delle tasse addizionali, attraverso la cosiddetta «carbon tax», per contribuire a portare le emissioni di anidride carbonica degli autoveicoli a livelli minori. Gli stati del Ccg affermarono che l'incentivo reale dietro ogni imposizione di una nuova tassa è quello di trarne proventi addizionali a spese sia dei produttori di petrolio che dei consumatori europei.

Essi sostenevano inoltre che se la Commissione era veramente interessata a combattere l'inquinamento atmosferico, avrebbe dovuto mirare a colpire le emissioni nell'atmosfera prodotte dal carbone e bloccare i sussidi diretti alle compagnie produttrici di carbone, sussidi che vanno dai 19 dollari per tonnellata, in Gran Bretagna, fino ai 51 in Belgio. È stato calcolato che, nella prima parte degli anni novanta, i sussidi addizionali indiretti a tali compagnie abbiano raggiunto i 236 dollari per tonnellata in Belgio e i 1.954 in Gran Bretagna[8].

I negoziatori del Ccg hanno fatto notare che le tasse locali imposte nei paesi dell'UE sulle importazioni del petrolio, sono le più alte rispetto a tutti i paesi del mondo, sviluppati e sottosviluppati, comprese le tasse sul consumo di benzina negli Usa e in Giappone. Essi hanno sostenuto che le tasse percepite, per esempio, in Italia raggiungono il 300% dei prezzi netti e sopravanzano il reddito totale annuo derivante dalla produzione di petrolio in Arabia Saudita. Sembra che tali argomentazioni abbiano convinto la Commissione e che in generale l'idea di aumentare le tasse sulle importazioni dei prodotti petroliferi sia stata accantonata a partire dal 1995.

Il prezzo dei prodotti petrolchimici provenienti dagli stati del Golfo, strettamente legati al prezzo del petrolio, ha subìto un declino notevole durante gli anni recenti. Tuttavia, ha potuto beneficiare della riduzione a livello mondiale delle tariffe sul commercio di prodotti industriali, che è stata messa in atto dall'Omc nel 1996. Nondimeno, la maggior parte dei paesi europei ha aumentato le tasse locali sulla benzina e tratto profitto dal declino dei prezzi alla frontiera, lasciando i pressi al consumo inviariati.

Dal 1990 i ministri degli esteri dell'UE e del Golfo si riuniscono almeno una volta all'anno. E le negoziazioni tra le due parti per stabilire

---

(8) Gcc & Oxford Institute for Energy Studies, *Petroleum Products Taxation in Oecd and Developing Countries*, Oies, Oxford, 1991.

un accordo di libero scambio entro l'anno 2001, stanno procedendo bene. L'Unione Europea ha posto come clausola per tale accordo l'istituzione di una piena unione doganale tra gli stessi stati membri del Ccg.

Si prevede che l'accordo commerciale divida i beni commerciati in tre categorie: (1) beni interamente esentati; (2) beni di base; (3) altri beni. Le prime due categorie ricoprirebbero circa il 90% di tutti i beni commercializzati. Tale categoria includerebbe i prodotti petrolchimici e l'alluminio. L'UE ritiene che tali beni siano del tipo cosiddetto «sensibile», e propone un periodo di 12 anni a regime di transizione. I negoziatori del Ccg propongono che tali beni e i prodotti delle loro «industrie nascenti» subiscano il regime di transizione per non più di 5 o 6 anni[9]. Intanto, la cooperazione tra le due parti si è sviluppata anche in altri ambiti, quali l'organizzazione di incontri periodici tra uomini d'affari e la cooperazione tra università e ricercatori accademici.

6. Conclusione

In questo capitolo abbiamo cercato di delineare l'evoluzione dei rapporti di dialogo tra l'Unione Europea e il Consiglio di Cooperazione del Golfo. Abbiamo mostrato come la spinta continua della Commissione dell'UE per concludere, negli anni ottanta, un accordo di ampia portata tra le due parti al fine di assicurare all'Europa un accesso al petrolio a prezzi ragionevoli, è stata sostituita dal tentativo appassionato, da parte del segretariato del Ccg, di concludere un accordo commerciale che faciliti la commercializzazione dei prodotti petroliferi e petrolchimici del Golfo destinati ai consumatori europei, con il minimo di ostacoli commerciali e tariffari. Si spera che tale accordo, parallelamente all'accesso anticipato della maggior parte degli stati del Ccg all'Omc, elimini ogni ostacolo artificiale ad uno scambio normale di beni e servizi tra le due parti, conformemente agli eccellenti rapporti che legano i due blocchi nel campo delle questioni politiche e di sicurezza.

(9) Interviste dell'autore con i negoziatori (febbraio 1999).

19. Il futuro del mercato internazionale del petrolio e il ruolo dell'Arabia Saudita

di Majid A. al-Munif[1]

Il mercato internazionale del petrolio ha subìto nelle ultime decadi dei sostanziali cambiamenti che riflettono i mutamenti degli ambienti politici ed economici mondiali, oltre che l'evoluzione delle esigenze e dei rapporti energetici nel mondo. La struttura e il funzionamento del mercato sono stati caratterizzati da diversi contrasti e spaccature. Dal lato della domanda, va considerata la differenza tra mercato del greggio e mercato dei prodotti finiti oltre che la diversa struttura della domanda dei paesi Ocse e dei paesi in via di sviluppo. Dal lato dell'offerta, vanno considerate le differenze tra produzione dei paesi Opec e quella dei paesi non-Opec; tra petrolio ad alto costo e petrolio a basso costo; tra produzione di petrolio locale e petrolio importato, ecc. Riguardo ai prezzi, esistono interrelazioni tra prezzi a pronti, prezzi a termine, prezzi futuri e prezzi calcolati in base ad una formula (che li lega ad altri prezzi), nonché prezzo greggio/prodotti raffinati e *netback values*[2]. L'industria stessa è divisa tra grandi compagnie e compagnie indipendenti, compagnie petrolifere nazionali e multinazionali e l'*upstream* e il *downstream*.

Ma a dispetto dei mutamenti nelle relazioni mondiali riguardo energia e petrolio, tre fattori mantengono oggi la stessa importanza che avevano trent'anni fa:

1) benché la quota relativa del petrolio nel fabbisogno energetico mondiale si sia ridotta dal 54% nei primi anni settanta al 40% nel 1997, il petrolio continua ad essere la fonte principale nei consumi energetici (43% nell'Ocse e 44% nell'Unione Europea);

2) benché la produzione dei paesi non-Opec si sia accresciuta notevolmente nell'ultimo ventennio - da circa 19 milioni di b/g nel 1973 a 35 milioni di b/g nel 1997 - il Medio Oriente rimane il principale serba-

---

(1) Consulente del Ministero del Petrolio, Riyadh.
(2) Si intende il prezzo che si ottiene partendo dal valore dei prodotti da esso derivati venduti sul mercato, sottraendo i costi di raffinazione, trasporto, ecc. (NdC).

toio di riserve petrolifere accertate nel mondo con una quota del 65%, nonché il principale fornitore mondiale con una quota del 45% del petrolio commercializzato sui mercati internazionali[3];
3) l'Arabia Saudita continua ad essere il principale detentore di riserve, produttore ed esportatore con rispettivamente il 25%, 15% e 20% delle riserve petrolifere mondiali accertate, della produzione di liquidi e delle esportazioni[4].

Questi fattori hanno interagito in passato nel plasmare le relazioni nel mercato petrolifero e contribuiranno a rivestire tale ruolo anche in futuro.

1. Prospettive mondiali del petrolio

Alla fine del 1997, la situazione mondiale in relazione al petrolio si presenta come segue: a valere sulla richiesta mondiale di energia, ovvero 8,5 miliardi di tonnellate petrolio equivalenti, 3,4 miliardi sono petrolio e 5,4 miliardi petrolio e gas naturale, ovvero il 64% del consumo di energia mondiale. I due combustibili arrivano a quote ancora più alte nelle economie industrializzate ed emergenti. È anche importante esaminare l'andamento della domanda mondiale di energia e di petrolio nelle differenti aree mondiali e in relazione al Pil. Sebbene i paesi Ocse abbiano il più basso tasso di crescita del Pil in relazione alla crescita della domanda di energia, ed abbiano registrato il 55% del consumo di energia e il 60% del consumo mondiale di petrolio nel 1997, tali percentuali di domanda di petrolio e di energia risultano molto più basse rispetto al 70% e 75% che essi registravano 25 anni fa. Per esempio, su un totale di crescita di domanda di petrolio di 22,2 milioni di b/g degli ultimi 25 anni, 14,8 milioni di b/g - vale a dire circa 2/3 - sono stati consumati dai paesi in via di sviluppo che presentano un tasso di crescita del Pil in relazione all'aumento della domanda di petrolio pari al triplo di quello dei paesi industrializzati[5]. L'area Asia/Pacifico, da sola, è responsabile della metà dell'incremento della domanda di pe-

(3) *BP Statistical Review of World Energy*, giugno 1998.
(4) Opec, *Bollettino Statistico Annuale*, 1998.
(5) Il rapporto tra crescita economica, incremento di consumo energetico e incremento di domanda di petrolio nei paesi Ocse negli anni novanta è stimato in 1: 0,5: 0,3. Ciò significa che per ogni punto in percentuale di crescita del Pil, la domanda di energia è cresciuta dello 0,5% mentre la domanda di petrolio è cresciuta dello 0,3%, tenuto conto dell'incremento di efficienza energetica autonoma registratosi nel decennio. Per i paesi in via di sviluppo, tale rapporto è stimato in 1: 1: 1 per cento.

trolio in un periodo caratterizzato da volatilità del mercato e da tre interruzioni nelle forniture di petrolio (la rivoluzione in Iran, la guerra Iran/Iraq e l'invasione irachena del Kuwait). Di fatto, mentre la domanda mondiale di petrolio cresceva al tasso piuttosto basso dell'1% annuo (riflettendo il rallentamento dell'economia e dunque anche il calo della domanda nei paesi Ocse e la recessione nell'ex Unione Sovietica), la domanda dei paesi in via di sviluppo cresceva a un tasso quattro volte più alto.

Dalla situazione sopra descritta riguardo all'evoluzione della domanda, si trae la conclusione che nonostante la diversificazione dell'energia e i passi compiuti nel campo dell'efficienza energetica specialmente nei paesi Ocse, il petrolio e il gas rimangono i principali combustibili mondiali. Essi sono prontamente disponibili, possono contare su infrastrutture già esistenti, hanno un prezzo conveniente e sono molto versatili. L'altra conclusione è che la domanda di petrolio da parte delle economie di mercato emergenti sta plasmando il commercio mondiale del petrolio e i relativi investimenti, oltre che a contribuire a rafforzare il mercato del petrolio e la disponibilità delle forniture. Questo è risultato evidente quando la domanda mondiale di petrolio - che nel periodo 1990-97 aveva registrato un incremento medio di 1,4 milioni di b/g - nel 1998 è aumentata di appena 300.000 b/g al giorno come conseguenza della crisi economica in Asia.

D'altra parte, il fronte dell'offerta mondiale è suddiviso tra 60 paesi, dove la quota dell'Opec è appena del 41%. Il Medio Oriente, che vanta il 65% delle riserve mondiali di petrolio ed il 33% delle riserve di gas, ha prodotto rispettivamente solo il 29% ed il 7% di questi due combustibili. Ma dei 40 milioni di b/g di petrolio commercializzati internazionalmente nel 1997, vanno imputati al Medio Oriente 18,2 milioni di b/g, pari al 46%, il che rende quest'area vitale per l'economia e la stabilità politica mondiali. La conclusione che si può trarre dal quadro sopra presentato, è che nonostante lo sviluppo negli ultimi 20 anni di un'offerta di petrolio al di fuori della tradizionale area del Medio Oriente, questa regione ancora detiene le stesse quote di riserve mondiali, di offerta e di esportazione di petrolio che vantava 20 anni fa. Negli ultimi 10 anni, i produttori del Golfo hanno fornito 7,1 milioni di b/g dei complessivi 9,1 milioni di b/g di incremento netto nell'offerta mondiale di petrolio - dove l'Arabia Saudita da sola ha fornito 1/3 di tale incremento.

La composizione del futuro mercato mondiale di petrolio dipende da molti fattori, quali la prospettiva di crescita economica mondiale, lo sviluppo in generale del rapporto energia/ambiente, la struttura del mercato petrolifero ed energetico in generale e la situazione geopolitica nelle maggiori aree di produzione quali il Golfo e il Mar Caspio. Va rilevato che l'affidabilità di molte previsioni a medio e lungo termine relative al mercato del petrolio prodotte negli ultimi 20 anni si è rivelata dubbia[6]. I rapidi mutamenti dell'ambiente di mercato hanno invalidato molti dati e sottolineato l'importanza di solidi presupposti e l'impiego di validi modelli del mercato petrolifero. Oggi esistono numerose previsioni a medio e lungo termine relative al mercato del petrolio, costruite su sofisticati modelli macroeconomici elaborati da istituti specializzati come l'Agenzia Internazionale dell'Energia (Aie) (1998), l'Opec (1999), il Dipartimento dell'Energia degli Usa (Doe) (1998) e la Banca mondiale (1995).

Sebbene differiscano tra loro per presupposti e metodologie adottate, il quadro di fondo delineato in tutte le sopracitate previsioni mostra un incremento annuo nella domanda mondiale di 1,2/1,6 milioni di b/g nel prossimi 10 anni. Mentre le previsioni di Aie e Doe presentano i valori più alti, le previsioni dell'Opec e della Banca mondiale si attestano su valori più bassi. Alcune prevedono un moderato incremento nelle forniture non-Opec mentre altre ne delineano un calo netto durante questo periodo, risultante in un incremento netto annuo nella produzione Opec o in Medio Oriente pari a 0,8/1,2 milioni di b/g annui fino all'anno 2010. Ciascuna delle sopracitate previsioni presuppone un prezzo moderato del petrolio nel periodo considerato. La tabella 1 mostra la previsione di domanda ed offerta mondiale di petrolio elaborata dall'Opec, in cui si delineano valori più bassi rispetto a quelli pronosticati da Aie e Doe, in rapporto alla domanda, ma in linea con le stime della Banca mondiale in termini di domanda mondiale di petrolio ed offerta non-Opec.

Il quadro tratteggiato presuppone l'assenza di cambiamenti strutturali nella domanda e nell'offerta di petrolio. Per esempio, un cambiamento nel rapporto esistente energia/ambiente o energia/tecnologia potrebbe influire sui modelli e sugli andamenti del quadro generale di domanda ed offerta. Il tema ambientale è evidenziato nella convenzione delle Nazioni Unite sui cambiamenti del clima terrestre (Framework Convention on Climate Change, Fccc), ratificata nel 1994, e nei negoziati per la sua realizzazione che sfociarono nella firma del protocollo di Kyoto nel novembre 1997. Il protocollo stabilisce specifici obiettivi per la riduzione delle emissioni di gas a effetto serra nei 27 paesi elencati nell'appendice 1 della Fccc, tra i quali i paesi Ocse, la Russia e i paesi dell'Europa orientale. La riduzione media di emissioni

---

(6) Vedi M. Lynch, *The Fog of Commerce: The Failure of Long-Term Oil Market Forecasting*, Mit, Center for International Studies, Rapporto del settembre 1992.

nel gruppo sopracitato, nel suo complesso, nel periodo 2008-2012 è stabilita al 5,2% rispetto al livello di emissioni del 1990.

Poiché il diossido di carbonio, CO_2, è il gas a effetto serra ritenuto il principale responsabile del surriscaldamento terrestre e dei mutamenti climatici, e poiché i combustibili fossili, petrolio, gas e carbone sono la principale fonte di emissioni di CO_2 ad opera dell'uomo, il punto focale della politica di riduzione di emissioni di gas a effetto serra è quello di ridurre il consumo di combustibili fossili. Sebbene petrolio e gas naturale emettano meno CO_2 del carbone - rispettivamente 29% e 53% - e il protocollo di Kyoto non sia ancora stato ratificato, il mercato del petrolio subirà l'impatto delle politiche di contenimento dei cambiamenti climatici. Ora:

1) il processo internazionale per la realizzazione del protocollo di Kyoto è già in corso, ed è probabile che acquisti ulteriore slancio nei prossimi anni;

2) gas e petrolio coprono complessivamente il 70% del consumo mondiale dei combustibili fossili, mentre il petrolio, da solo, copre il 44%. Tali combustibili risulteranno dunque maggiormente penalizzati, qualunque siano le misure adottate;

3) il consumo di petrolio dei paesi dell'appendice 1 che aderiscono al protocollo per la riduzione di emissioni è pari al 71% del consumo totale di petrolio nel mondo, il che rende la loro adesione al protocollo di Kyoto particolarmente dannosa;

4) in molti paesi il mercato energetico appare già distorto, in quanto il combustibile più inquinante - vale a dire il carbone - ancora riceve sussidi, mentre il petrolio è pesantemente tassato nei suoi prodotti finiti.

L'impatto decisivo sul mercato del petrolio delle misure di contenimento previste dal protocollo di Kyoto dipende dal tipo di politica intrapresa in ciascun paese e dalla sua interazione a livello locale, regionale e mondiale. L'elaborazione di modelli per lo studio degli effetti dell'applicazione del protocollo di Kyoto sulla domanda e i prezzi del petrolio è ancora nella sua fase iniziale, ma i risultati del modello Opec relativo all'energia mondiale mostrano che per l'anno 2010 la domanda mondiale di petrolio calerà di 7/3,5 milioni di b/g (a seconda dello scenario di contenimento assunto) rispetto al valore previsto nella tabella 1 di 88 milioni di b/g. Si ritiene che questo calo della domanda verrà interamente assorbito dalla produzione Opec, la quale, secondo le stime, si ridurrà di 3/6 milioni di b/g, con un calo delle entrate cumulative da petrolio dell'Opec stimate in 100 miliardi di dollari per il periodo 1998-2010.

L'altro elemento di incertezza del mercato petrolifero è il futuro rapporto tra energia e innovazione tecnologica. Sebbene la tecnologia stia avanzando rapidamente in tutti gli aspetti della produzione e del consumo energetico, influendo sia sulla struttura dei costi che sull'efficienza energetica mondiale, il petrolio continua a giocare il ruolo principale nelle relazioni energetiche. Avanzamenti tecnologici nell'esplorazione e nella produzione, quali la trivellazione orizzontale e in acque profonde o sismica a 3-D (tridimensionale), hanno contribuito ad abbassare considerevolmente i costi in molte regioni produttive, in special modo in aree non-Opec. Ciò ha contribuito all'aumento della loro produzione ed al rallentamento del loro declino. Se questo andamento dovesse intensificarsi nel prossimo decennio, il quadro relativo alla produzione non-Opec sarebbe più alto dei livelli previsti nella tabella 1. Allo stesso tempo, avanzamenti nella tecnologia e nell'economicità della pila a combustibile per l'alimentazione delle automobili potrebbero influire sul ruolo del petrolio nel settore dei trasporti, in cui esso gode di un monopolio di fatto.

Tuttavia, a parte le incertezze sopracitate, la maggior parte delle previsioni di mercato evidenzia un crescente fabbisogno di petrolio di provenienza Opec e principalmente dai paesi ricchi del Golfo. Il ruolo dell'Arabia Saudita, che presenta a livello mondiale le maggiori riserve, produzione ed esportazione di greggio, rimane vitale per la stabilità del mercato e la sicurezza del prossimo secolo. Ciò pone la questione delle determinanti del ruolo dell'Arabia Saudita nel mercato petrolifero internazionale e le sue prospettive.

2. Il ruolo dell'Arabia Saudita nel mercato internazionale del petrolio.

Poco tempo dopo l'unificazione delle differenti parti della penisola arabica sotto il Regno dell'Arabia Saudita, nel settembre del 1932, il governo firmò l'ormai celebre accordo di concessione con la compagnia statunitense Socal. Come risultò in seguito, la concessione e la scoperta del petrolio in Arabia Saudita, con il delinearsi dell'ampiezza e del potenziale dei suoi giacimenti di petrolio, avrebbero avuto un formidabile impatto sul mercato petrolifero e sull'economia del Regno, oltre che sull'importanza strategica della regione. Il ruolo dell'Arabia Saudita fu cruciale nel periodo di contrasto tra i governi dei paesi produttori e le compagnie concessionarie che condusse alla creazione dell'Opec e al ruolo da quest'ultima giocato. Dal 1973, il Regno è anche uno dei principali protagonisti del mercato internazionale del petrolio.

In tutta la storia recente del petrolio, il ruolo dell'Arabia Saudita e i suoi parametri decisionali sono stati determinati da differenti fattori.

Questi fattori hanno interagito nell'influenzare il suo prezzo e le sue preferenze di produzione, così come lo sviluppo della sua industria petrolifera e la crescita potenziale della sua economia. I più importanti di questi fattori sono:
1) le dimensioni delle sue riserve petrolifere e il volume e il potenziale della sua produzione ed esportazione;
2) la diversificazione dei suoi sbocchi di mercato per l'esportazione;
3) la predominanza del petrolio nella sua economia.

Dalla metà degli anni sessanta, l'Arabia Saudita gode delle più grandi riserve accertate al mondo di petrolio greggio. Ad ogni incremento nelle riserve petrolifere mondiali, a seguito di nuove scoperte o innovazioni tecnologiche nel corso degli anni, le riserve dell'Arabia Saudita continuano ad aumentare. Quando nel 1995 le riserve mondiali sono triplicate, passando dai 290 miliardi di barili del 1965 a 1.017 miliardi di barili, le riserve dell'Arabia Saudita si sono quadruplicate, da 60 miliardi di barili a 261 miliardi di barili. Tali incrementi si verificano nonostante la produzione complessiva mondiale e quella saudita siano già rispettivamente di 700 e 80 miliardi di barili, un fatto che dovrebbe placare le preoccupazioni dei paesi consumatori riguardo alla scarsità delle risorse e alla sicurezza degli approvvigionamenti.

In quanto detentrice delle più vaste riserve accertate al mondo, con una quota del 26% delle riserve mondiali, con rapporto riserve/produzione di 85 anni, la più alta percentuale al mondo di produzione petrolifera mondiale (pari al 14%) e una quota percentuale delle esportazioni petrolifere mondiali pari al 25% negli ultimi 25 anni, l'Arabia Saudita ha adottato una visione a lunghissimo termine nei confronti del mercato petrolifero. Questo è andato a riflettersi direttamente sul prezzo del petrolio e sulla politica di produzione di tutto il periodo considerato. Durante il regime a prezzo fisso, dal 1974 al 1985, l'Arabia Saudita ha auspicato prezzi moderati per permettere la crescita della domanda mondiale di petrolio. Ha impiegato la sua capacità produttiva per rendere disponibili le forniture in tempo di crisi, come evidenziato nelle interruzioni delle esportazioni iraniane durante la rivoluzione del 1978-79, nelle interruzioni delle esportazioni iraniane ed irachene a seguito dello scoppio della guerra Iran-Iraq del 1980-81, ed infine durante le interruzioni delle esportazioni da Iraq e Kuwait a seguito dell'invasione irachena in Kuwait nel 1990.

Il secondo fattore determinante del ruolo dell'Arabia Saudita nel mercato petrolifero è la diversificazione degli sbocchi delle sue esportazioni. Al contrario di altri produttori, le cui esportazioni sono dirette principalmente a uno o due mercati internazionali a causa della limitatezza delle loro quote di produzione rispetto al totale mondiale e alla limitata qualità del loro greggio, le esportazioni dell'Arabia Saudita raggiungono i tre principali mercati petroliferi: Usa, Europa ed Estremo Oriente, con rispettivamente il 23%, il 19% ed il 40% delle esportazioni di petrolio totali dirette a quei mercati. Il suo greggio è qualitativamente più diversificato rispetto a quello di altri produttori, passando dall'*extra light* ai greggi pesanti[7]. Tale diversificazione di mercati e tipi di prodotto ha dato all'Arabia Saudita flessibilità di mercato ed ha influito sulle strategie della sua industria petrolifera e le sue prospettive di mercato. Quando la compagnia nazionale petrolifera, la Saudi Aramco, decise alla fine degli anni ottanta di investire in attività di raffinazione e distribuzione nel *downstream* per raggiungere più alti livelli di integrazione internazionale, la sua strategia fu di cercare investimenti nei suoi tre principali mercati mondiali, oltre che raffinerie disposte a trattare il suo greggio. Perseguendo lo scopo di assicurarsi i mercati per un lungo periodo, fu così in grado di acquisire attività nel *downstream* in Usa, Corea, Filippine e Grecia per un totale di capacità di raffinazione pari a 1,4 milioni di b/g, oltre che una fornitura di greggio saudita verso tali raffinerie pari a 1 milione di b/g nel 1997.

Il terzo fattore determinante nella posizione dell'Arabia Saudita sul mercato petrolifero riguarda il ruolo delle entrate derivanti dal petrolio e dal settore petrolifero nel bilancio nazionale, nella bilancia dei pagamenti e nel Pil. Nel 1997, le entrate petrolifere nette ammontarono al 78% delle entrate complessive governative e al 72% delle spese nazionali. Le esportazioni petrolifere ammontavano all'86% delle esportazioni commerciali e il settore petrolifero contribuiva per il 36% al Pil di quell'anno. Sebbene l'Arabia Saudita sia riuscita attraverso sei successivi piani quinquennali ad alleggerire la sua dipendenza dal petrolio sviluppando altri settori ed avviando altre fonti di entrata, il petrolio rimane tuttora predominante nell'economia del Regno. Il deficit di bilancio e il disavanzo delle partite correnti, presenti sin dal 1983 e pari in media al 14% e 12% del Pil nel periodo 1983-98, rendono le entrate petrolifere ancora più necessarie per la riduzione sia del deficit di bilancio sia del disavanzo delle partite correnti. Ma a questo riguardo la necessità di entrate a breve termine può contrastare con gli obiettivi a lungo termine di massimizzare il rendimento delle risorse. La ricerca di un compromesso tra le necessità a breve termine e gli

---

(7) L'Arabia Saudita esporta *Arab Super Light* con 44 gradi di American Petroleum Institute e *Arab Extra Light* con 39 Api, Arab Light con 34 Api, Arab Medium con 31 Api e Arab Heavy con 28 Api. Vedi Jenkins, *Oil Economist Handbook*, Elsevier Applied Science, London, 1995.

obiettivi a lungo termine ha più di una volta, nella storia contemporanea del petrolio, influenzato la politica petrolifera dell'Arabia Saudita.

2.1. Il ruolo dell'Arabia Saudita sotto il regime a prezzi fissi

Dopo la decisione di trasferire il potere decisionale su prezzi e produzione del petrolio ai governi che alla fine del 1973 coordinavano la politica all'interno dell'Opec, l'attenzione del mondo si focalizzò sull'Arabia Saudita come il «leader di mercato», forza dominante dell'Opec. Sebbene il trasferimento di poteri avvenne prevalentemente alla luce dei rapporti politici e di mercato, il clima politico del Medio Oriente e le relazioni internazionali di quegli anni nel contesto della guerra fredda, influirono sia nel processo di trasferimento che sulla sua percezione, specialmente da parte del mondo occidentale. Il passaggio di controllo dalle compagnie petrolifere ai governi coincise con un grande conflitto in Medio Oriente (la guerra arabo-israeliana dell'ottobre 1973) e il primo impiego del petrolio come arma politica mediante concordate limitazioni di produzione da parte di alcuni produttori arabi. Questo aspetto, e le conseguenze sull'economia dei paesi Ocse (la recessione del 1974-75) dell'aumento vertiginoso del prezzo del petrolio da 3 dollari al barile nell'ottobre 1973 a 11,6 nel gennaio 1974, come le conseguenze sui settori dei trasporti e degli immobili nei maggiori paesi industrializzati, infiammarono i timori sulla sicurezza degli approvvigionamenti all'interno di questi paesi.

Molto è stato scritto sull'aumento del prezzo del petrolio nel 1973-74 e sui motivi che lo hanno provocato; basterà qui ricordare che l'Arabia Saudita e l'Opec continuarono a difendere il nuovo livello dei prezzi. Il regime dei prezzi che risultò dal trasferimento di potere dalle compagnie petrolifere ai governi fu un proseguimento del vecchio sistema a prezzi fissi utilizzato in precedenza dalle compagnie, ma da quel momento il prezzo diventava un prezzo di vendita ufficiale fissato dal governo. Tra il 1973 e il 1978, l'Arabia Saudita si distinse per la sua politica moderata dei prezzi all'interno del cartello, opponendosi ad ulteriori richieste di aumento. Nel dicembre del 1977 si divise dagli altri membri dell'Opec a seguito della decisione della Conferenza di Doha di aumentare i prezzi del 10%. L'Arabia Saudita adottò invece un aumento del 5% sul prezzo ufficiale, il che comportò un prezzo a due livelli. Il Regno impiegò il suo volume di produzione per portare il resto dell'Opec al livello di prezzi da esso auspicato, ma riuscì soltanto a limitare ulteriori aumenti di prezzo fino alla fine del 1978.

Gli eventi politici nel Golfo negli anni 1978-80 portarono il mercato del petrolio fuori controllo. La rivoluzione iraniana del 1978-79 e lo scoppio del conflitto Iran-Iraq nel settembre 1980, con il conseguente panico dei compratori, fecero sì che il prezzo «a pronti» superasse il prezzo ufficiale. La decisione dell'Arabia Saudita di sopperire al calo di offerta provocato dalle due crisi e di vendere ad un prezzo ufficiale inferiore a quello «a pronti» non servì a ridurre la volatilità dei prezzi. Alla fine i prezzi ufficiali vennero adeguati al prezzo «a pronti» determinato dalla crisi, passando da 13,3 dollari al barile nel gennaio 1979 a 34 nell'ottobre 1981. Tale aumento di prezzo, tuttavia, non era sostenibile in normali condizioni di mercato. Il calo della domanda mondiale di petrolio e l'aumento di produzione da paesi non-Opec, che in parte furono conseguenza dell'aumento dei prezzi, posero i produttori di fronte alla scelta di difendere i prezzi attraverso tagli di produzione o di abbassare i prezzi ai livelli antecedenti alla crisi. La politica dell'Arabia Saudita nel periodo 1982-85 fu strumentale a ciò che divenne noto come il ruolo di «produttore residuale» dell'Arabia Saudita all'interno dell'Opec.

Quando nel 1982 la domanda mondiale di petrolio imboccò una tendenza alla discesa, come conseguenza degli alti prezzi del petrolio e delle misure di risparmio e diversificazione energetica messe in atto dai paesi industrializzati, la produzione dei paesi non-Opec imboccò una tendenza all'ascesa a seguito di grandi investimenti e dell'alto livello dei prezzi. Questo comportò una minore produzione di petrolio dell'Opec, essendo quest'ultima il produttore mondiale residuale. A fronte di ciò, l'Opec decise di difendere l'alto prezzo ufficiale adottando un tetto suddiviso in quote per limitare la produzione di ciascun paese membro. Emerse così un nuovo regime, all'interno del quale i prezzi erano fissi e la produzione era gestita attraverso un sistema di quote che rendeva più difficile il raggiungimento di un equilibrio di mercato. Tuttavia, il mantenere fisse due importanti variabili come prezzo e volume, alla luce dei tumultuosi cambiamenti sull'offerta e sulla domanda e la crescita dei mercati petroliferi a termine, si rivelò problematico e contribuì al declino del potere dell'Opec.

La scelta dell'Opec di mantenere alti i prezzi aggiustando il volume, e quindi di mantenere una capacità inutilizzata in momenti di declino della domanda ed aumento di offerta da parte di altri produttori a prezzi competitivi, pose ulteriore pressione sui prezzi «a pronti» e costrinse il cartello ad aggiustare i suoi prezzi ufficiali più di una volta. La programmazione della produzione attraverso il sistema di quote fu lungi dall'essere efficace, e pose il fardello più pesante sull'Arabia Saudita. La sua produzione calò dai 10,2 milioni di b/g del 1982 ad addirittura 3,6 milioni di b/g nel 1995, pari al 65% del calo di produzione Opec in quel periodo.

Sebbene l'Arabia Saudita avesse anche in precedenza modificato i suoi livelli di produzione per moderare i prezzi o colmare la scarsità di offerta provocata da interruzioni di forniture, ciò che differenzia il ruolo di produttore residuale del 1982-85 è che i prezzi erano più alti dell'*optimum* e provocarono un calo della domanda oltre che una riduzione delle quote di mercato dell'Opec e dell'Arabia Saudita. Quando il ruolo di produttore residuale divenne troppo gravoso (la quota di mercato e i ricavi petroliferi dell'Arabia Saudita erano calati considerevolmente), nel 1985 il Regno decise di abbandonare tale ruolo e riconquistò la sua quota di mercato calcolando il prezzo del greggio a partire da quello realizzato dai prodotti da esso derivati. Seguì un temporaneo regime di libertà di produzione tra i membri dell'Opec, provocando un netto calo del prezzo del petrolio da 27,9 dollari al barile per l'*Arab light* nel dicembre 1985 a 8,5 nel luglio 1986. Il crollo dei prezzi ebbe pesanti conseguenze sul mercato e sulle economie dell'Arabia Saudita e dei paesi esportatori di petrolio[8].

2.2. *Il ruolo dell'Arabia Saudita sotto il sistema a prezzi flessibili*

Dal 1987, i prezzi sono determinati dal mercato in base all'interazione dei fattori della domanda e dell'offerta. Uno dei fattori dell'offerta è la produzione totale dell'Opec e il comportamento produttivo dei suoi membri - in particolare l'Arabia Saudita, che ha registrato nel periodo una quota media di produzione pari al 30% del tetto fissato dall'Opec. Dieci anni di regime di flessibilità dei prezzi hanno portato a prezzi più stabili, una crescente domanda di petrolio e all'aumento delle quote di mercato dell'Opec e dell'Arabia Saudita. Durante questo periodo, il prezzo del *Brent* si è stabilizzato attorno a una media di 17,7 dollari a barile, il consumo di petrolio è aumentato di circa 10 milioni di b/g e le produzioni saudita e Opec sono salite rispettivamente di 4,8 milioni di b/g e 10,8 milioni di b/g, con quote di produzione pari al 13% e 41,5% del mercato mondiale.

Il nuovo regime ha sollevato l'Arabia Saudita dal peso del suo ruolo di produttore residuale a protezione dei prezzi e riaffermato in modo diverso il suo ruolo dominante sul mercato. Infatti:
1) nell'intera storia del sistema di tetto e a quote dell'Opec, le violazioni delle quote da parte degli stati membri erano la norma. L'Arabia

---

(8) Per un riassunto degli avvenimenti che hanno portato al crollo dei prezzi del 1986, alle sue conseguenze sul mercato ed il ruolo avuto dall'Arabia Saudita, vedi R. Mabro (Ed.) *The 1986 Oil Price Crisis: Economic Effects and Policy Responses*, Oxford Institute for Energy Studies, Oxford, UK, 1988.

Saudita, essendo il paese più rispettoso delle quote, era diventata semplice spettatrice del sistema di gestione del mercato da parte dell'Opec. La credibilità dell'Opec e del suo sistema di quote sono dipese in larga misura dal comportamento e dalla credibilità del suo maggiore produttore, l'Arabia Saudita, nell'attenersi a tali quote;

2) eccetto che per brevi periodi, la maggior parte degli altri paesi dell'Opec producevano al massimo o quasi al massimo della loro capacità produttiva. L'Arabia Saudita in tutto il periodo, e pochi altri membri in periodi diversi, hanno mantenuto un eccesso di capacità di produzione, il che è servito da fattore di equilibrio e da ancora di salvezza nei tempi di crisi;

3) l'aspetto che caratterizza il ruolo particolare dell'Arabia Saudita nell'attuale ambiente di mercato è la diversificazione dei suoi mercati e dei suoi tipi di greggio. Il Regno esporta verso le tre aree di mercato principali - Nord America, Europa ed Estremo Oriente - e per stabilire i prezzi dei diversi tipi di greggio adotta la formula di adeguarli ai prezzi a pronti del greggio Wti per le vendite in Nord America, del Brent per le vendite in Europa, e del greggio Dubai/Oman per le vendite in Asia. I vari protagonisti del mercato hanno cominciato così ad osservare con interesse le formulazioni di prezzo dell'Arabia Saudita, conferendo al Regno un ulteriore ruolo speciale nel mercato.

3. L'Arabia Saudita di fronte alle future sfide del mercato

Le previsioni di mercato elaborate dall'Opec (tabella 1) indicano un aumento di 10 milioni di b/g nella produzione Opec entro il 2010. Altre previsioni, come quella dell'Aie, prevedono un aumento di 23 milioni di b/g nel solo Medio Oriente Opec entro l'anno 2010, mentre le previsioni del Doe indicano un aumento di 12,3 milioni di b/g della produzione Opec. Se si tiene conto della storia della produzione, dell'ampiezza delle riserve e della capacità di produzione, l'Arabia Saudita sarà responsabile di un terzo dell'incremento della produzione Opec o del Medio Oriente. Questo pone due sfide:

1) l'individuazione di strumenti adatti per affrontare un ambiente di mercato caratterizzato da una crescente competizione e ristrutturazione industriale;

2) il permanere della sfida di sempre, iniziata con la pianificazione dello sviluppo nel 1970, per la riduzione della dipendenza dell'economia saudita dal petrolio.

3.1. Quadro generale del mercato petrolifero

Negli ultimi 25 anni, l'Arabia Saudita è stata la principale protagonista del mercato petrolifero. La sua politica dei prezzi e di produzione ha contribuito ad equilibrare e a potenziare il mercato mondiale e gli investimenti energetici, a dispetto delle diverse crisi politiche ed economiche mondiali e regionali. In breve, la politica petrolifera dell'Arabia Saudita, così come i suoi sforzi per mantenere la stabilità, hanno rappresentato in questi 25 anni l'unica configurazione sicura in un mondo di incertezze e di svolte nelle relazioni politiche, economiche e petrolifere. Le previsioni di mercato confermano che l'Arabia Saudita continuerà ad esercitare questo ruolo anche in futuro

Con una capacità di produzione di 10,3 milioni di b/g e i livelli di produzione correnti, l'Arabia Saudita vanta la maggiore capacità in eccesso al mondo, pari a più di 2 milioni di b/g. Con la sua ampia base di riserve, oltre ad altri vantaggi economici, l'Arabia Saudita è in grado di espandere la sua capacità a costi inferiori a qualsiasi altra area. Recentemente il Regno ha inaugurato il campo petrolifero di Shayba nel Rub al-Khali con una produzione di 500.000 b/g ad un costo di 2,4 miliardi di dollari, pari a un quarto del normale costo di realizzazione di un progetto di tali dimensioni ovunque nel mondo. Altri paesi Opec che hanno nazionalizzato le loro industrie petrolifere sono andati incontro ad ostacoli finanziari, tecnologici e politici nella gestione di un'industria petrolifera indipendente che fosse in grado di sfruttare le loro risorse di idrocarburi. Alcuni, come l'Iran, il Venezuela e il Kuwait, per incrementare la loro capacità e lo sfruttamento delle loro riserve, hanno trovato necessario aprire il loro *upstream* agli investimenti stranieri attraverso accordi fiscali e produttivi.

Al contrario, l'Arabia Saudita ha scelto di sviluppare l'*upstream* tramite la compagnia di stato, la Saudi Aramco, che presenta un sufficiente eccesso di capacità per il medio termine, ma anche potenzialità tecniche e finanziarie oltre che canali per espandere la produzione nel futuro prevedibile. L'abilità della Saudi Aramco nel costruire, preservare e sfruttare la capacità di produzione nel Regno nel modo più efficiente è riconosciuta a livello mondiale. La costruzione di una industria petrolifera saudita indigena e forte cominciò nella metà degli anni settanta con un armonioso e graduale trasferimento di proprietà dalle quattro maggiori compagnie statunitensi (Exxon, Chevron, Texaco e Mobil) al governo saudita. L'addestramento dei dirigenti sauditi per dominare la tecnologia in tutti gli aspetti dell'industria e i criteri puramente manageriali con i quali sono state condotte tutte le operazioni hanno fatto della Saudi Aramco una compagnia integrata internazionalmente, in grado di sfruttare le risorse di idrocarburi del

Regno e di commercializzarle in tutto il mondo. Il futuro ruolo dell'Arabia Saudita nell'ambito del mercato petrolifero internazionale dipende in larga parte dalla conferma del ruolo della Saudi Aramco nello sviluppo dell'industria petrolifera e delle risorse di idrocarburi del Regno.

Il secondo aspetto del futuro ruolo dell'Arabia Saudita nel mercato è legato alla direzione che prenderanno le relazioni di mercato all'evolversi dell'offerta e della domanda mondiali. Sebbene il mercato petrolifero si presenti oggi più competitivo e trasparente, il significato strategico del petrolio e il suo ruolo nelle economie dei paesi produttori rendono ancora necessarie iniziative politiche che assicurino stabilità e trasparenza. Il ruolo dell'Opec nel passato e le sue prospettive nel futuro, così come la necessità di misure a sostegno delle forze di mercato, rappresentano la vera sfida per l'Arabia Saudita e gli altri produttori. L'esperienza degli anni 1998-99 insegna. Quando la domanda di petrolio calò a seguito della crisi economica in Asia e l'offerta mondiale venne mantenuta, il prezzo del petrolio scese precipitosamente per eccesso di offerta. Questo declino intaccò le economie dei paesi produttori di petrolio e gli investimenti mondiali nel settore energetico, con conseguenze anche per i consumatori.

Tale situazione di mercato richiedeva una risposta dal lato dell'offerta per correggere lo squilibrio e riportare i prezzi a livelli più accettabili. Il ruolo dell'Arabia Saudita, in quanto maggiore fornitore mondiale, fu strumentale negli sforzi compiuti nel 1998 e nel 1999 per raccogliere un'ampia partecipazione dei produttori Opec e non-Opec ad operare volontari tagli di produzione. Gli accordi di Riyadh e Amsterdam, firmati tra Messico, Arabia Saudita e Venezuela nel marzo e nel giugno del 1998, insieme all'accordo dell'Aja nel marzo 1999 fra i tre paesi sopracitati più Algeria e Iran, spianarono la strada a tagli di produzione in 16 paesi esportatori Opec e non-Opec, pari a 3,1 milioni di b/g nel 1998 e 2,1 milioni di b/g nel 1999, che condussero ad un miglioramento dei prezzi. Questa esperienza potrebbe servire da base di partenza per l'elaborazione di un quadro di cooperazione futura fra tutti i produttori di petrolio. Benché l'Opec abbia ancora un ruolo da giocare all'interno del mercato, l'evoluzione delle relazioni di mercato e la ricerca di stabilità dei prezzi potrebbero estendersi al di là delle strutture già esistenti.

3.2. La diversificazione dell'economia: una sfida per l'Arabia Saudita

Sin dall'introduzione della pianificazione dello sviluppo nel Regno, il tema della diversificazione dell'economia con lo sviluppo di altre fonti di reddito domina incontrastato in tutti i piani di sviluppo. Le ingenti entrate derivanti dal petrolio che caratterizzarono i primi stadi dello sviluppo furono utilizzate per costruire infrastrutture e stimolare la crescita di altri settori produttivi, portando ad un incremento delle loro quote relative nel Pil. Inoltre, ha contribuito notevolmente al processo di diversificazione lo sviluppo dell'industria del gas naturale nel Regno, avviato negli anni settanta con l'operazione Master Gas System ad opera della Saudi Aramco e proseguito con costanti attività di esplorazione e sfruttamento delle risorse di gas associato e non associato. La notevole crescita dell'industria petrolchimica saudita, così come quella dei settori di produzione dell'energia e di desalinazione dell'acqua, è stata possibile grazie alla costante disponibilità delle risorse di gas come carica e carburante ottimale.

Per il Regno, il primo aspetto della sfida da affrontare è come ottenere una più alta crescita economica alla luce delle previsioni delle entrate future e della volatilità dei prezzi. Il secondo, è la continuazione del ruolo dei settori petrolifero e del gas naturale come veicolo della diversificazione economica. La permanenza del deficit di bilancio negli ultimi quindici anni sottolinea la necessità di ulteriori misure per incrementare la quota delle entrate non derivanti dal petrolio e per ridurre le spese governative, sostenendo allo stesso tempo la crescita economica. Il governo ha mosso passi in questa direzione fin dal 1995 e negli ultimi anni ha introdotto misure per incrementare il ruolo del settore privato e accelerare il processo di privatizzazione - e con ogni probabilità proseguirà su questa strada.

Il secondo aspetto della sfida è il futuro contributo del petrolio e del gas nel processo verso la diversificazione economica. Oltre a fornire al governo le entrate derivanti dalle esportazioni di petrolio per sostenere le spese dello sviluppo, l'industria petrolifera è la principale fonte occupazionale di manodopera saudita al di fuori dell'amministrazione dello stato. Essa ha un ruolo importante nello sviluppo del settore privato in tutto il territorio del Regno. Questi ruoli permarranno con la futura espansione e crescita dell'industria e con l'accelerazione delle attività di prospezione, sviluppo, trattamento e sfruttamento delle risorse di gas naturale del Regno. Recentemente, il governo dell'Arabia Saudita ha invitato le compagnie straniere ad investire nel trattamento e trasformazione del gas naturale, come materia prima per derivarne prodotti petrolchimici e come combustibile pulito ed efficace per centrali termoelettriche con turbine a gas, e per impianti di dissalazione in grado di creare valore per il Regno saudita.

Le risorse petrolifere dell'Arabia Saudita, così come la sua politica ed esperienza commerciale nel settore petrolifero sono ben note, ma lo sfruttamento del gas naturale e la sua utilizzazione nel Regno non sono meno importanti. L'abilità della Saudi Aramco di incrementare le riserve di gas di oltre il 20% negli ultimi 5 anni e di portare la quota di gas non associato al 35% è stata notevole, esistendo del resto il potenziale per espandere le riserve di gas e aumentare la sua produzione ed utilizzazione nell'industria e nei servizi pubblici.

Tab. 1- *Previsioni della domanda e offerta mondiali di petrolio (milioni di b/g)*

	1997	2000	2010	Media annuale mil. di b/g
Domanda mondiale	73,4	76,2	87,9	1,1
Ocse	43,6	44,8	48,5	0,4
Paesi in via di sviluppo	24,1	25,6	32,8	0,7
Offerta mondiale				
Non-Opec	44,4	46,4	48,3	0,3
Opec	29,0	29,8	39,6	0,8
Prezzo $/b (1997)	18,3	16,7	19,4	

Fonte: Opec, gennaio 1999

20. Il petrolio saudita: una risorsa di crescente importanza

di Giacomo Luciani[1]

Tutti sanno che l'Arabia Saudita ha un ruolo preponderante sul mercato petrolifero internazionale. Tuttavia, il significato di questa preponderanza può variare molto: l'Arabia Saudita - è quello che sosterrò nelle pagine che seguono - non ha ancora assunto appieno il ruolo che le spetta sulla base dell'importanza delle sue riserve.

La produzione petrolifera saudita ha conosciuto una rapida e continua ascesa fino al 1980. Tuttavia, in quegli anni l'Opec - in contrasto con la posizione assunta dall'Arabia Saudita - spinse il prezzo troppo in alto, e la domanda mondiale di greggio ne risentì negativamente. Per difendere un livello di prezzi irrealistico, i paesi produttori principali si impegnarono a progressive riduzioni delle quantità prodotte. L'Arabia Saudita in particolare assunse, o venne spinta ad assumere, il ruolo di «swing producer» o produttore residuale, che si tradusse in un progressivo e drammatico calo della sua produzione.

Nel 1985, l'Arabia Saudita annunciò una nuova politica, volta alla difesa di una quota di mercato e di un livello di produzione non inferiore a 5 milioni di b/g. I prezzi del greggio subirono un tracollo, e alla fine si concordarono dei nuovi tagli cui parteciparono anche altri produttori, così consentendo una ripresa dei prezzi ed un certo miglioramento del livello della produzione saudita. Tuttavia, è stato soltanto con l'invasione del Kuwait da parte dell'Iraq che, essendo subitaneamente scomparsa dal mercato la produzione di questi due importanti paesi, l'Arabia Saudita è stata in grado di recuperare un livello produttivo di 8 milioni di b/g o poco più, un livello sempre inferiore al massimo raggiunto dieci anni prima, inferiore alla capacità produttiva installata nel paese, e di molto inferiore a quello che si giustificherebbe in base all'importanza delle riserve saudite, ma nondimeno accettabile per il paese.

(1) Responsabile analisi di sviluppo internazionale, Eni.

Negli anni successivi alla fine della guerra tra Iraq e Kuwait, la domanda mondiale di petrolio è aumentata, principalmente grazie alla dinamica delle economie dell'Estremo Oriente, mentre nei paesi Ocse essa è rimasta sostanzialmente stabile. Ciò ha consentito una relativa stabilità dei prezzi mentre progressivamente tornava ad aumentare la produzione non solo di Kuwait ed Iraq, ma anche di altri produttori importanti e minori. La produzione saudita è rimasta sostanzialmente stabile, fino al 1997, con ciò consentendo una erosione della quota del paese sul totale della produzione mondiale.

Al fine di ovviare a questa situazione, l'Opec decise nel novembre del 1997 un aumento delle quote di vari produttori, che ratificava quanto già avveniva nei fatti per molti di essi, e consentiva all'Arabia Saudita un aumento di circa 600.000 b/g, che ne avrebbe portato la produzione a 8,76 milioni di b/g. Questa decisione veniva a coincidere con il precipitare della crisi economica nell'Estremo Oriente, che si rifletteva negativamente sui consumi petroliferi della regione, e con un inverno particolarmente mite nei paesi europei e negli Stati Uniti: ne è risultato un nuovo forte calo dei prezzi, che è stato invertito solo con la decisione di imporre nuove restrizioni alla produzione, che nel caso dell'Arabia Saudita è stata ancora una volta portata ben al di sotto del livello di 8 milioni di b/g (circa 7,45 milioni).

La riduzione della produzione saudita è un paradosso che va contro la logica economica e contrasta con le aspettative di lungo periodo. Queste sono unanimi nel concludere che, vista l'importanza delle riserve saudite e la limitatezza delle riserve residue nel resto del mondo, la produzione saudita dovrà necessariamente aumentare.

Le riserve provate di petrolio sono fortemente concentrate in Medio Oriente, che da solo contiene circa il 65% di tutte le riserve globali. All'interno di questa regione, il ruolo dell'Arabia Saudita è assolutamente preponderante: da solo, questo paese contiene infatti il 25% delle riserve globali. Tuttavia la distribuzione della produzione è completamente diversa: il Medio Oriente genera infatti il 32 % della produzione globale, e l'Arabia Saudita ne generava circa il 12% prima degli ultimi tagli, ed oggi solo circa il 10%.

Questa situazione di relativa sottoutilizzazione delle riserve della regione, ed in particolare di quelle saudite, è irrazionale e nel lungo periodo insostenibile. Quello del Golfo è il petrolio a costo più basso, e potrebbe facilmente spingere fuori mercato quasi tutto il petrolio di altre provenienze. Oggi le compagnie petrolifere compiono delle prodezze tecnologiche e effettuano giganteschi investimenti per esplorare e produrre petrolio da situazioni estremamente sfavorevoli, come le acque molto profonde o le regioni remote dell'Asia Centrale, quando tutto il petrolio di cui il mondo avrebbe bisogno, e ancora di più, sarebbe facilmente accessibile nel Golfo a costi molto inferiori. È la volontà dei paesi produttori di mantenere i prezzi relativamente alti che li spinge ad autolimitare la produzione, e crea le condizioni per cui il greggio ad alto costo di altre regioni possa competere con il loro. Nel lungo periodo, la situazione è insostenibile, perché le riserve nel resto del mondo si andranno inevitabilmente esaurendo, e il ricorso alle riserve del Golfo dovrà crescere. Più si continua a produrre intensamente dalle ridotte riserve disponibili altrove, più la quota del Golfo sulle residue riserve mondiali andrà aumentando.

Si può ad esempio considerare le più recenti estrapolazioni proposte dall'Agenzia Internazionale dell'Energia (Aie) di Parigi, secondo lo scenario denominato «business as usual» (nel quale, in poche parole, non si prevedono drastici mutamenti di rotta nelle politiche energetiche dei principali paesi industriali). Secondo l'Aie, esiste un collegamento diretto tra la produzione petrolifera e l'ammontare delle riserve residue, ciò che comporta che la produzione globale di petrolio raggiungerà un massimo prima del 2020. La composizione della produzione cambierà, e la quota proveniente dal Medio Oriente sarà crescente. Secondo questo scenario la produzione di greggio convenzionale (per greggio non convenzionale si intende quello che si estrae con procedimenti chimici e non meramente minerari da riserve come quelle dei bitumi dell'Orinoco e le scisti bituminose canadesi) raggiungerà i 93 milioni di b/g al 2010 e declinerà marginalmente a 90 nel 2020. La quota del Medio Oriente raggiungerebbe il 55% della produzione mondiale per quella data.

Il Dipartimento dell'Energia degli Stati Uniti (Doe) propone un quadro che è solo marginalmente diverso. Non si fa esplicita distinzione fra greggio convenzionale e non convenzionale, e la produzione mondiale di petrolio non raggiunge quindi un massimo prima del 2020: ma la previsione sulla produzione globale e quella del Medio Oriente sono molto vicine a quelle proposte dall'Aie, e il Medio Oriente viene a coprire il 41% del fabbisogno mondiale (includendo anche il petrolio non convenzionale).

Queste previsioni si riferiscono al Medio Oriente nel suo complesso: passare da una previsione regionale ad una per ciascuno degli stati della regione è molto difficile. Entrano infatti in gioco delle variabili di politica petrolifera di ciascuno stato, che non sono facilmente estrapolabili. Certamente, si deve prendere in considerazione il fatto che non tutti i principali produttori della regione sono potenzialmente in eguale misura in grado di aumentare la produzione. I due produttori che hanno prospettive migliori sono Arabia Saudita ed Iraq. È molto difficile immaginare che dai rimanenti produttori possano venire più di 10-15 milioni di b/g anche in presenza di massicci programmi di investimento, e questo lascia una quota di 30/35 milioni di b/g da dividere in qualche modo tra Iraq ed Arabia Saudita.

Secondo il Doe, l'andamento della capacità produttiva saudita (non necessariamente della produzione, che potrebbe in qualche misura divergere e risultare inferiore) sarà sostanzialmente determinato dall'andamento dei prezzi, con un *trade-off* tra prezzi più elevati e aumento della produzione saudita. Si ipotizza infatti che i prezzi più elevati favoriscano l'investimento in altri paesi, e quindi danneggino la crescita della capacità di produzione saudita.

Nel caso di prezzi più elevati l'investimento nella capacità di produzione saudita verrebbe ritardato, e continuerebbe la tendenza attuale di sviluppare il più rapidamente possibile la produzione del resto del mondo a detrimento di quella saudita. Dal punto di vista del Regno il *trade-off* è quindi tra una produzione minore valorizzata a prezzi maggiori e un più rapido e progressivo sviluppo della produzione anche a prezzi inferiori. Quale sia la strategia preferibile è il quesito di fondo che la politica petrolifera saudita deve sciogliere.

Tuttavia sarebbe un errore fermarsi a pure considerazioni di prezzo. Le determinanti dello sviluppo della capacità e della produzione saudite sono infatti più complesse, e toccano aspetti istituzionali e di politica internazionale.

Il rapido aumento della capacità e della produzione di altri produttori minori è stato in molti casi legato ad un processo di liberalizzazione del settore e di riapertura all'investimento delle compagnie internazionali, parallelo all'abbandono degli atteggiamenti nazionalisti caratteristici di anni passati. Alcuni produttori, come ad esempio il Qatar, l'Algeria e poi anche il Venezuela, hanno così posto le premesse per un significativo aumento della loro produzione o lo hanno realizzato. Nel caso del Venezuela e fino all'elezione del Presidente Chavez, questa politica si è anche accompagnata a dichiarazioni ufficiali di rifiuto di qualsiasi restrizione imposta dall'Opec, in nome di un obiettivo di massimizzazione della quota di mercato.

Questi atteggiamenti hanno avuto un effetto fortemente depressivo sul mercato, e alla fine i principali paesi produttori, Opec e non-Opec, hanno concordato delle nuove limitazioni alla produzione. Questa mossa ha avuto successo nel suo fine immediato - quello di consentire una ripresa dei prezzi - ma la politica di apertura e di aumento della produzione nel lungo periodo non è stata abbandonata da alcuno dei paesi produttori. Anzi, si attende come ormai per imminente l'apertura dell'*upstream* petrolifero in Kuwait, mentre un ulteriore allentamento delle sanzioni che colpiscono l'Iraq potrebbe segnare l'avvio di un'ondata di investimenti nell'*upstream* di quel paese.

Ad oggi, l'Arabia Saudita è l'unico dei principali produttori che continua a seguire una politica di quasi totale chiusura nei confronti della prospettiva di investimenti esteri nell'*upstream*. Nel settembre del 1998 il Principe ereditario Abdallah, nel corso di una visita negli Stati Uniti, invitò i capi delle principali aziende petrolifere americane (invito poi esteso a tutte le principali aziende petrolifere anche non americane) a presentare progetti per lo sviluppo del paese. Da molte delle imprese interessate questo invito è stato interpretato nel senso di presentare progetti che riguardassero l'*upstream*, in vista di una imminente riapertura. Tuttavia, il governo saudita ha successivamente chiarito che questa riapertura non è per il momento nelle sue intenzioni, anche alla luce del fatto che investimenti importanti sono già stati realizzati per ottenere una capacità produttiva di 10 milioni di b/g, la quale risulta ancora meno utilizzata dopo i tagli alla produzione concordati con gli altri principali produttori. In queste condizioni, si afferma, eventuali scoperte effettuate da compagnie straniere rischierebbero di rimanere improduttive per molto tempo – una prospettiva poco interessante per l'investitore.

Oggi sembra pertanto di poter dire che l'ipotesi di una riapertura dell'*upstream* saudita tornerà ad essere di attualità nel momento in cui la capacità produttiva esistente sarà maggiormente – se non pienamente – utilizzata. Ma il fatto che altri paesi scelgano invece di aprire le porte, unitamente al successo conseguito dai principali produttori nel far risalire i prezzi - successo che ha ristabilito la convenienza ad investire anche nello sviluppo di giacimenti a costi relativamente elevati - rischia di prolungare nel tempo la situazione di marginalizzazione della produzione saudita. Il prezzo dunque è importante tanto perché influenza la crescita della domanda globale, quanto perché determina l'attrattiva dell'investimento in altri paesi produttori. Prezzi elevati comportano una più lenta crescita della domanda globale, ed un maggiore incentivo ad investire in quei paesi produttori che, diversamente dall'Arabia Saudita, hanno aperto le loro porte all'investimento estero. Per questa via, i prezzi elevati facilitano un rallentamento dello sviluppo della produzione saudita.

Per un produttore così importante come l'Arabia Saudita si pone anche un problema di integrazione a valle attraverso una presenza diretta sui mercati più dinamici, cioè quelli dell'Asia meridionale ed orientale. L'integrazione verticale è importante perché mentre la concorrenza è molto efficace e le quote di mercato molto fluide al livello del greggio, le quote di mercato nella distribuzione della maggior parte dei prodotti petroliferi sono legate all'organizzazione di una rete di vendita che comporta considerevoli investimenti, e sono quindi molto più stabili nel tempo. Per «assicurarsi» una quota di mercato, i produttori debbono quindi consolidare una presenza diretta nella distribuzione, così come tutte le grandi compagnie petrolifere internazionali hanno fatto da sempre.

Questo discorso riguarda principalmente l'Arabia Saudita perché, per la dimensione della sua produzione, è il paese maggiormente esposto sul mercato, e quindi potenzialmente vulnerabile. Saudi Aramco ha effettuato alcuni investimenti nel *downstream* in paesi consumatori - principalmente negli Stati Uniti assieme a Texaco ed ora anche Shell - ma il suo livello di integrazione verticale è molto inferiore a quello della venezuelana Pdvsa o della kuwaitiana Kpc. È difficile valutare esattamente quanto questo indebolisca la posizione contrattuale saudita, ed è vero che gli investimenti nel *downstream* non si sono di per sé rivelati fino ad oggi abbastanza redditizi; tuttavia nel lungo periodo la scarsa integrazione verticale indubbiamente rende il paese più esposto, meno in grado di controllare le forze del mercato e di promuovere la crescita della sua quota.

L'Arabia Saudita si trova in definitiva in una posizione delicata, per la straordinaria importanza delle sue riserve. Il suo ruolo nel mercato petrolifero internazionale è in ogni caso destinato ad accrescersi, ma questa evoluzione può essere affrettata o ritardata dall'andamento dei prezzi e dalle scelte di politica petrolifera del governo. Se vuole, il Regno è certamente in grado di acquisire per sé un ruolo ancora più importante dell'attuale, ma per farlo dovrà in una certa misura competere con gli altri produttori e forse creare delle tensioni. Per questo motivo, una politica prudente che non si preoccupi di un eventuale rallentamento nel tempo dello sviluppo delle riserve saudite può essere reputata preferibile. Prima o poi, il petrolio saudita sarà comunque indispensabile: a meno che, come taluni ritengono, il progresso scientifico e tecnologico consenta una significativa riduzione della dipendenza dagli idrocarburi. Ma di un tale sviluppo, almeno per il momento, non sembrano esservi avvisaglie concrete.

Lista delle sigle

AIOC	Azerbaijan International Operating Company
ARAMCO	Arabian-American Oil Company
ASEAN	Associazione delle nazioni del sud-est siatico
ASMAE	Archivio Storico del Ministero degli Affari Esteri
CCG	Consiglio di Cooperazione del Golfo
CE	Comunità Europea
CEE	Comunità Economica Europea
DGAE	Direzione Generale Affari Esteri del Mae
DGAP	Direzione Generale Affari Politici del Mae
DEA	Dialogo euro-mediterraneo
DOE	Department of Energy, Usa
EAU	Emirati Arabi Uniti
FCCC	Framework Convention on Climate Change
FMI	Fondo Monetario Internazionale
GATT	General Agreement on Tarifs and Trade
GES	Gas a effetto serra
GNL	Gas naturale liquido
AIE	Agenzia Internazionale dell'Energia
ILSA	Iran Lybia Sanction Act
ISMEO	Istituto studi sul Medio ed Estremo Oriente
B/G	barili al giorno
MAE	Ministero Affari Esteri
MRC	Major Regional Contingencies
NATO	North Atlantic Treaty Organisation
OCSE	Organizzazione per la Cooperazione e lo Sviluppo Economico
OLP	Organizzazione per la Liberazione della Palestina
OMC	Organizzazione Mondiale per il Commercio
OPEC	Organisation of Petroleum Exporting countries
OSCE	Organizzazione per la Sicurezza e la Cooperazione in Europa
PIL	Prodotto interno lordo
UE	Unione Europea
UEO	Unione dell'Europa occidentale
WMD	Weapons of Mass Distruction
WTI	West Texas Intermediate

836. Istituto Affari Internazionali. Lo Spettatore Internazionale

1. Istituto Affari Internazionali, *L'Europa e la sfida dello spazio*
2. Istituto Affari Internazionali, *Le relazioni est-ovest negli anni '90*
3. Natalino Ronzitti (a cura di), *Europa e terrorismo internazionale. Analisi giuridica del fenomeno e Convenzioni internazionali*
4. Paolo Guerrieri, Pier Carlo Padoan (a cura di), *Regimi internazionali e politiche economiche nazionali. Il governo di un'economia mondiale tripolare*
5. Laura Guazzone (a cura di), *L'Europa degli anni novanta. Vol. I: La geopolitica del cambiamento*
6. Cesare Merlini (a cura di), *L'Europa degli anni novanta. Vol. II: Scenari per un futuro imprevisto*
7. Gianni Bonvicini, Ole Diehl, Karl Kaiser, Heinz Kramer, Cesare Merlini, Doninique Moîsi, Friedemann Müller, Jim M.C. Rollo, Jan Q.Th. Rood, Hans Stark, Joris Voorhoeve, Helen Wallace, *La Comunità europea e le nascenti democrazie dell'Est. Rapporto a Delors dei sei Istituti europei di Affari internazionali*
8. Roberto Aliboni (a cura di), *L'Europa tra Est e Sud: sicurezza e cooperazione*
9. Roberto Spanò (a cura di), *Jugoslavia e Balcani: una bomba in Europa*
10. Giovanni Barberini, Natalino Ronzitti (a cura di), *La nuova Europa della Csce. Istituzioni, meccanismi e aspetti operativi della Conferenza sulla sicurezza e la cooperazione in Europa*
11. Marco Carnovale (a cura di), *La guerra di Bosnia: una tragedia annunciata. Attori nazionali e spettatori internazionali del conflitto ex-Jugoslavia*
12. Guido Garavoglia, Cesare Merlini (a cura di), *Il Vertice dei Sette. Ruolo e prospettive del G-7 nel mutato scenario internazionale*
13. Ettore Greco (a cura di), *L'Europa senza muri: le sfide della pace fredda. Un anno di Presidenza italiana della Csce*
14. Laura Guazzone (a cura di), *Il dilemma dell'Islam. Politica e movimenti islamisti nel mondo arabo contemporaneo*
15. Tito Favaretto, Ettore Greco (a cura di), *Il confine riscoperto. Beni degli esuli, minoranze e cooperazione economica nei rapporti dell'Italia con Slovenia e Croazia*
16. Gianni Bonvicini, Paolo Cecchini, Pier Carlo Padoan, Natalino Ronzitti (a cura di), *Italia senza Europa? Il costo della non partecipazione alle politiche dell'Unione Europea*
17. Natalino Ronzitti (a cura di), *Comando e controllo nelle forze di pace e nelle coalizioni militari. Contributo alla riforma della Carta delle Nazioni Unite*
18. Roberto Aliboni, Daniela Pioppi (a cura di), *Arabia Saudita, cent'anni. Cooperazione, sicurezza, identità*

DALLE DISCIPLINE UMANISTICHE ALL'ECONOMIA,
DALLA PSICOLOGIA ALL'ARCHITETTURA,
DAL MANAGEMENT AL DIRITTO, ALL'INFORMATICA,
AI SERVIZI SOCIALI, ALL'URBANISTICA,
ALLA PEDAGOGIA, ALLA SOCIOLOGIA

FrancoAngeli è la più grande biblioteca specializzata in Italia.
Una gamma di proposte per soddisfare le esigenze d'aggiornamento degli studiosi, dei professionisti e della formazione universitaria e post-universitaria

Il Catalogo generale ipertestuale FrancoAngeli è consultabile su Internet all'indirizzo:

www.francoangeli.it

Un sito agile, operativo, aggiornato a disposizione di tutti i lettori, che consente di:

☞ effettuare ricerche per argomento, per autore, per classificazione, *full text*... su circa **8.000 volumi**, abstract e indici dettagliati e 21.000 autori...

☞ conoscere **65 Riviste** e consultarne i sommari (pubblicati dal 1990 ad oggi)

☞ aggiornarsi sulle **Novità** di prossima uscita e sulle **Iniziative** della Casa Editrice...

Il Catalogo generale ipertestuale delle Edizioni FrancoAngeli può inoltre essere acquistato in versione CdRom
(per PC Ibm compatibile 486 o superiore, Microsoft Windows 3.1 o successivi)

Per acquisti: *Ufficio vendite:* fax 02 26141958 - e.mail: elnan@tin.it